Como Investir na Primeira Infância

Como Investir na Primeira Infância

Um Guia para a Discussão de Políticas e a Preparação de Projetos de Desenvolvimento da Primeira Infância

Sophie Naudeau
Naoko Kataoka
Alexandria Valerio
Michelle J. Neuman
Leslie Kennedy Elder

THE WORLD BANK EDITORA SINGULAR

São Paulo
2011

Catalogação

C735 Como investir na primeira infância: um guia para a discussão de políticas e a preparação de projetos de desenvolvimento da primeira infância. / Sophie Naudeau, Naoko Kataoka, Alexandria Valerio. Michelle J. Neuman, Leslie Kennedy Elder. Tradução: Paola Morsello. Washington, DC : The World Bank, 2010; São Paulo: Singular, 2011.

306 p.

Título Original: Investing in Young Children: an early childhood development guide for policy dialogue and project preparation.

ISBN: 978-85-86626-55-5

1. Educação da criança, Países em Desenvolvimento. I. Naudeau, Sophie. II. Kataoka, Naoko. III. Valerio, Alexandria. IV. Neuman, Michelle J. V. Elder, Leslie Kennedy. VI. Morsello, Paola (Trad.). VII. Título.

CDD: 305.23109172/4

This work was originally published by The World Bank in English as *Investing in Young Children* in 2010. This Brazilian Portuguese translation was arranged by Editora Singular with the editorial review by a ECD specialist [Mozambique] Suzana Duarte. Editora Singular is responsible for the quality of translation. In case of any discrepancies, the original language will govern.

Este trabalho foi publicado originalmente pelo Banco Mundial em inglês sob o título *Investing in young Children* in 2010. A tradução brasileira para o português foi feita pela Editora Singular com revisão técnica de Suzana Duarte, especialista da DPI (Moçambique). A Editora Singular é responsável pela qualidade da tradução. Em caso de discrepância, predomina o idioma original.

Os resultados, interpretações e discussões desenvolvidas neste trabalho são de responsabilidade dos autores e não refletem necessariamente a opinião dos Diretores Executivos do Banco Mundial ou do governo que eles representam.

O Banco Mundial não garante a exatidão dos dados inclusos no presente trabalho. As fronteiras, cores, denominações e outras informações mostradas em qualquer mapa deste trabalho não implicam nenhum julgamento por parte do Banco Mundial relativo à situação de nenhum território nem endossam ou demonstram aceitação de tais fronteiras.

Tradução: Paola Morsello; *Revisão técnica*: Suzana Duarte; *Diagramação*: Microart
Fotografia da capa: Edwin Huffman/The World Bank
Elaboração da capa: Naylor Design

Editora Singular Tel/Fax: 55 11 3862-1242 www.editorasingular.com.br
Rua José Nóbrega Barbosa, 100 CEP 05013-001 São Paulo SP Brasil

Sumário

Quadros

Figuras

Tabelas

Tabelas

Prefácio

Investir na primeira infância é de fundamental importância. Todas as crianças merecem uma chance de crescer e tornarem-se pessoas saudáveis, educadas e competentes, não importa onde ou quando nasceram. Embora os pais sejam os principais responsáveis pela educação dos filhos, especialmente nos primeiros anos de vida, os governos também têm um papel importante durante esse período crítico de acumulação de capital humano. Os governos podem, por exemplo, garantir que todas as gestantes e crianças pequenas tenham acesso a serviços de saúde e nutrição de qualidade. Eles podem auxiliar os pais e outros cuidadores, proporcionando um ambiente positivo e estimulante para as crianças desde o nascimento, por meio da promoção de programas de informação dirigidos aos pais, investindo em serviços diretos, como visitas domiciliares, custeando creches e pré-escolas, ou fornecendo incentivos financeiros para o acesso de bebês e crianças pequenas a programas de qualidade.

Investir na primeira infância é também uma opção inteligente, pois no curto prazo os investimentos no desenvolvimento da primeira infância (DPI) se traduzem em economia considerável de custos e em ganhos de eficiência nos setores de saúde e educação, porque é mais provável que as crianças beneficiadas pelos serviços de DPI sejam saudáveis, tenham mais disposição para aprender ao ingressar na escola primária, fiquem mais tempo na escola, e tenham um bom desempenho durante toda a vida escolar. No longo prazo, investimentos em DPI criam adultos produtivos e bem ajustados socialmente, que contribuem para o crescimento econômico do país e ajudam a romper o ciclo intergeracional da pobreza, como demonstrado pelos melhores salários, pela menor dependência desses indivíduos de programas de assistência social, pelo maior acúmulo de bens e pelas famílias mais saudáveis. Esses auxílios não apenas nivelam as condições das crianças oriundas de meios desfavorecidos, mas também constroem sociedades melhores, mais justas e mais prósperas.

Notadamente, o DPI deveria ser uma prioridade importante na agenda de desenvolvimento de um país. Infelizmente, a maioria das crianças pobres dos países de baixa e média renda não tem acesso a programas de DPI de alta qualidade, que oferecem oportunidades precoces de estimulação e aprendizagem. E tal falta de acesso persiste, apesar das fortes evidências de que as diferenças entre a aprendizagem precoce de crianças desfavorecidas e aquelas de famílias mais abastadas se ampliam rapidamente nos primeiros anos de vida e que compensar essas diferenças mais tarde na vida da crianças se torna difícil e caro.

Este guia de DPI apresenta lições e experiências que têm sido úteis para instruir o debate político sobre as intervenções em DPI e a concepção de programas desse tipo em todo o mundo. Não importa se o usuário do guia está na fase inicial de decidir se expande uma carteira de DPI ou se encontra na fase de delineamento do programa, o conteúdo oferece uma gama de opções baseadas em evidências para dar suporte às opções políticas e de investimento.

Minha sincera esperança é que *Como Investir na Primeira Infância* estimule a discussão vigorosa com governos, parceiros de desenvolvimento e a sociedade civil sobre os enormes benefícios de investir na primeira infância e as opções que existem para criar programas de alta qualidade. Estou ansioso por dar continuidade aos trabalhos coletivos dos decisores políticos, parceiros de desenvolvimento e outros interessados, a fim de proporcionar aos adultos de amanhã uma base sólida para uma vida feliz, saudável e produtiva.

Tamar Manuelyan Atinc
Vice-Presidente da Rede de Desenvolvimento Humano
Banco Mundial
Agosto de 2010

Agradecimentos

Este guia foi preparado pela equipe do núcleo de Sophie Naudeau (especialista em desenvolvimento humano, da Rede de Desenvolvimento Humano, Unidade de Crianças e Jovens [RDHCJ], do Banco Mundial; Naoko Kataoka (consultor); Alexandria Valerio (economista sênior, RDHCJ); Michelle J. Neuman (especialista em DPI, do Departamento de Educação da Região da África, do Banco Mundial); e Leslie Kennedy Elder (especialista em nutrição sênior, Departamento de Saúde, Nutrição e População, do Banco Mundial); com contribuições de Jonathan Cohen Miles (consultor). A equipe contou com a orientação geral de Wendy Cunningham (especialista em liderança, do RDHCJ) e Ariel Fiszbein (economista-chefe, da Rede de Desenvolvimento Humano).

Comentários úteis de revisão de pares foram fornecidos por Caroline Arnold (Fundação Aga Khan), Judith Evans (Universidade de Victoria, Colúmbia Britânica, Canadá); Hiro Yoshikawa (Universidade de Harvard), e pelos seguintes colegas do Banco Mundial: Harold Alderman, Felipe Barrera, Amanda Beatty, Simeth Beng, Luis Benveniste, Carla Bertoncino, Christian Bodewig, Mariam Claeson, David Evans, Deon Filmer, Emanuela Galasso, Marito Garcia, Rebekka Grun, Pedro Holland, Susiana Iskandar, Wendy Jarvie, Venita Kaul, Christop Kurowski, Martha Laverde, Yi-Kyoung Lee, Arianna Legovini, Mattias Lundberg, Alessandra Marini, Aleksandra Posarac, Laura Rawlings, Norbert Schady, Meera Shekar, Renos Vakis e Andrea Vermehren.

Abreviaturas

AI	avaliação de impacto
AIID	Amsterdam Institute for International Development
ASQ	Ages and Stages Questionnaire (Questionário Dividido por Idade e Estágio)
BPN	baixo peso ao nascer
CB	custo-benefício
CBCL	Achenbach Child Behavior Checklist (Inventário de Comportamentos da Infância e Adolescência de Achenbach)
CDPI	cuidado e desenvolvimento na primeira infância
CE	custo-efetividade
CEPAL	Comisión Económica para América Latina y el Caribe
CEPI	cuidado e educação na primeira infância
CES-D	Center for Epidemiologic Studies (Centro de Estudos Epidemiológicos)
CIS	Caregiver Interaction Scale (Escala de Avaliação do Envolvimento dos Pais)
CPPI	Comissão para a Primeira Infância (Jamaica)

DHS	Demographic and Health Surveys (Pesquisas de Demografia e Saúde)
DPI	desenvolvimento da primeira infância
DTP	vacina tríplice contra difteria, tétano e coqueluche
ECERS-R	Early Childhood Environment Rating Scale-Revised (Escala de Avaliação do Ambiente de Educação Infantil – versão revista)
EDPI	educação e desenvolvimento da primeira infância
EI	educação infantil
ENDEMAIN	Encuesta Demográfica y de Salud Materna e Infantil (Pesquisa Demográfica e de Saúde Materno-Infantil) (Equador)
EPPE	Effective Provision of Pre-school Education Project (Projeto sobre a Oferta Efetiva de Educação Pré-Escolar) (Londres)
FCCERS-R	Family Child Care Environment Rating Scale-Revised (Escala de Avaliação do Cuidado Infantil em Família – versão revista)
FDCRS	Family Day-Care Rating Scale (Escala de Avaliação dos Cuidados em Ambiente Familiar)
HIPPY	Home Instruction Program for Preschool Youngsters (Programa de Instrução Domiciliar para Crianças em Idade Pré-Escolar)
HOME	Home Observation for Measurement of the Environment (escala que mede a estimulação no ambiente familiar) (Índia)
ICDS	Integrated Child Development Services (Serviço Integrado de Desenvolvimento Infantil)
IDM	índice de desenvolvimento mental
IEA	International Association for the Evaluation of Educational Achievement (Associação Internacional para Avaliação do Rendimento Escolar)
IEC	informação, educação e comunicação
IMC	Índice de Massa Corporal
IRB	Institutional Review Board (Conselho de Revisão Institucional)

IRI	instrução radiointerativa
ISCED	International Standard Classification of Education (Classificação Internacional Normalizada da Educação)
ITERS-R	Infant-Toddler Environment Rating Scale (Escala de Avaliação do Ambiente de Creche)
MICS	Multiple Indicator Cluster Survey (Pesquisas por Agrupamento de Indicadores Múltiplos)
MQO	mínimos quadrados ordinários
NAYEC	National Association for the Education of Young Children (Associação Nacional para a Educação das Crianças)
NICHD	National Institute for Child Health and Development (Instituto Nacional de Saúde Infantil e Desenvolvimento Humano)
OCDE	Organização para a Cooperação e Desenvolvimento Econômico
OEI	Organización de Estados Iberoamericanos para la Educación, la Ciencia y la Cultura
OMS	Organização Mundial da Saúde
ONG	organização não governamental
PAD	Práticas Adequadas ao Desenvolvimento em Programas para a Primeira Infância
PIB	Produto Interno Bruto
PIDI	Proyecto Integral de Desarrollo Infantil
PNB	Produto Nacional Bruto
PPVT	Peabody Picture Vocabulary Test (Teste de Vocabulário por Imagens Peabody)
PRSP	Poverty Reduction Strategy Paper (Documento de Estratégia de Redução da Pobreza)
QD	quociente de desenvolvimento
RAE	Região Administrativa Especial
RCIU	retardo de crescimento intrauterino
RISE	Radio Instruction to Strengthen Education project (Zanzibar) (Projeto de Radioinstrução para Fortalecer a Educação)
SIG	sistema de informação gerencial

SMI	saúde materno-infantil
SMS	short message services (serviços de mensagens curtas)
TCR	transferência condicionada de renda
TIR	taxa interna de retorno
TMI	taxa de mortalidade infantil
TMM5	taxa de mortalidade de menores de cinco anos
TVIP	Test de Vocabulario en Imagenes Peabody (Teste de Vocabulário por Imagens Peabody)
UNESCO	Organização das Nações Unidas para a Educação, a Ciência e a Cultura
UNICEF	Fundo das Nações Unidas para a Infância
USAID	Agência de Desenvolvimento Internacional dos EUA

Visão Geral

Objetivo

O Banco Mundial criou este guia para o desenvolvimento da primeira infância (DPI) em resposta à crescente procura por parte dos gestores de projeto por aconselhamento e apoio, com vistas a facilitar o diálogo político sobre o tema do DPI e ajudar os clientes a tomar decisões relevantes sobre a melhor forma de investir no DPI no contexto da economia de seu país e das prioridades nacionais. Este manual preenche uma lacuna na literatura ao (1) reunir a informação existente em um formato de notas curtas de fácil compreensão (2), fornecer informações práticas sobre temas relevantes e recentes sobre DPI, como a medição de resultados do desenvolvimento infantil por meio da identificação e adaptação dos instrumentos pertinentes, transferências condicionais de renda para as famílias com filhos pequenos etc., e (3) avaliar a qualidade das evidências mais recentes em cada tema e identificar as lacunas de conhecimento, para as quais mais experimentos e avaliações são necessários.

Metodologia para Seleção de Provas

As notas deste guia contêm referências a resultados de pesquisas.Estes estudos foram selecionados em uma extensa revisão da literatura utilizando os seguintes critérios, salvo indicação em contrário:

1. Estudos que avaliam o impacto das intervenções ou incentivos em consonância com a definição do DPI (ver Introdução).

2. Estudos que se concentram em verificar os resultados em pelo menos um domínio do desenvolvimento da criança ou em medir as variáveis que se acredita tenham um papel relevante de mediação nesses resultados.
3. Estudos que descrevem os resultados de:
   a. Avaliações de impacto rigorosas que identificam um contrafatual[1] válido por meio de técnicas experimentais ou quasi-experimentais,
   b. Estudos de coorte em grande escala, ou
   c. Avaliações de processo com foco na identificação de elementos críticos das intervenções de qualidade em vários locais (incluindo meta-análises).

Resumo do Conteúdo

Este guia de DPI é apresentado em uma série de notas curtas agrupadas em seções temáticas. As notas não têm a intenção de ser abrangentes, mas visam resumir os principais debates na área. Cada nota foi concebida para ser lida de forma independente, por isso a informação é por vezes repetida em outras notas.

Este guia contém as seguintes seções:

Introdução. A introdução inclui (1) uma definição de DPI (2), elementos contextuais e justificativas para o DPI, e (3) um marco conceitual, que inclui uma discussão sobre os vários domínios do desenvolvimento da criança e as janelas de oportunidade críticas para intervenções específicas no âmbito da infância.

Seção 1: Como iniciar o diálogo político sobre investimentos em DPI. As três notas desta seção abrangem questões a serem consideradas quando se decide investir em DPI: Deveria uma dada sociedade investir recursos públicos em DPI? Os investimentos em DPI são custo-efetivos e valem a pena comparativamente a outras alternativas de alocação de recursos públicos? Cada nota visa apresentar um argumento que ressoaria junto a cada uma das principais contrapartes no diálogo político para o DPI: os ministros das finanças, do planejamento e assuntos sociais; os ministros da saúde; e os ministros da educação, respectivamente.

Uma vez que a decisão de investir em DPI tenha sido tomada, várias questões surgem imediatamente e estabelecem as bases para um projeto. As perguntas mais comuns incluem: Quem deveriam ser os beneficiários? Como coletar os dados sobre as necessidades dessa população e os resultados em seu desenvolvimento? Quais serviços específicos devem ser ofertados? Quais são os custos implicados e as opções de financiamento? Estas questões de "segunda geração" são abordadas nas Seções 2, 3 e 4.

Seção 2: Como identificar as necessidades, verificar os resultados e estabelecer políticas. As duas notas desta seção incluem informações sobre indicadores, ferramentas e instrumentos que podem ser utilizados para realizar análises da situação de DPI, ao mesmo tempo em que acompanham e avaliam o impacto em ambientes de baixa renda, incluindo a coleta de informações sobre (1) as necessidades específicas das crianças desde a concepção até os 6 anos de idade e de suas famílias, (2) o fornecimento (alcance e qualidade) dos serviços de DPI (3), a demanda por serviços de DPI, e (4) o ambiente legal e institucional para o DPI.

Seção 3: Pontos de entrada estratégicos de investimentos em DPI. As quatro notas desta seção discutem opções para os pontos de entrada estratégicos: (1) programas de DPI baseados em centros que focam na prontidão escolar, (2) programas domiciliares de DPI baseados na mudança de comportamento em relação a saúde, nutrição e cuidados parentais; (3) campanhas de comunicação/mídia para famílias com filhos pequenos, e (4) "transferência condicionada de renda" (TCR) para famílias com crianças pequenas.

Apesar das intervenções integradas em DPI que visam a saúde, nutrição e necessidades precoces de estimulação/aprendizagem na primeira infância, só quando as crianças passam para a escola primária é que se podem produzir os maiores resultados positivos em vários domínios do desenvolvimento da criança (Grantham-McGregor et al. 2007), pois essas intervenções integradas durante toda a primeira infância nem sempre são possíveis, especialmente na fase inicial do envolvimento de um cliente no DPI.

Cada ponto de entrada estratégico para o investimento é discutido em uma nota separada e pode ser usado como um instrumento único ou em combinação com outros. As notas têm por objetivo estabelecer o equilíbrio entre fazer recomendações baseadas em evidências (quando a evidência está disponível) e a sabedoria convencional ou "boas práticas". Também identificam as lacunas de conhecimento que necessitam de experimentação e avaliação adicionais.

Seção 4: Custeio e financiamento de Programas de DPI. Finalmente, tanto a decisão de investir em DPI quanto os tipos de pontos de entrada estratégicos que são priorizados dependem, em grande parte, das oportunidades e condições financeiras em um dado contexto. Assim, as duas notas desta seção incluem informações sobre (1) tipos de custos a serem considerados quando do planejamento de intervenções de DPI e (2) opções de fontes de financiamento e mecanismos de custeio.

Apêndice: Tabela resumida dos programas e avaliações. O apêndice fornece mais detalhes sobre as intervenções e estudos de avaliação citados nas notas.

Nota

1. Contrafatual refere-se a um grupo de pessoas que são tão similares quanto possível nas dimensões tanto observáveis quanto não observáveis por aqueles que participaram da intervenção em discussão.

Referência

Grantham-McGregor, S., Y. Bun Cheung, S. Cueto, P. Glewwe, L. Richer, B. Trupp e International Child Development Steering Group. 2007. "Developmental Potential in the First 5 Years for Children in Developing Countries." *The Lancet* 369 (9555): 60–70.

Introdução

Definição

O campo de desenvolvimento da primeira infância (DPI)[1] está definido na Convenção das Nações Unidas sobre os Direitos da Criança, Comentário Geral 7 (UN 2006) e refere-se ao desenvolvimento físico, cognitivo, linguístico e socioemocional das crianças até a transição para a escola primária (normalmente por volta dos 6 ou 7 anos de idade).[2] Primeira fase do desenvolvimento humano (que começa durante a gravidez), o DPI é um conceito integrado que engloba múltiplos setores, incluindo saúde e nutrição, educação e proteção social.

Contextualização e Justificativa

As crianças que chegam ao final da primeira infância deveriam estar se desenvolvendo bem física, cognitiva, linguística e socioemocionalmente, para poderem usufruir plenamente das várias oportunidades nos setores da educação e da saúde e tornar-se membros bem produtivos da sociedade. Deveriam (1) ser saudáveis e bem nutridas, (2) confiar plenamente nos cuidadores e ser capazes de interagir positivamente com os membros da família, colegas e professores, (3) ser capazes de se comunicar em sua língua nativa com colegas e adultos, e (4) estar preparadas para aprender ao longo de toda a escola primária.

As crianças carentes ou desfavorecidas têm menos probabilidade de atingir esses patamares importantes, porque estão muitas vezes expostas aos efeitos cumulativos de múltiplos fatores de risco,[3] entre os quais a falta de acesso aos serviços básicos de água e saneamento, e a serviços de saúde de qualidade; nutrição inadequada; pais com baixos níveis de escolaridade; e falta de acesso a creches e pré-escolas de qualidade.

Quando comparados com as outras, as crianças carentes e desfavorecidas têm menor probabilidade de ingressar na escola na idade certa. Também tendem a ter um baixo nível de aproveitamento ou notas baixas para a sua idade e a ter menor capacidade cognitiva (Vegas e Santibáñez 2010). Um estudo recente (Grantham-McGregor et al. 2007) estima que 219 milhões de crianças com menos de 5 anos sejam desfavorecidas.[4] Embora esse número represente 39 por cento de todas as crianças menores de 5 anos no mundo em desenvolvimento, a prevalência é ainda maior na África Subsaariana e no Sul da Ásia (61 por cento e 52 por cento das crianças, respectivamente).

As intervenções nos primeiros anos de vida têm o potencial de compensar essas tendências negativas, proporcionando às crianças menores mais oportunidades e melhores resultados em termos de acesso à educação, qualidade da aprendizagem, crescimento físico e saúde, e, eventualmente, produtividade. As crianças em melhor situação também se beneficiam da participação nas intervenções em DPI de qualidade. E porque investir em DPI tem efeitos em cascata sobre a vida dos beneficiários, essas intervenções estão entre os investimentos mais custo-efetivos que um país pode fazer para o desenvolvimento humano e a formação de capital humano da nação (Heckman 2008).

Marco Conceitual

O desenvolvimento da primeira infância é um processo multidimensional em que o progresso em um domínio muitas vezes atua como um catalisador para o progresso em outros domínios. Por outro lado, os atrasos em uma área de desenvolvimento podem igualmente ser catalizadores de atrasos em outras áreas. Por exemplo, a desnutrição nos primeiros anos de vida não só leva ao crescimento físico deficiente (inclusive raquitismo), mas também é grande indicador de que haverá atraso no desenvolvimento cognitivo e baixo desempenho acadêmico ao longo da vida escolar (Glewwe, Jacoby e King 2001). Por sua vez, a falta de cuidados e de estimulação por parte dos adultos nos primeiros anos não só conduz a um fraco desenvolvimento socioemocional e cognitivo, mas também está ligada a problemas de saúde e de crescimento.[5]

Domínios do Desenvolvimento da Criança

Os quatro domínios inter-relacionados do desenvolvimento da criança (ver Figura 1) – o desenvolvimento físico, o desenvolvimento cognitivo, o desenvolvimento linguístico e o desenvolvimento socioemocional – são descritos a seguir.[6]

O desenvolvimento físico é definido como uma taxa individual de crescimento, aptidão física, habilidades motoras finas, habilidades motoras grosseiras e capacidade de cuidar de si mesmo; esse desenvolvimento pode ser afetado pela presença de condições crônicas, como diabetes, deficiência física e desnutrição. A prevalência de raquitismo (subnutrição crônica, medida pelo escore Z de altura-para-idade menor ou igual a -2) em crianças desde o nascimento até os 2 anos é particularmente importante porque reflete a prevalência de desnutrição em uma dada população de crianças, o que, por sua vez, é preditiva de baixo desenvolvimento cognitivo e global durante a primeira infância e mais tarde na vida (Grantham-McGregor et al. 2007).

O desenvolvimento cognitivo envolve progressos nas habilidades analíticas, de resolução de problemas mentais, memória, e nas primeiras habilidades matemáticas. Em recém-nascidos e bebês, o desenvolvimento cognitivo precoce envolve a resolução de problemas, tais como aprender a empilhar ou guardar objetos, e as primeiras noções de aritmética, demonstradas por comportamentos tais como ordenar objetos e saber o que "um" ou "dois" de algo significa. Aos 3 anos de idade, as crianças devem ser capazes de resolver problemas simples e combinar cores e formas, assim como demonstrar ter consciência de conceitos como "mais" e "menos".

Conforme as crianças se aproximam da idade escolar, o desenvolvimento cognitivo amplia seu alcance para o conhecimento precoce dos números, incluindo adição e subtração, e a familiaridade com as letras do alfabeto e letras impressas. Indicadores do desenvolvimento cognitivo das crianças próximas da idade escolar incluem o conhecimento de letras e números, a capacidade de reter informações na memória de curto prazo, e o conhecimento de informações pessoais importantes, como o próprio nome e endereço.

Figura 1 DPI Integrado

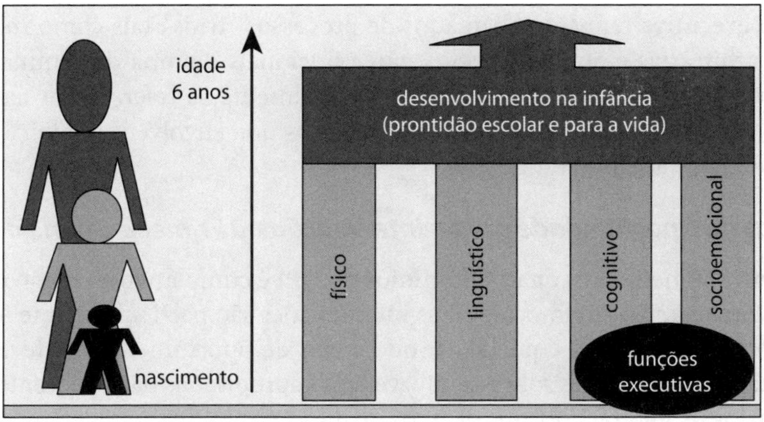

Fonte: Autores.

O desenvolvimento da linguagem se manifesta inicialmente no recém-nascido pelos atos de balbuciar, apontar e gesticular, e depois pelo surgimento das primeiras palavras e frases enquanto bebê, até a explosão de palavras entre as idades de 2 e 3 anos. É importante notar que a capacidade de absorver a linguagem e distinguir sons surge por volta dos 9 meses de idade (ver Nota 3.1), muito antes que a criança possa realmente falar, o que indica que é de fundamental importância que os pais/cuidadores interajam verbalmente com as crianças desde o nascimento. Quando as crianças chegam à idade pré-escolar, os indicadores de desenvolvimento da linguagem incluem a produção e a compreensão de palavras, a capacidade de contar histórias e identificar letras e a intimidade e familiaridade com os livros.

O desenvolvimento social e emocional nos primeiros 2 anos de vida gira em torno do relacionamento das crianças com os cuidadores, quando elas aprendem em que medida podem confiar naqueles ao seu redor para satisfazer as suas necessidades. Na idade pré-escolar, o desenvolvimento social e emocional se constrói sobre as aquisições anteriores e se expande para incluir a competência social (conviver com outras pessoas, inclusive colegas e professores), a gestão de comportamento (seguir instruções e cooperar com os pedidos), a percepção social (identificar pensamentos e sentimentos em si e nos outros), e capacidades de autocontrole (ter controle emocional e comportamental, especialmente em situações de estresse).

Algumas dessas competências envolvem processos tanto socioemocionais quanto cognitivos e têm sido chamadas de "processos de função executiva" (Fernald et al. 2009). Tais competências incluem o controle dos impulsos, a capacidade de iniciar uma ação, a capacidade de concentração e a persistência, os quais exercem influência significativa sobre a capacidade de um indivíduo de ser bem-sucedido na vida. A maioria dos processos cognitivos de função executiva tem sido chamados de processos "frios", tais como recordar regras arbitrárias e outros aspectos não emocionais de uma determinada tarefa, enquanto os processos "quentes" normalmente se referem aos aspectos mais emocionais da função executiva, como os que envolvem a inibição ou a capacidade de adiar a gratificação.

Janelas de Oportunidade para a Intervenção na Primeira Infância

O desenvolvimento nos quatro domínios do DPI é cumulativo ao longo da primeira infância. No entanto, algumas intervenções são particularmente importantes em subperíodos específicos (ou janelas de oportunidade) e devem ser priorizadas nas decisões sobre as intervenções apropriadas para diferentes grupos etários. A Figura 2 resume os tipos de intervenções mais relevantes durante os diferentes subperíodos da primeira infância. Por exemplo, é fundamental que as crianças recebam alimentação adequada entre a concepção e os 2 anos de idade por meio da nutrição pré-natal adequada, do aleitamento exclusivo com leite materno nos primeiros 6 meses de vida, e da adição de alimentos complementares adequados para o aleitamento continuado dos 6 meses até os 2 anos (World Bank 2006).

Da mesma forma, é fundamental que as crianças com até 2 anos de idade tenham um ambiente propício e acolhedor de que necessitam para desenvolver

Figura 2 A Importância do Tempo: as Intervenções de DPI mais Importantes Variam conforme a Idade da Criança

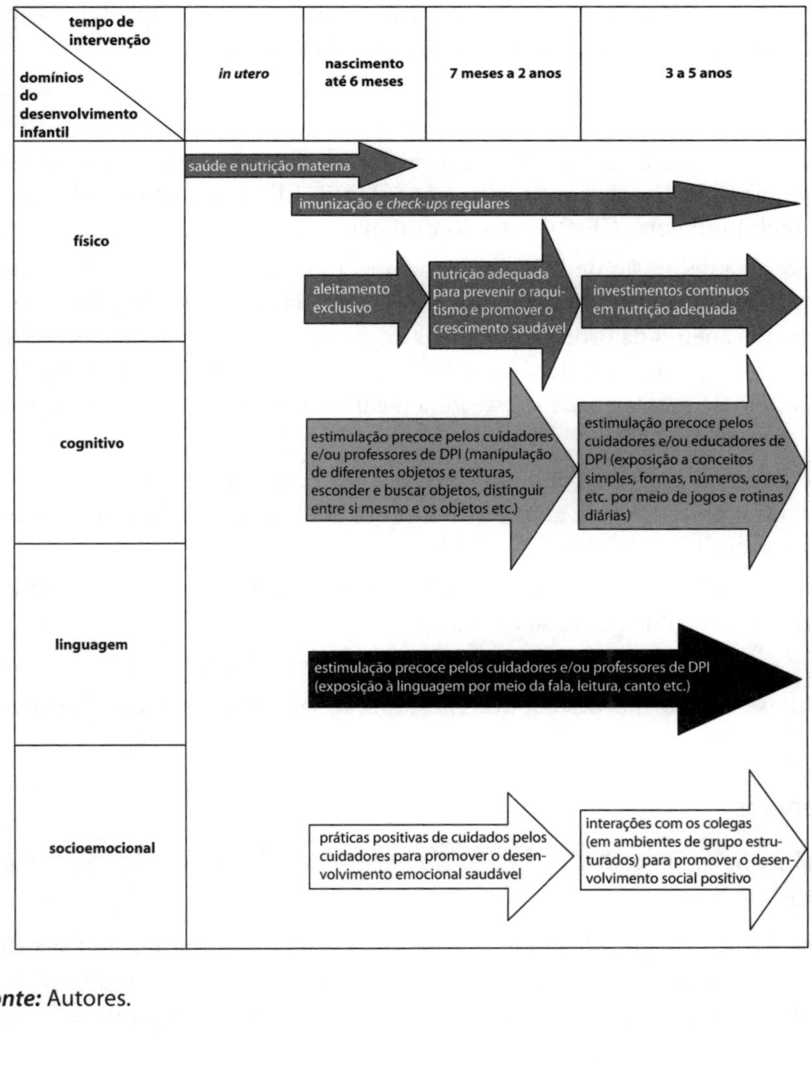

Fonte: Autores.

laços fortes (ou apego) com seus cuidadores, lançando assim as bases para um maior desenvolvimento em todas as áreas (Naudeau 2009). Portanto, os programas de DPI que mostram aos pais como interagir positivamente com os recém-nascidos e os bebês por meio do carinho e comunicação verbal são particularmente importantes nesses primeiros anos. A falha em fornecer às crianças nutrição adequada e estimulação durante essa janela de oportunidade prejudica o potencial humano (Grantham-McGregor et al. 2007).

À medida que as crianças se aproximam dos 3-5 anos de idade, as interações com os colegas (por exemplo, no contexto de programas de DPI baseados em centros) e formas mais avançadas de estímulo linguístico e cognitivo por parte dos pais e educadores de DPI se tornam cada vez mais importantes, juntamente com o investimento contínuo na área da saúde e nutrição.

Notas

1. O DPI também é conhecido como cuidado e desenvolvimento na primeira infância (CDPI) e abrange a educação infantil (EI), o cuidado e educação na primeira infância (CEPI), e outras designações.
2. Embora a definição de DPI possa incluir crianças de até 8 anos de idade – na premissa de que uma transição bem-sucedida para a escola primária não depende apenas da prontidão escolar da criança, mas também da prontidão das escolas para se adaptar às necessidades específicas dos jovens aprendizes no início da escolaridade –, este guia focaliza os serviços DPI até o ingresso na escola primária.
3. Os fatores de risco são definidos como "características pessoais ou circunstâncias ambientais que aumentam a probabilidade de resultados negativos para as crianças" (Cole e Cole 2000).
4. Neste estudo, as crianças são consideradas desfavorecidas se são raquíticas, vivem na linha na pobreza, ou ambos.
5. Para uma revisão de artigos sobre este tópico, ver Naudeau (2009).
6. Muitas das informações contidas nesta seção são uma adaptação de Fernald et al. (2009).

Referências

Cole, M., e S. R. Cole. 2000. *The Development of Children* (4. ed.). New York: Worth.

Fernald, L., P. Kariger, P. Engle e A. Raikes. 2009. *Examining Early Child Development in Low-Income Countries: A Toolkit for the Assessment of Children in the First Five Years of Life*. Washington, DC: World Bank.

Glewwe, P., H. G. Jacoby e E. M. King. 2001. "Early Childhood Nutrition and Academic Achievement: A Longitudinal Study." *Journal of Public Economics* 81 (3): 345–68.

Grantham-McGregor, S., Y. Bun Cheung, S. Cueto, P. Glewwe, L. Richer, B. Trupp e International Child Development Steering Group. 2007. "Developmental Potential in the First 5 Years for Children in Developing Countries." *The Lancet* 369 (9555): 60–70.

Heckman, J. 2008. "Schools, Skills, and Synapses." *Economic Inquiry* 46 (3): 289–324.

Naudeau, S. 2009. "Supplementing Nutrition in the Early Years: The Role of Early Childhood Stimulation to Maximize Nutritional Inputs." *Child and Youth Development Notes* 3 (1) (March), Washington, DC: World Bank,.

UN (United Nations). 2006. *UN General Comment 7: Implementing Child Rights in Early Childhood.* (40.ª sessão, 2005). U.N. Doc. CRC/C/GC/7/ Rev.1. Disponível em: http://www1.umn.edu/humanrts/crc/crc_general_comments.htm

Vegas, E. e L. Santibáñez. 2010. *The Promise of Early Childhood Development in Latin America and the Caribbean.* Washington, DC: World Bank.

World Bank. 2006. *Repositioning Nutrition as Central to Development: A Strategy for Large-Scale Action.* Washington, DC: World Bank.

SEÇÃO 1

Como Iniciar o Diálogo Político sobre Investimentos em DPI

NOTA 1.1

Por que Investir em DPI? O Argumento Econômico *(para o Diálogo Político com os Ministros de Finanças, do Planejamento e de Assuntos Sociais)*

Esta nota trata da questão do investimento público no desenvolvimento da primeira infância (DPI), fornecendo evidências de que os atrasos no desenvolvimento cognitivo e global bem antes de a criança ingressar na escola primária têm muitas vezes consequências duradouras e onerosas tanto para as famílias quanto para a sociedade. Esta nota também demonstra que as intervenções em DPI, quando bem orientadas, são uma estratégia economicamente eficaz que ajuda a prevenir ou remediar esses atrasos, permitindo assim que as crianças que vivem na linha de pobreza sejam mais saudáveis, tenham melhor desempenho na escola, envolvam-se em atividades menos arriscadas e se tornem adultos mais produtivos.

A Falta de Investimentos em DPI Gera Altos Custos e é Difícil de Compensar mais Tarde na Vida

As habilidades desenvolvidas na infância formam a base para o aprendizado futuro e o sucesso no mercado de trabalho. O DPI aumenta a capacidade da criança de aprender, de trabalhar em grupo, de ser paciente e desenvolver outras habilidades que são a base da aprendizagem formal e da interação social no ambiente escolar e fora dele.

A incapacidade de desenvolver essas habilidades fundamentais leva muitas vezes, no longo prazo, a efeitos irreversíveis sobre o nível de escolaridade, a saúde, a fertilidade e ganhos de produtividade, que mais tarde irão resultar em custos significativos tanto para os indivíduos quanto para a sociedade (Heckman e Masterov 2007). Estudos realizados em países como Brasil, Indonésia, Jamaica, Peru, Filipinas e África do Sul, entre outros, têm demonstrado que a nutrição inadequada desde a concepção até a idade de 2 anos leva a sérios atrasos cognitivos em crianças em idade escolar (Grantham-McGregor et al. 2007). Além disso, entre crianças em idade pré-escolar, os atrasos linguísticos e cognitivos podem se acumular rapidamente se não forem tratados com atenção. Por exemplo, a Figura 1.1.1 mostra que, apesar de as diferenças no vocabulário adequado à idade entre as crianças equatorianas de 3 anos serem geralmente pequenas, aos 6 anos as crianças de famílias menos ricas ou menos escolarizadas têm ficado muito atrás de seus colegas de famílias mais ricas ou escolarizadas. Esse padrão ocorre em parte porque as crianças carentes tendem a receber menos estimulação oral (fala dirigida a elas) e porque o discurso que ouvem normalmente é pobre em termos lexicais e de complexidade das sentenças (Fernald et al. 2009).

As relações estreitas entre pobreza e múltiplas áreas do desenvolvimento infantil (inclusive no âmbito cognitivo, físico e socioemocional) também foram registradas a partir de 6 meses de idade na República Árabe do Egito, de 12 meses no Brasil, de 10 meses na Índia, e de 18 meses em Bangladesh (Grantham-McGregor et al. 2007).

Figura 1.1.1 Resultados do Vocabulário de Crianças Equatorianas de 36 a 72 Meses de Idade

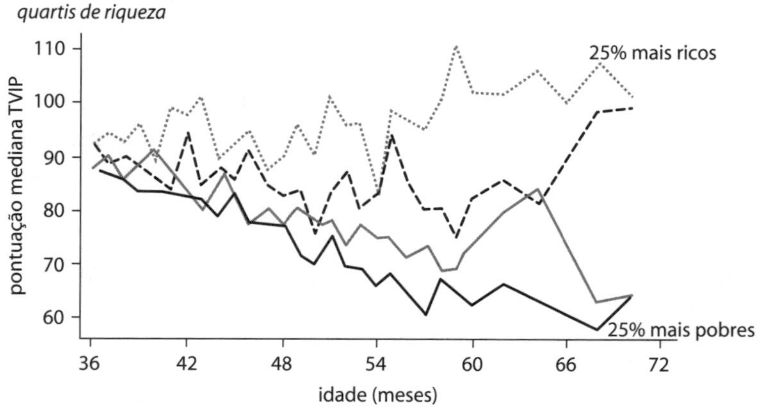

Fonte: Paxson e Schady 2007.
Nota: TVIP (Test de Vocabulario en Imagenes Peabody) é uma medida da linguagem receptiva espanhola baseada no Peabody Picture Vocabulary Test-Revised. Eixo Y = resultados padronizados do TVIP, média de referência
população = 100, desvio-padrão = 15. Assim, as crianças com pontuação abaixo de 70 ficam abaixo do 5.º percentil de distribuição normativa. As quatro linhas representam os quartis socioeconômicos.

À medida que crescem, as crianças que vivem na linha de pobreza provavelmente experimentarão baixo desempenho escolar, incluindo altas taxas de repetência e evasão, bem como alta taxas de fertilidade e de morbidade, que contribuem para a ineficiência e os altos custos nos setores da educação e da saúde. Elas também são mais propensas a ter baixa produtividade e renda, e a não prestar cuidados suficientes aos filhos, contribuindo para a transmissão intergeracional da pobreza (Grantham-McGregor et al. 2007); além disso, são menos suscetíveis de contribuir para o crescimento econômico do país.

Os atrasos de desenvolvimento antes de 6 anos de idade são difíceis de compensar mais tarde na vida, porque a infância é um período particularmente importante na formação do cérebro. De fato, estudos neurológicos têm mostrado que as sinapses (ou seja, as conexões ou caminhos entre os neurônios no sistema nervoso) se desenvolvem rapidamente durante esse período, formando a base do funcionamento cognitivo e emocional para o resto da vida da criança (Young e Mustard 2007). Por isso, tanto a nutrição apropriada, especialmente desde a concepção até os 2 anos de idade, quanto a estimulação nos primeiros 5 anos de vida desempenham papel crítico no processo de formação e desenvolvimento cerebral, principalmente auxiliando na multiplicação de sinapses e no processo de mielinização,[1] ambos essenciais para o normal funcionamento do sistema nervoso (Banco Mundial 2006; Nelson, De Haan e Thomas 2006). Por outro lado, a falta de nutrição adequada e de estimulação nos primeiros anos pode levar a alterações dramáticas no desenvolvimento do cérebro (Shonkoff e Phillips 2000).

Há Fortes Evidências de que as Intervenções em DPI Trazem Benefícios Significativos no Curto e no Longo Prazo

Cada vez mais pesquisas demonstram que as capacidades cognitivas são fortemente afetadas tanto pela qualidade do ambiente, pela quantidade de estimulação precoce e pelas oportunidades de aprendizagem a que as crianças estão expostas, quanto pela genética, com as influências genéticas sendo responsáveis por cerca de metade da variação na capacidade cognitiva (Fernald et al. 2009). Da mesma forma, o desenvolvimento socioemocional e o desenvolvimento físico das crianças são fortemente influenciados pelos seus primeiros ambientes.[2]

Os fatores de risco ambientais, como desnutrição, má saúde, ambiente doméstico desestimulante, e maus-tratos na infância têm demonstrado ter um impacto negativo no desenvolvimento das crianças (Irwin, Siddiqi e Hertzman 2007). Esses fatores de risco tendem a se concentrar mais entre as famílias carentes com pais menos escolarizados, em parte devido a falhas de informação (por exemplo, a falta de conhecimento dos pais sobre como auxiliar no crescimento e desenvolvimento das crianças) e em parte por causa de restrições pelo lado da oferta (por exemplo: a distribuição desigual de recursos e serviços para a infância).

Uma série de investimentos em DPI (indicados nas Notas 3.1 a 3.4) demonstraram ter efeitos benéficos significativos e duradouros em três grandes categorias de resultados inter-relacionados.

- **Melhorar a prontidão escolar e os resultados educacionais a ela associados.** Prontidão escolar significa que uma criança possui as capacidades cognitivas e socioemocionais necessárias para aprender e ter sucesso na escola (ver Nota 1.3). Entre os resultados educacionais obtidos estão: melhor desempenho em testes padronizados, redução da evasão ou do fracasso escolar, e melhoria dos índices de memorização (Lynch 2005). Um série de diferentes intervenções em DPI, incluindo as que incidem sobre a educação pré-escolar, a pré-alfabetização, a nutrição, e a competência e conhecimento parental demonstraram afetar positivamente a prontidão escolar e o desempenho acadêmico. Por exemplo, participantes de um programa de aprendizagem ativa pré-escolar de alta qualidade (High/Scope Perry Preschool) tiveram maiores taxas de conclusão do ensino médio que o grupo controle (71 por cento vs. 54 por cento), o que resultou em maiores rendimentos mensais (29 por cento vs. 7 por cento ganhavam US$ 2.000 ou mais por mês) e maior taxa de aquisição de moradia aos 27 anos (36 por cento vs. 13 por cento) (Schweinhart et al. 2005).

- **Melhorar a saúde física e mental e reduzir a dependência do sistema de saúde.** Embora não seja surpreendente que os programas voltados à nutrição, à imunização e à higiene tenham demonstrado efeitos benéficos significativos na saúde, é importante reconhecer que outros tipos de intervenções em DPI, incluindo aquelas que promovem oportunidades de estimulação e aprendizagem precoces, também têm impacto direto na saúde das crianças (ver Nota 1.2). Programas que fortalecem as habilidades cognitivas e socioemocionais das crianças pequenas podem levar a menos problemas de saúde mais tarde na vida, em parte porque reduzem a probabilidade de problemas de saúde mental, e também porque levam as crianças a fazerem escolhas que trazem benefícios à saúde, tais como aumentar o uso de cintos de segurança e a reduzir o uso de cigarros, álcool e drogas legais e ilegais (Schulman 2005).

- **Reduzir o envolvimento em comportamentos de alto risco.** Comportamentos de alto risco comum às crianças e jovens incluem fumar, comportamento sexual de risco, uso de drogas e dependência química, e atividades criminosa e violenta (Lynch 2005). Tais comportamentos reduzem a chance de uma criança fazer uma transição bem-sucedida para a vida adulta e aumentam a probabilidade de resultados negativos, tais como doenças, desemprego, gravidez na adolescência, doenças sexualmente transmissíveis, vícios, reclusão e exclusão social (Cunningham et al. 2008). Programas que melhoram as habilidades cognitivas e socioemocionais melhoram a capacidade das crianças de autorregularem seus comportamentos e emoções. Por exemplo, a avaliação de um programa de educação materno-infantil na Turquia mostrou que as crianças cujas famílias participaram do programa tiveram menores taxas de delinquência do que aquelas cujas famílias não participaram do programa (Kagitcibasi et al. 2009). O Projeto Abecedário, um estudo aleatório de cuidados infantis em tempo integral desde o nascimento até os 5 anos de idade nos Estados Unidos, constatou que, à medida que cresciam, os participantes estavam menos propensos a fumar, a usar maconha ou a se tornar pais adolescentes do que crianças que não tinham participado do programa (Campbell et al. 2002).

As intervenções corretivas são possíveis mais tarde durante o desenvolvimento da criança – tais como programas de equivalência escolar para evitar a evasão escolar ou intervenções terapêuticas para jovens violentos –, mas quanto mais uma sociedade espera para intervir no ciclo de vida de uma criança desfavorecida, maior o custo de remediar a desvantagem (Heckman 2008a). De fato, as intervenções em DPI não só têm uma alta relação custo-benefício, mas também uma maior taxa de retorno para cada dólar investido do que as intervenções dirigidas às crianças maiores e aos adultos (ver Figura 1.1.2) (Heckman 2008b; Heckman, Stixrud e Urzua 2006). Evidências sugerem uma taxa de retorno potencial de cerca de 7-16 por cento ao ano a partir de programas de DPI de alta qualidade direcionados aos grupos vulneráveis (Rolnick e Grunewald 2007; Heckman et al. 2009).[3] Consequentemente, muitos países investem recursos públicos em DPI tanto por ser um serviço obrigatório (UN 2006) quanto por ser um bom investimento financeiro.

Figura 1.1.2 Taxa de Retorno do Investimento em Desenvolvimento Humano em Todas as Idades

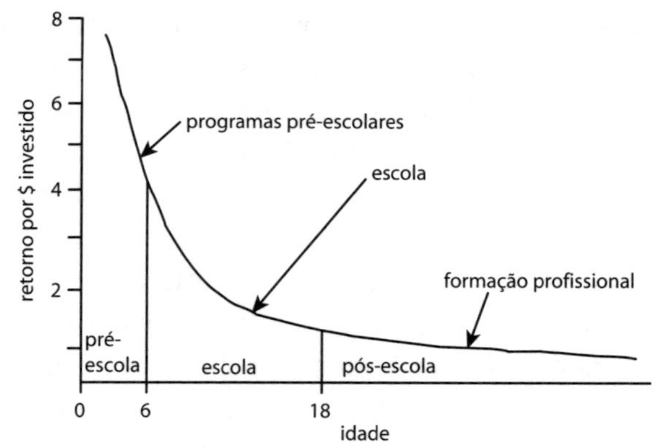

Fonte: Carneiro e Heckman 2003.

Outra vantagem econômica da intervenção em DPI é que ela melhora a eficiência e a equidade,[4] no sentido de que proporciona uma forma custo-efetiva de produzir uma força de trabalho bem treinada e capaz, e ajuda a melhorar os resultados dos menos favorecidos (Heckman e Masterov 2007).

Dependendo da política econômica de um determinado país, os recursos públicos podem ser investidos apenas nos mais vulneráveis ou em segmentos mais amplos da população, com *trade-offs* potenciais entre a equidade e a universalização da prestação de serviços, incluindo as implicações para seu custeio e financiamento (ver Notas 4.1 e 4.2).

Investimentos em DPI também Têm Impacto Positivo sobre as Meninas mais Velhas e as Mulheres

Além do impacto direto das intervenções em DPI em crianças pequenas, as externalidades positivas podem ocorrer nas áreas de escolarização feminina e participação das mulheres na força de trabalho. De fato, as evidências sugerem que a existência de instituições pré-escolares a preços acessíveis para crianças pequenas pode aumentar as taxas de escolarização das irmãs mais velhas em maior grau do que um aumento no salário materno. Por exemplo, um estudo no Quênia mostrou que o aumento do salário materno provavelmente levaria a um aumento de 11 por cento na taxa de escolarização dos meninos da família, mas a uma diminuição na taxa de escolarização das meninas de 10 por cento, pois as adolescentes acabavam assumindo mais responsabilidades em casa porque as mães trabalhavam fora. Em contraste, o estudo mostrou que, ao reduzir o custo das creches, aumentaram as matrículas escolares das meninas da família, sem que houvesse um efeito mensurável sobre a matrícula dos meninos na escola em qualquer direção (Lokshin, Glinskaya e Garcia 2000).

Outra evidência sugere que intervenções que disponibilizam creches podem aumentar o envolvimento das mães no mercado de trabalho (Lokshin, Glinskaya e Garcia 2000; Berlinski e Galiani 2007), especialmente entre as mães mais escolarizadas (Schlosser 2005). Por exemplo, um estudo realizado na Argentina analisou o efeito do aumento em larga escala da disponibilidade de vagas nas pré-escolas públicas em todo o país e estimou o efeito do aumento sobre o emprego materno em 7-14 por cento (Berlinski e Galiani 2007). Um outro estudo com famílias argentinas estimou uma diferença de 13 por cento a mais de ingresso na força de trabalho de mães cujo filho mais novo acabara de completar a idade limite para ingressar na pré-escola em relação àquelas cujo filho mais novo acabara superando a idade limite (Berlinski, Galiani e McEwan 2008).

Notas

1. Mielinização é a produção de um revestimento de mielina (material isolante) em torno do axônio de um neurônio (célula nervosa), o que maximiza a intensidade da transmissão neural no cérebro.
2. As evidências que fazem distinção entre fatores genéticos e ambientais são oriundas principalmente de países industrializados. Para uma revisão, ver Plomin 1994.
3. É importante notar que essas taxas de retorno elevadas foram observadas em intervenções de pequena escala, que tiveram como público-alvo grupos de crianças vulneráveis. Intervenções em grande escala que visam a uma maior gama de beneficiários podem resultar em retornos menores.
4. No entanto, o DPI pode demandar investimentos complementares em educação primária para que os esforços de melhoria da aprendizagem sejam mantidos. Portanto, compromissos com a justiça e a eficiência podem ser necessários para as crianças de baixa renda à medida que amadurecem.

Bibliografia Fundamental

Grantham-McGregor, S., Y. Bun Cheung, S. Cueto, P. Glewwe, L. Richer, B. Trupp e International Child Development Steering Group. 2007. "Developmental Potential in the First 5 Years for Children in Developing Countries." *The Lancet* 369: 60–70.

Heckman, J. J. e D. V. Masterov. 2007. "The Productivity Argument for Investing in Young Children." *Review of Agricultural Economics* 29 (3): 446–93.

Heckman, J. J., S. H. Moon, R. Pinto, P. A. Savalyev e A. Yavitz. 2009. *The Rate of Return to the High/Scope Perry Preschool Program*. Working Paper 200936, Geary Institute, University College Dublin. Disponível em: http://www.ucd.ie/ geary/static/publications/workingpapers/gearywp200936.pdf.

Shonkoff, J. P. e D.A. Phillips (ed.). 2000. *From Neurons to Neighborhoods: The Science of Early Childhood Development*. Washington, DC: National Academy Press.

Referências

Berlinski, S. e S. Galiani. 2007. "The Effect of a Large Expansion of Pre-primary School Facilities on Preschool Attendance and Maternal Employment." *Labour Economics* 14 (3): 665–80.

Berlinski, S., S. Galiani e P. J. McEwan. 2008. *Preschool and Maternal Labor Market Outcomes: Evidence from a Regression Discontinuity Design*. IFS Working Paper W09/05. London, UK: The Institute for Fiscal Studies.

Campbell, F. A., C. T. Ramey, E. P. Pungello, S. Miller-Johnson e J. J. Sparling. 2002. "Early Childhood Education: Young Adult Outcomes from the Abecedarian Project." *Applied Developmental Science* 6 (1): 42–57.

Carneiro, P. e J. Heckman. 2003. *Human Capital Policy*. NBER Working Paper 9495, Cambridge, MA, National Bureau of Economic Research.

Cunningham, W., L. M. Cohan, S. Naudeau e L. McGinnis. 2008. *Supporting Youth at Risk: A Policy Toolkit for Middle-Income Countries*. Washington, DC: World Bank.

Fernald, L., P. Kariger, P. Engle e A. Raikes. 2009. *Examining Early Child Development in Low-Income Countries: A Toolkit for the Assessment of Children in the First Five Years of Life*. Washington, DC: World Bank.

Grantham-McGregor, S., Y. Bun Cheung, S. Cueto, P. Glewwe, L. Richer, B. Trupp e International Child Development Steering Group. 2007. "Developmental Potential in the First 5 Years for Children in Developing Countries. *The Lancet* 369 (9555): 60–70.

Heckman, J. J. 2008a. "The Case for Investing in Disadvantaged Young Children." In *Big Ideas for Children: Investing in Our Nation's Future*, ed. First Focus, 49–58. Washington, DC: First Focus.

______. 2008b. "Schools, Skills, and Synapses." *Economic Inquiry* 46 (3): 289–324.

Heckman, J. J. e D.V. Masterov. 2007. "The Productivity Argument for Investing in Young Children." *Review of Agricultural Economics* 29 (3): 446–93.

Heckman, J. J., S. H. Moon, R. Pinto, P. A. Savalyev e A. Yavitz. 2009. *The Rate of Return to the High/Scope Perry Preschool Program.* Working Paper 200936, Geary Institute, University College Dublin. Disponível em: http://www.ucd.ie/ geary/static/publications/workingpapers/gearywp200936.pdf.

Heckman, J. J., J. Stixrud e S. Urzua. 2006. "The Effects of Cognitive and Noncognitive Abilities on Labor Market Outcomes and Social Behavior." *Journal of Labor Economics* 24 (3): 411–82.

Irwin, L., A. Siddiqi e C. Hertzman. 2007. *Early Child Development: A Powerful Equalizer: Final Report for the World Health Organization's Commission on the Social Determinants of Health.* WHO, Geneva. Disponível em: http://www.who.int/social_determinants/resources/DPI_kn_report_07_2007.pdf.

Kagitcibasi, C., D. Sunar, S. Bekman, N. Baydar e Z. Cemalcilar. 2009. "Continuing Effects of Early Enrichment in Adult Life: The Turkish Early Enrichment Project 22 Years Later." *Journal of Applied Developmental Psychology* 30 (6): 764–79.

Lokshin, M. M., E. Glinskaya e M. Garcia. 2000. *The Effect of Early Childhood Development Programs on Women's Labor Force Participation and Older Children's Schooling in Kenya.* Working Paper 2376. Washington, DC: World Bank.

Lynch, R. G. 2005. "Early Childhood Investment Yields Big Payoff." *Policy Perspectives.* San Francisco, CA: WestEd.

Nelson, C. A., M. de Haan e K. M. Thomas. 2006. *Neuroscience and Cognitive Development: The Role of Experience and the Developing Brain.* New York: John Wiley.

Paxson, C. e N. Schady. 2007. "Cognitive Development among Young Children in Ecuador: The Roles of Wealth, Health, and Parenting." *Journal of Human Resources* 42 (1): 49–84.

Plomin, R. 1994. *Genetics and Experience: The Interplay Between Nature and Nurture.* Thousand Oaks, CA: Sage Publications.

Rolnick, A. J. e R. Grunewald. 2007. "The Economics of Early Childhood Development as Seen by Two Fed Economists." *Community Investments* 19 (2), Federal Reserve Bank of San Francisco.

Schlosser, A. 2005. *Public Pre-school and the Labor Supply of Arab Mothers: Evidence from a Natural Experiment*. Manuscrito não publicado. Hebrew University of Jerusalem.

Schulman, K. 2005. *Overlooked Benefits of Prekindergarten*. National Institute for Early Education Research. Disponível em: http://www.nieer.org. Acesso em: 21 mar. 2009.

Schweinhart, L. J., J. Montie, Z. Xiang, W. S. Barnett, C. R. Belfield e M. Nores. 2005. *Lifetime Effects: The High/Scope Perry Preschool Study through Age 40*. Monographs of the HighScope Educational Research Foundation 14. Ypsilanti, MI: HighScope Press.

Shonkoff, J. P. e D. A. Phillips. 2000. *From Neurons to Neighborhoods: The Science of Early Childhood Development*. Washington, DC: National Academy Press.

UN (United Nations). 2006. *UN General Comment 7: Implementing Child Rights in Early Childhood.* (40.ª sessão, 2005). U.N. Doc. CRC/C/GC/7/Rev.1. Disponível em: http://www1.umn.edu/humanrts/crc/crc_general_comments.htm.

World Bank. 2006. *Repositioning Nutrition as Central to Development: A Strategy for Large-Scale Action*. Washington, DC: World Bank.

Young, M. E. e F. Mustard. 2007. "Brain Development and DPI: A Case for Investment." In: Garcia, M, A. Pence e J. L. Evans (ed.). *Africa's Future, Africa's Challenge: Early Childhood Care and Development in Sub-Saharan Africa.* Washington, DC: World Bank.

NOTA 1.2

Por que Investir em DPI? Os Argumentos da Sobrevivência e da Saúde *(para o Diálogo Político com os Ministros da Saúde)*

Esta nota trata da questão do investimento público no desenvolvimento da primeira infância (DPI) como uma contribuição vital para o crescimento e o desenvolvimento saudável da criança desde a mais tenra idade. Apresenta evidências de que muitas crianças de famílias de baixa e média renda continuam a apresentar alta taxa de mortalidade/morbidade por causas evitáveis, tais como a desnutrição, que tem efeitos negativos e onerosos tanto no desenvolvimento a curto prazo quanto a longo prazo. A nota também realça a importância das sinergias entre estimulação infantil,[1] nutrição e saúde/higiene, mostrando que todas as três são necessárias para que as crianças se desenvolvam e alcancem seu pleno potencial (ver Figura 1.2.1).

Apesar dos Progressos Recentes, Muitas Crianças Carentes Continuam Morrendo de Causas Evitáveis

A mortalidade infantil é um indicador importante do desenvolvimento de uma nação, e reflete múltiplos dados de bem-estar infantil, entre eles: nutrição, saúde e conhecimento pelas mães e outros cuidadores sobre cuidados infantis; local e data do nascimento; acesso a serviços de saúde, água potável e saneamento; busca por cuidados quando há doenças; e segurança geral do ambiente. Estimativas recentes do UNICEF (janeiro de 2010), sobre a mortalidade de menores de 5 anos revelam uma melhora e tendências positivas (You et al. 2010). Por exemplo, entre 1990 e 2008, a taxa global de mortalidade de menores de 5 anos caiu 28 por cento, de 90 para 65 mortes por 1.000 nascidos--vivos, sendo que o número total de mortes diminuiu de forma semelhante, de 12,5 para 8,8 milhões. No entanto, apesar dos progressos em muitos países, a mortalidade de menores de 5 anos estagnou na África Oriental e Meridional e piorou na África Central e Ocidental.

Figura 1.2.1 Estimulação Precoce e Nutrição e Saúde/Higiene Adequadas São Fundamentais para Favorecer a Saúde e o Desenvolvimento da Criança

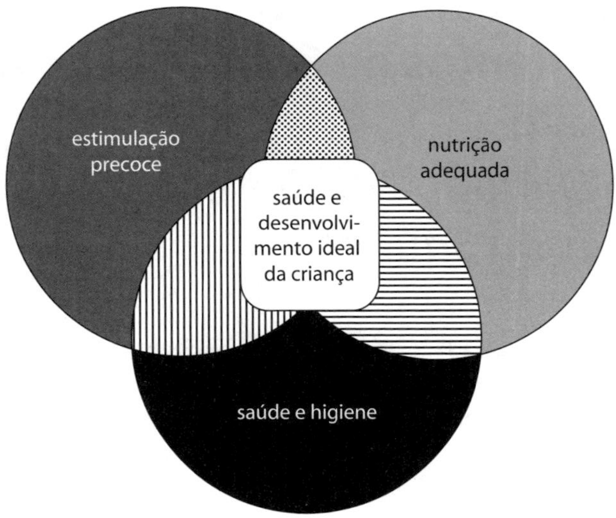

Fonte: Autores.

As infecções são a principal causa de morte entre crianças, e incluem pneumonia (20 por cento das mortes neonatais e infantis), doenças diarreicas (18 por cento dos óbitos neonatais e infantis) e sarampo, malária e AIDS (combinadas, essas três doenças causam 15 por cento das mortes entre os menores de 5 anos) (UNICEF 2008). Dependendo do contexto do país e da redução de mortes entre crianças com mais de 1 mês de idade, as doenças neonatais têm sido responsáveis por um percentual cada vez maior de mortes entre crianças menores de 5 anos, o que indica haver necessidade urgente de tratar as causas determinantes da mortalidade neonatal. Por fim, a desnutrição é a causa subjacente de mais de um terço das mortes entre menores de 5 anos, o que ressalta a importância vital de uma abordagem integrada de saúde e nutrição (inclusive por meio de práticas de cuidados positivas, como a alimentação responsiva)[2] para favorecer a sobrevivência de grupos vulneráveis de crianças.

Estimativas indicam que aproximadamente dois terços das mortes entre menores de 5 anos poderiam ser evitadas por intervenções atualmente disponíveis e viáveis em nível mundial (Black, Morris e Bryce 2003). A estratégia de intervenção mais promissora para melhorar a sobrevivência infantil é promover o aleitamento materno exclusivo. Por exemplo, aumentar para 90 por cento a taxa de aleitamento materno exclusivo nos 6 primeiros meses de vida ajudaria a evitar até 13 por cento das mortes de crianças ao redor do mundo. Outras estratégias eficazes de prevenção para aumentar a probabilidade de sobrevivência infantil incluem: alimentar as crianças com complementos alimentares nutritivos a partir dos 6 meses de idade (inclusive através de estratégias de alimentação responsiva, conforme discutido na Nota 3.2); fornecer suplementos de vitamina A duas vezes por ano; inoculação de vacinas; prevenir e tratar a tempo doenças como pneumonia, diarreia e malária (Black, Morris e Bryce 2003).

Entre Aquelas que Sobrevivem, a Má Saúde e a Nutrição e a Estimulação Inadequadas na Primeira Infância Muitas Vezes Levam a Problemas de Saúde e de Desenvolvimento a Longo Prazo que têm Alto Custo para a Sociedade

Assegurar que as crianças sobrevivam aos primeiros cinco anos de vida é uma alta prioridade, especialmente em países em que O Objetivo de Desenvolvimento do Milênio 4, das Nações Unidas (Reduzir a mortalidade infantil em dois terços entre 1990 e 2015) não será alcançada. No entanto, sobreviver apenas não basta para que as crianças cresçam saudáveis e se tornem membros competentes e produtivos da sociedade. Um estudo de 2007 (Walker et al. 2007) estima que pelo menos 200 milhões de crianças menores de 5 anos em todo o mundo provavelmente chegarão até a infância, mas não conseguirão atingir seu pleno potencial na vida por causa de problemas de saúde, desnutrição e falta de estimulação na primeira infância. Essas deficiências terão consequências de alto custo no longo prazo para essas crianças e as sociedades em que vivem.

A Nutrição Inadequada, Especialmente Antes do Nascimento até os 2 Anos de Idade, Leva ao Raquitismo

A saúde e a higiene na primeira infância estão intimamente relacionadas à nutrição. Dietas alimentares pobres (quantidade e qualidade), práticas de cuidado inadequadas e infecções durante a infância podem contribuir para o raquitismo. Por exemplo, uma análise conjunta de nove estudos mostrou que cada episódio de diarreia aumentou o risco de raquitismo aos 24 meses de idade em cerca de 2,5 por cento (Humphrey 2009). A doença pode suprimir o apetite, bem como aumentar as necessidades nutricionais da criança, enquanto as deficiências nutricionais podem aumentar o risco de contrair doenças e agravá-las (World Bank 2006).

Um relatório recente (anteriormente não ainda bem documentado ou discutido) também sugere que a enteropatia tropical (uma doença subclínica do intestino delgado causada pela ingestão de bactérias fecais por crianças pequenas que vivem em condições precárias de higiene e saneamento) possa ser em grande parte responsável pela desnutrição infantil, e destaca a importância que o saneamento básico e lavar as mãos com frequência terão na redução da prevalência de desnutrição infantil (Aboud, Shafique e Akhter 2009).

A má nutrição muitas vezes começa dentro do útero e leva à saúde precária mais tarde na vida. A subnutrição materna (o que inclui ingerir menos calorias do que o necessário e deficiências de ferro e iodo) e as infecções não tratadas (por exemplo, malária e infecções sexualmente transmissíveis) contribuem para o retardo de crescimento intrauterino (RCIU), baixo peso ao nascer (BPN, ou seja, peso ao nascer inferior a 2.500 g) e ao raquitismo. Já em desvantagem desde antes do nascimento, as crianças com BPN raramente recuperam totalmente a perda linear do crescimento sofrida no útero (Alderman e Behrman 2006).

Os riscos adicionais de BPN relacionam bebês pequenos a problemas de saúde na idade adulta. Evidências de estudos observacionais sustentam a hipótese da origem fetal das doenças do adulto. Essa teoria propõe que o BPN e o retardo do crescimento na primeira infância, seguido de ganho de peso compensatório em idades posteriores (após os 2 anos de idade), estão associados a hipertensão arterial, aumento do colesterol sérico, maior suscetibilidade ao diabetes tipo 2 e aumento do risco de doença cardíaca coronariana na idade adulta (Barker et al. 2002).

Além da alta probabilidade de deficiências de crescimento irreversíveis, um estudo recente sobre crianças nascidas durante os três anos de fome na China (1959-1961) indicou um aumento do risco de distúrbios mentais (inclusive esquizofrenia) associado às deficiências nutricionais do feto em desenvolvimento (St. Clair et al. 2005). Esses resultados vão na mesma direção dos estudos anteriores sobre o impacto do inverno de fome holandês de 1944 (Stein et al. 1975; Susser et al.1996).

A subnutrição também prejudica o desenvolvimento cerebral e cognitivo e reduz a produtividade. As relações entre saúde infantil e condição nutricional, e suas consequências mais tarde para o desenvolvimento cognitivo e o progresso escolar estão bem documentadas em estudos transversais (Grantham-McGregor et al. 2007). Quando comparadas com crianças não raquíticas, aquelas que não cresceram o suficiente até os 24 meses têm menor probabilidade de serem matriculadas na escola ou ingressam nela mais tarde; elas demonstram ter menores níveis de prontidão escolar e têm baixa taxa de sucesso escolar, notas mais baixas e desempenho cognitivo inferior. A deficiência de iodo em mulheres grávidas pode levar ao retardo mental irreversível em seus descendentes (Walker et al. 2007). Crianças desnutridas, entre as quais aquelas com anemia nos primeiros 2 anos de vida, também apresentam menos habilidades psicomotoras, níveis baixos de atividade, mais apatia, menor interação com os cuidadores, e menores taxas de exploração de seu ambiente.

Os efeitos a longo prazo da desnutrição precoce também incluem a diminuição da produtividade na idade adulta, resultado de menos anos de escolaridade geral e menor aprendizagem por ano de escola (Walker et al. 2007), com os custos econômicos notórios da menor escolaridade do indivíduo e da força de trabalho. Além da relação entre raquitismo e desempenho escolar, há provas também da relação entre o raquitismo na primeira infância e a baixa estatura e reduzida massa corporal na idade adulta, o que afeta negativamente a capacidade física para o trabalho e a produtividade (Haas et al. 1995). Por exemplo, um estudo verificou que os adultos que tinham baixa estatura na primeira infância ganham entre 22,2 por cento e 30,1 por cento menos do que os adultos que não tinham baixa estatura (Grantham-McGregor et al. 2007). Na Guatemala, os resultados de um estudo recente mostram que os meninos que receberam um suplemento nutricional[3] desde o nascimento até os 24 meses de idade (1969-1977) ganhavam, em média, 46 por cento mais do que os adultos do grupo controle (que tinham mais chances de ter baixa estatura) (Hoddinott et al. 2008).

Por fim, há também um risco elevado de transmissão intergeracional da má nutrição e saúde e raquitismo, pois as meninas de baixo peso e estatura têm maior probabilidade de dar à luz bebês pequenos e de baixo peso do que são suas colegas bem nutridas.

O duplo ônus da desnutrição e da obesidade. Ao mesmo tempo em que muitos países de baixa e média renda continuam a lidar com os problemas das doenças infecciosas e da subnutrição, também estão experimentando um aumento da obesidade e do sobrepeso – fatores de risco para doenças não transmissíveis. Em cada vez mais países, comunidades e famílias, o duplo ônus da desnutrição e da obesidade é evidente.

A prevalência da obesidade entre os jovens tem aumentado substancialmente, havendo uma estimativa global de mais 42 milhões de crianças de idade inferior a 5 anos com sobrepeso.[4] Cerca de 35 milhões dessas crianças vivem em países em desenvolvimento. Crianças com sobrepeso e obesas tendem a continuar obesas na idade adulta e estão mais propensas a desenvolver doenças não transmissíveis, como diabetes e doenças cardiovasculares, quando ainda jovens.

Segundo a Organização Mundial de Saúde, o aumento do sobrepeso e da obesidade em países de baixa e média renda, especialmente em ambientes urbanos, provavelmente é resultado de uma combinação do aumento da ingestão de alimentos com alta densidade energética ricos em gorduras e/ou açúcares e da diminuição da atividade física (OMS 2006).

A Falta de Estimulação na Primeira Infância também Prejudica o Crescimento e o Desenvolvimento Global das Crianças[5]

As crianças pequenas não podem atingir seu pleno potencial, que depende de uma boa saúde e nutrição, sozinhas. De fato, crianças que têm acesso a uma alimentação adequada às vezes não conseguem comer e crescer adequadamente por falta de estimulação e atenção quando pequenas. Esses casos podem levar a um quadro clínico chamado "déficit de crescimento" (Lozoff 1989; Tanner 1990).

A estimulação também desempenha papel crucial no processo de formação do cérebro, e os atrasos no desenvolvimento antes dos 6 anos de idade são difíceis de compensar mais tarde na vida, porque a infância é um período particularmente importante para a formação do cérebro. De fato, estudos neurológicos têm mostrado que as sinapses (conexões ou ligações entre os neurônios) se desenvolvem rapidamente durante esse período, e formarão a base do funcionamento cognitivo e emocional para o resto da vida (Young e Mostarda 2007).

Portanto, tanto a nutrição adequada, especialmente desde a concepção até 2 anos de idade, quanto o estimulação precoce nos primeiros 5 anos de vida desempenham um papel crítico no processo de formação e desenvolvimento cerebral, ajudando principalmente na multiplicação de sinapses e no processo de mielinização,[6] que são essenciais para o sistema nervoso funcionar normalmente (Banco Mundial 2006; Nelson, De Haan e Thomas 2006).

Há Fortes Evidências de que os Programas de DPI Voltados à Saúde, Nutrição e Estimulação Precoce (em vez de Saúde e Nutrição apenas) Trazem Maiores Benefícios em Termos de Saúde Infantil e Desenvolvimento Global

Evidências de um estudo jamaicano demonstram os efeitos cumulativos da nutrição e da estimulação da criança. Entre as crianças de 9 e 24 meses de idade raquíticas, aquelas que receberam tanto suplementos nutricionais quanto estimulação tiveram melhor desempenho em testes de desenvolvimento do que as crianças que receberam apenas um ou nenhum dos dois (ver Figura 1.2.2) (Grantham-McGregor 1997). Após dois anos de intervenção (1 kg de suplemento à base de leite por semana e 1 hora por semana de visitas domiciliares de agentes comunitários de saúde para melhorar a interação mãe-criança por meio de brincadeiras), a diferença do quociente de desenvolvimento (QD) entre as crianças raquíticas e as não raquíticas quase desapareceu entre as crianças malnutridas que receberam tanto as intervenções de nutrição quanto a estimulação.

Figura 1.2.2 Quociente de Desenvolvimento (QD) de Crianças Raquíticas que Receberam apenas Suplemento Nutricional, apenas Estimulação Precoce, ou Ambos

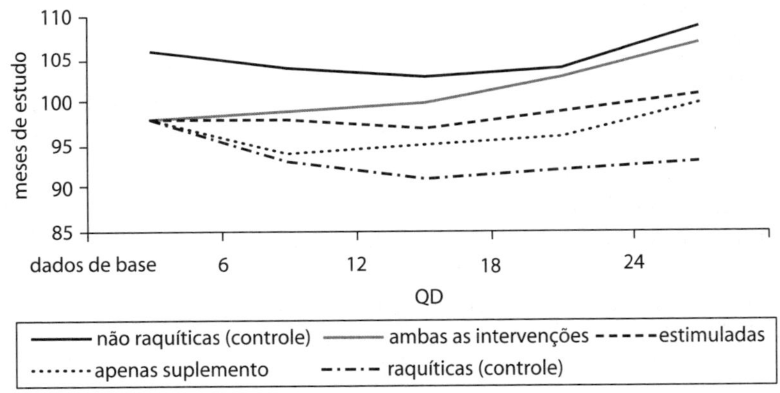

Fonte: Grantham-McGregor et al. 1997.
Nota: QD na idade inicial (de 9 a 24 meses) e a cada 6 meses até os 24 meses.

O acompanhamento de uma parte substancial do grupo original de estudo, dividido em faixas etárias de 7-8, 11-12, 17-18 anos, demonstrou que as crianças que receberam estimulação mantiveram bom desempenho cognitivo e educacional ao longo do tempo. Entre as crianças que receberam o suplemento nutricional mas não a estimulação, os efeitos cognitivos positivos foram evidentes aos 7 anos, mas não nas faixas etárias de 11 e 17 anos (Walker et al. 2007).

Um estudo realizado no Vietnã produziu resultados similares. Intervenções em etapas diferentes (nutrição entre 0 a 3 anos e estimulação entre 4 e 5 anos) produziram melhores resultados cognitivos em comparação com crianças que receberam apenas a intervenção nutricional (Watanabe et al. 2005).

Houve um impacto ainda maior sobre as crianças raquíticas, demonstrando que as atividades de estimulação podem atenuar as consequências negativas da falha de crescimento linear no desenvolvimento cognitivo.

Assim, paradigmas de planejamento que deem suporte à prestação de programas e serviços integrados de DPI, inclusive saúde, nutrição (com início na gravidez), e estimulação precoce da criança (a partir de nascimento), irá garantir o máximo retorno aos investimentos em capital humano em idades posteriores, ao mesmo tempo em que promove eficiências significativas no sistema público de saúde.

Notas

1. A estimulação na primeira infância é definida como o ato de proporcionar a crianças pequenas oportunidades constantes de interagir com pessoas atenciosas e aprender sobre o seu ambiente desde a mais tenra idade. Na prática, a estimulação diz respeito aos pais e outros membros da família e cuidadores serem sensíveis e responsivos às necessidades emocionais e físicas das crianças desde o nascimento, brincando e conversando com elas (mesmo antes de as crianças poderem responder verbalmente), e expô-las a palavras, números e conceitos simples enquanto se envolvem em sua rotina diária.
2. Alimentação responsiva (ou ativa) refere-se a "comportamentos positivos por parte dos cuidadores durante a alimentação (por exemplo, incentivando a criança a comer, oferecendo mais porções, sorrindo e conversando com a criança) e práticas de alimentação sintonizadas com as capacidades psicomotoras da criança (por exemplo, a capacidade de pegar os alimentos com os dedos, de segurar uma colher ou um copo, e assim por diante)". Veja Aboud, Shafique e Akhter 2009.
3. O suplemento nutricional (Atole) era composto de leite desnatado em pó, proteína vegetal (milho) e açúcar. Ele foi dado duas vezes ao dia às crianças participantes.
4. Extraído do site da OMS, em maio de 2010.
5. Muitas das informações contidas nesta seção vêm de Naudeau (2009).
6. Mielinização é a produção de um revestimento de mielina (um material isolante) em torno do axônio de um neurônio, o que maximiza a intensidade da transmissão neural no cérebro.

Bibliografia Fundamental

Heckman, J. J., S. H. Moon, R. Pinto, P. A. Savalyev e A. Yavitz. 2009. *The Rate of Return to the High/Scope Perry Preschool Program*. Working Paper 200936, Geary Institute, University College Dublin. Disponível em: http://www.ucd.ie/geary/static/publications/workingpapers/gearywp200936.pdf.

Naudeau, S. 2009. "Supplementing Nutrition in the Early Years: The Role of Early Childhood Stimulation to Maximize Nutritional Inputs." *Child and Youth Development Notes* 3 (1) (March), Washington DC, World Bank.

Victora C. G., L. Adair, C. Fall, P. C. Hallal, R. Martorell, L. Richter e H. S. Sachdev. 2008. "Maternal and Child Undernutrition: Consequences for Adult Health and Human Capital." *The Lancet* 371 (9609): 340–57.

World Bank. 2006. *Repositioning Nutrition as Central to Development: A Strategy for Large-scale Action*. Washington, DC: World Bank.

Referências

Aboud, F. E., S. Shafique e S. Akhter. 2009. "A Responsive Feeding Intervention Increases Children's Self-Feeding and Maternal Responsiveness But Not Weight Gain." *Journal of Nutrition* 139 (9): 1738–43.

Alderman, H. e J. R. Behrman. 2006. "Reducing the Incidence of Low Birth Weight in Low-Income Countries Has Substantial Economic Benefits." *World Bank Research Observer* 21 (1): 25–48.

Barker, D. J., J. G. Eriksson, T. Forsén e C. Osmond. 2002. "Fetal Origins of Adult Disease: Strength of Effects and Biological Basis." *International Journal of Epidemiology* 31 (6): 1235–39.

Black, R. E., S. S. Morris e J. Bryce. 2003. "Where and Why Are 10 Million Children Dying Every Year?" *The Lancet* 361 (9376): 2226–34.

Grantham-McGregor, S., Y. Bun Cheung, S. Cueto, P. Glewwe, L. Richer, B. Trupp e International Child Development Steering Group. 2007. "Developmental Potential in the First 5 Years for Children in Developing Countries. *The Lancet* 369: 60–70.

Grantham-McGregor, S. M., S. P. Walker, S. M. Chang e C. A. Powell. 1997. "Effects of Early Childhood Supplementation With and Without Stimulation on Later Development in Stunted Jamaican Children." *American Journal of Clinical Nutrition* 66 (2): 247–53.

Haas, J. D., E. J. Martinez, S. Murdoch, E. Conlisk, J. A. Revera e R. Martorell. 1995. "Nutritional Supplementation During the Preschool Years and Physical Work Capacity in Adolescent and Young Adult Guatemalans." *Journal of Nutrition* 125 (4): 1068–77.

Hoddinott, J., J. A. Maluccio, J. R. Behrman, R. Flores e R. Martorell. 2008. "Effect of a Nutrition Intervention During Early Childhood on Economic Productivity in Guatemalan Adults." *The Lancet* 371 (9610): 411–16.

Humphrey, J. H. 2009. "Child Undernutrition, Tropical Enteropathy, Toilets, and Handwashing." *The Lancet* 374 (9694): 1032–34.

Lozoff, B. 1989. "Nutrition and Behavior." *American Psychologist* 44: 231–36.

Naudeau, S. 2009. "Supplementing Nutrition in the Early Years: The Role of Early Childhood Stimulation to Maximize Nutritional Inputs." *Child and Youth Development Notes* 3 (1) (March), Washington DC: World Bank.

St. Clair, D., M. Xu, P. Wang, Y. Yu, Y. Fang, Z. Feng, X. Zheng et al. 2005. "Rates of Adult Schizophrenia Following Prenatal Exposure to the Chinese Famine of 1959–61." *Journal of the American Medical Association* 294 (5): 557–62.

Stein, Z., M. Susser, G. Saenger e F. Marolla. 1975. "Famine and Human Development." In *The Dutch Hunger Winter of 1944–1945.* New York: Oxford University Press.

Susser, E., R. Neugebauer, H. W. Hoek, A. S. Brown, S. Lin, D. Labovitz e J. M. Gorman. 1996. "Schizophrenia after Prenatal Famine: Further Evidence." *Archives of General Psychiatry* 53 (1): 25–31.

Tanner, J. M. 1990. *Fetus into Man: Physical Growth from Conception to Maturity.* 2. ed. Cambridge, MA: Harvard University Press.

UNICEF (United Nations Children's Fund). 2008. *The State of the World's Children 2008: Child Survival.* New York: UNICEF.

Walker, S. P., T. D. Wachs, J. M. Gardner, B. Lozoff, G. A. Wasserman, E. Pollitt, J. A. Carter e International Child Development Steering Group. 2007. "Child Development: Risk Factors for Adverse Outcomes in Developing Countries." *The Lancet* 369: 145–57.

Watanabe, K., R. Flores, J. Fujiwara e L. T. H. Tran. 2005. "Early Childhood Development Interventions and Cognitive Development of Young Children in Rural Vietnam." *Journal of Nutrition* 135 (8): 1918–25.

WHO (World Health Organization). 2006. *Overweight and Obesity.* Fact Sheet 311. Disponível em: http://www.who.int/mediacentre/factsheets/fs311/en/index.html.

World Bank. 2006. *Repositioning Nutrition as Central to Development: A Strategy for Large-Scale Action.* Washington, DC: World Bank.

You, D., T. Wardlaw, P. Salama e G. Jones. 2010. "Levels and Trends in Under- 5 Mortality, 1990–2008." *The Lancet* 375: 100–03.

NOTA 1.3

Por que Investir em DPI? Os Argumentos da Prontidão e do Sucesso Escolar *(para o Diálogo Político com os Ministros da Educação)*

Esta nota trata da questão o investimento público no desenvolvimento da primeira infância (DPI), apresentando evidências de que crianças carentes não beneficiadas por programas de DPI de qualidade normalmente não estão preparadas para aprender quando ingressam na escola primária, o que leva a ineficiências no sistema de ensino público que têm alto custo para as famílias e a sociedade. Esta nota também fornece evidências de que intervenções em DPI bem orientadas são uma estratégia custo-efetiva para estimular a prontidão escolar, o bom desempenho na escola e conclusão dos estudos (inclusive entre as meninas mais velhas da família), maximizando assim outros investimento em educação pública e permitindo que as crianças carentes tornem-se adultos produtivos.

As Crianças Carentes com Frequência não Estão Preparadas para Aprender quando Ingressam na Escola Primária

Prontidão escolar é diz respeito a quanto uma criança está preparada para aprender e obter sucesso na escola (Ackerman e Barnett 2005). De modo crescente, as pesquisas têm demonstrado que a prontidão escolar das crianças depende não só de suas habilidades cognitivas ao ingressarem na escola primária, apesar de essas habilidades serem cruciais, mas também de sua saúde física, mental e emocional, assim como da capacidade de se relacionar com os outros (Hair et al. 2006) (ver Tabela 1.3.1).

Pesquisas também demonstram que as capacidades cognitivas são fortemente afetadas tanto pela qualidade do ambiente e pela quantidade de estímulos e oportunidades de aprendizagem a que as crianças estão expostas desde o nascimento, quanto pela genética (sendo que a influência genética é responsável por cerca de metade da variância nas habilidades cognitivas) (Fernald et al. 2009). Da mesma forma, o desenvolvimento socioemocional e as aptidões físicas das crianças são fortemente influenciadas pelo ambiente dos primeiros anos de vida.[1]

Tabela 1.3.1 Dimensões da Prontidão Escolar das Crianças

Saúde física e desenvolvimento motor	*Desenvolvimento social e emocional*	*Abordagens de ensino*	*Desenvolvimento da linguagem*	*Desenvolvimento cognitivo e conhecimentos gerais*
Taxa de crescimento; aptidão física; condições crônicas como diabetes, deficiência e desnutrição; coordenação motora fina; habilidades motoras grosseiras e capacidade de cuidar de si.	Capacidade de estabelecer relações positivas com educadores e colegas; aspectos de autoestima e autoeficácia, capacidade de expressar sentimentos de maneira apropriada, e sensibilidade aos sentimentos dos outros.	Abertura e curiosidade em relação a tarefas e desafios, persistência nas tarefas, imaginação, concentração e estilo de aprendizagem cognitiva (por exemplo, processa melhor a informação ouvindo do que observando/lendo).	***Linguagem verbal:*** audição, fala, usos sociais da linguagem (por exemplo, usando as convenções sociais e os costumes), e vocabulário falado. ***Alfabetização emergente:*** Interesse por livros e histórias, escrita emergente (rabiscos imitando a escrita), a consciência da letra impressa (o entendimento de que o texto representa palavras faladas) e do sequenciamento (histórias seguem uma sequência padrão).	Conhecimento das propriedades dos objetos (por exemplo: peso, cor e movimento); compreensão das relações entre os objetos, eventos ou pessoas (por exemplo, determinar como dois objetos são diferentes); aprendizagem das convenções sociais ou conhecimento adquirido na escola (por exemplo: saber o próprio nome e endereço ou ser capaz de contar).

Fonte: Kagan, Moore e Bredekamp 1995.

Acredita-se que fatores de risco ambientais, tais como má nutrição, saúde precária, ambiente doméstico desestimulante e maus-tratos na infância, tenham um impacto negativo sobre o desenvolvimento das aptidões da criança e sua capacidade de aprender e ser bem-sucedida na escola (Irwin, Siddiqi e Hertzman 2007). Esses fatores de risco tendem a estar mais concentrados entre as famílias carentes cujos pais têm menor escolaridade, devido em parte a falhas de informação (por exemplo, a falta de conhecimento dos pais sobre a importância vital do apoio ao crescimento e desenvolvimento das crianças desde a concepção) e em parte por às restrições pelo lado da oferta (por exemplo, a distribuição desigual dos recursos e serviços para a primeira infância).

Uma análise de 2007 dos dados de crianças dos países em desenvolvimento revela que mais de 200 milhões de crianças menores de 5 anos estão expostas a múltiplos riscos que afetam negativamente o seu desenvolvimento (Grantham-McGregor et al. 2007), e cujas consequências podem ser dramáticas. Por exemplo, embora as diferenças no vocabulário adequado à idade de 3 anos das crianças equatorianas sejam em geral pequenas, as disparidades socioeconômicas acentuam-se nos anos seguintes. Aos 6 anos de idade, as crianças de famílias menos abastadas e as crianças cujas mães têm baixa escolaridade têm ficado muito atrás de seus colegas de lares mais ricos ou mais escolarizados (ver Figura 1.1.1 na Nota 1.1) (Paxson e Schady 2007).

Este padrão ocorre em parte porque as crianças carentes tendem a receber menos fala dirigida e porque os diálogos que ouvem tendem a ser pobre lexicalmente e a complexidade das sentenças é reduzida (Fernald et al. 2009). Relações entre pobreza e vários domínios do desenvolvimento da criança (incluindo o cognitivo, o físico e socioemocional) também foram registradas a partir dos 6 meses de idade no Egito, 12 meses no Brasil, 10 meses na Índia e 18 meses em Bangladesh (Grantham-McGregor et al. 2007).

As deficiências nesse início do desenvolvimento físico, linguístico, cognitivo e socioemocional comprometem seriamente a capacidade e a motivação para aprender dessas crianças pobres ou carentes ao ingressarem na escola primária. À medida que crescem, essas crianças são mais propensas a ter mau desempenho escolar, a repetir de ano e a abandonar a escola do que aquelas cujas habilidades cognitivas e prontidão escolar global eram maiores ao ingressar da escola primária (Feinstein 2003; Pianta e McCoy 1997; Currie e Thomas 1999).

A Falta de Prontidão Escolar entre Crianças Carentes Leva a Ineficiências Onerosas no Sistema de Educação Pública

Quando muitos alunos entram na escola primária com baixos níveis de prontidão escolar, mesmo as melhores escolas lutam para manter um ambiente propício à aprendizagem (Wentzel e Wigfield 1998), e as crianças são mais suscetíveis a terem notas baixas, a repetirem de ano e a abandonarem a escola antes de completar o ciclo primário (Reynolds et al. 2001; Heckman e Masterov 2007). Esses fenômenos naturalmente vão minando aos poucos os benefícios sociais e econômicos esperados do investimento que pais e governos, no caso da educação com financiamento público, fazem em crianças. Além disso, esses fenômenos levantam uma questão fundamental sobre a qualidade dos recursos humanos disponíveis no mercado de trabalho e sua capacidade de contribuir de forma efetiva diante dos desafios da competitividade e do desenvolvimento global do país.[2]

Intervenções corretivas, como a educação especial ou programas de equivalência de grau para evitar o abandono escolar, são possíveis. No entanto, tais intervenções são geralmente caras e muitas vezes muito menos eficazes do que as intervenções preventivas na primeira infância (Heckman 2008a).

Há Fortes Evidências de que Programas de DPI Trazem Benefícios Significativos em Termos de Prontidão e Sucesso Escolar, especialmente às Crianças Carentes

Muitas funções cerebrais são especialmente sensíveis a mudanças no início da vida e tornam-se menos plásticas (maleáveis) ao longo do tempo (Heckman 2008). Na verdade, a maior parte do cérebro da criança é "conectada" nos primeiros cinco anos de vida (Shonkoff e Phillips 2000), o que deixa pouco espaço para ajustes posteriores. Como vemos na Figura 1.3.1, até mesmo funções que continuam a ter um alto grau de sensibilidade mais tarde na infância (por exemplo, a habilidade numérica e as habilidades sociais com os colegas) atingem seus picos de sensibilidade nos primeiros 4-5 anos de vida. Outras funções, como controle emocional e padrões de resposta habituais não só atingem o auge nos primeiros anos, mas em geral atingem um alto nível de estabilidade antes dos 5 anos. Isso sugere que tais padrões não podem ser facilmente modificados posteriormente, razão pela qual a estimulação precoce e as oportunidades de aprendizagem antes de ingressar na escola primária são essenciais.

Vários estudos têm mostrado que investir em programas de DPI de qualidade ajuda a eliminar a diferença entre crianças carentes e desfavorecidas e as mais favorecidas, preparando-as, assim, para uma transição bem-sucedida para a escola primária e para a aprendizagem de qualidade ao longo da vida. Mais especificamente, a participação em programas de DPI de qualidade tem sido associada ao maior nível de escolaridade e à conclusão dos estudos (Kagitcibasi, Sunar e Bekman 2001), mais concentração e melhores resultados na aprendizagem (Vegas e Petrow 2008; Berlinski, Galiani e Gertler 2009), além de maior exposição à língua oficial de ensino desde cedo.

Figura 1.3.1 Períodos Sensíveis para o Desenvolvimento Inicial do Cérebro

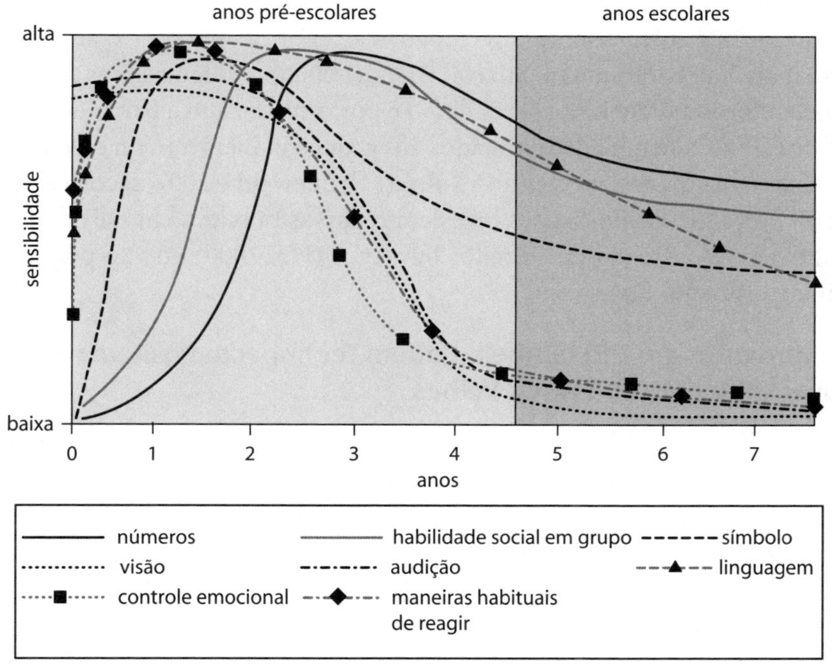

Fonte: Council for Early Child Development (2010).

Como exemplo dos benefícios do DPI, as crianças de Bangladesh que receberam algum tipo de educação pré-escolar organizada superaram seus colegas do grupo controle em 58 por cento em um teste padronizado de prontidão escolar (Aboud 2006). Na Colômbia, as crianças que participaram de uma intervenção abrangente de DPI baseada na comunidade tinham 100 por cento mais chance de estarem matriculadas na 3.ª série, indicando, portanto, menores taxas de evasão e repetência entre as crianças do programa do que aquelas do grupo controle (Young 1995). Na Argentina, estima-se que um ano de pré-escola tenha aumentado o desempenho médio da 3.ª série em matemática e espanhol em 8 por cento (Berlinski, Galiani e Gertler 2009). Na Turquia, as crianças que participaram de um programa de educação materno-infantil que proporcionava o enriquecimento cognitivo das crianças e o treinamento e apoio às mães tinham mais probabilidade de continuar na escola durante a adolescência do que aquelas do grupo controle (86 por cento contra 67 por cento) (Kagitcibasi, Sunar e Bekman 2001). E, nos Estados Unidos, crianças que receberam serviços abrangentes de DPI de alta qualidade tinham 50 por cento mais chances de concluir o ensino secundário do que aquelas que não receberam esses serviços (Schweinhart et al. 2005).

Assim, as intervenções em DPI têm maior taxa de retorno por dólar investido do que intervenções direcionadas às crianças maiores e aos adultos (Heckman 2008b; Heckman, Stixrud e Urzua 2006). Evidências sugerem uma taxa de retorno potencial de cerca de 7-16 por cento ao ano a partir de programas de DPI de alta qualidade voltados aos grupos vulneráveis, ou seja, àqueles de baixa renda ou desfavorecidos (Rolnick Grunewald e 2007; Heckman et al. 2009).[3] Portanto, muitos países investem recursos públicos em DPI tanto por ser um serviço baseado nos direitos humanos (UN 2006) quanto por ser um bom investimento financeiro.

Investimentos em DPI também Podem Ter Impacto Positivo na Educação das Meninas mais Velhas

Além do impacto direto que as intervenções de DPI têm sobre as crianças pequenas, externalidades positivas (ou benefícios não diretamente relacionados ao custo de um serviço) podem ocorrer na educação das meninas. De fato, evidências sugerem que a existência de instituições pré-escolares a preços acessíveis para crianças pequenas pode aumentar as taxas de escolarização das irmãs mais velhas em maior medida do que um aumento no salário materno. Por exemplo, um estudo feito no Quênia mostra que o aumento do salário materno provavelmente levaria a um aumento de 11 por cento na taxa de escolarização dos meninos da família, mas diminuiria a matrícula das meninas da família em 10 por cento, uma vez que as meninas adolescentes assumem mais responsabilidades em casa quando suas mães trabalham mais tempo fora. Em contraste, o estudo mostra que a redução no custo de instituições pré-escolares aumentou a matrícula escolar das meninas, mas não teve impacto sobre a matrícula escolar dos meninos (Lokshin, Glinskaya e Garcia 2000).

Notas

1. Evidências que fazem distinção entre fatores genéticos e ambientais vêm principalmente dos países industrializados. Para uma revisão, ver Plomin (1994).
2. Ver Marouani e Robalino (2008) para um exemplo dessa dinâmica no Marrocos.
3. Note-se que essas elevadas taxas de retorno foram observadas nas intervenções em pequena escala, voltadas a grupos de crianças vulneráveis. Intervenções em grande escala, que visam a uma maior gama de beneficiários, podem ter taxas de retorno menores.

Bibliografia Fundamental

Grantham-McGregor, S., Y. Bun Cheung, S. Cueto, P. Glewwe, L. Richer, B. Trupp e International Child Development Steering Group. 2007. "Developmental Potential in the First 5 Years for Children in Developing Countries." *The Lancet* 369 (9555): 60–70.

Heckman, J. J. e D. V. Masterov. 2007. "The Productivity Argument for Investing in Young Children." *Review of Agricultural Economics* 29 (3): 446–493.

Heckman, J. J., S. H. Moon, R. Pinto, P. A. Savalyev e A. Yavitz. 2009. *The Rate of Return to the High/Scope Perry Preschool Program*. Working Paper 200936, Geary Institute, University College Dublin. Disponível em: http://www.ucd.ie/geary/static/publications/workingpapers/gearywp200936.pdf.

Shonkoff, J. P. e D. A. Phillips (eds.). 2000. *From Neurons to Neighborhoods: The Science of Early Childhood Development*. Washington, DC: National Academy Press.

Referências

Aboud, F. E. 2006. "Evaluation of an Early Childhood Preschool Program in Rural Bangladesh." *Early Childhood Research Quarterly* 21 (1): 46–60.

Ackerman, D. J. e W. S. Barnett. 2005. *Prepared for Kindergarten: What Does "Readiness" Mean?* New Brunswick, NJ: National Institute for Early Education Research.

Berlinski, S., S. Galiani, and P. Gertler. 2009. "The Effect of Pre-primary Education on Primary School Performance," *Journal of Public Economics* 93 (1–2): 219–34.

Council for Early Child Development. 2010. *The Science of Early Child Development*. Vancouver, Canada: CECD. Disponível em: http://www.councilecd.ca/files/Brochure_Science_of_ECD_June%202010.pdf. Acesso em: 3 ago. 2010.

Currie, J. e D. Thomas. 1999. *Early Test Scores, Socioeconomic Status and Future Outcomes*. NBER Working Paper 6943. Cambridge, MA: National Bureau of Economic Research.

Feinstein, L. 2003. "Inequality in the Early Cognitive Development of British Children in the 1970 Cohort." *Economica* 70 (1): 73–97.

Fernald, L., P. Kariger, P. Engle e A. Raikes. 2009. *Examining Early Child Development in Low-Income Countries: A Toolkit for the Assessment of Children in the First Five Years of Life*. Washington, DC: World Bank.

Grantham-McGregor, S., Y. Bun Cheung, S. Cueto, P. Glewwe, L. Richer, B. Trupp e International Child Development Steering Group. 2007. "Developmental Potential in the First 5 Years for Children in Developing Countries. *The Lancet* 369 (9555): 60–70.

Hair, E., T. Halle, E. Terry-Humen, B. Lavelle e J. Calkins. 2006. "Children's School Readiness in the ECLS-K: Predictions to Academic, Health, and Social Outcomes in First Grade." *Early Childhood Research Quarterly* 21 (4): 431–54.

Heckman, J. J. 2008a. "The Case for Investing in Disadvantaged Young Children." In *Big Ideas for Children: Investing in Our Nation's Future*, ed. First Focus, 49–58. Washington, DC: First Focus.

______. 2008b. "Schools, Skills, and Synapses." *Economic Inquiry* 46 (3): 289–324.

Heckman, J. J. e D. V. Masterov. 2007. "The Productivity Argument for Investing in Young Children." *Review of Agricultural Economics* 29 (3): 446–93.

Heckman, J. J., S. H. Moon, R. Pinto, P. A. Savalyev e A. Yavitz. 2009. *The Rate of Return to the High/Scope Perry Preschool Program*. Working Paper 200936, Geary Institute, University College Dublin. http://www.ucd.ie/geary/static/publications/workingpapers/gearywp200936.pdf.

Heckman, J. J., J. Stixrud e S. Urzua. 2006. "The Effects of Cognitive and Noncognitive Abilities on Labor Market Outcomes and Social Behavior." *Journal of Labor Economics* 24 (3): 411–82.

Irwin, L., A. Siddiqi e C. Hertzman. 2007. *Early Child Development: A Powerful Equalizer: Final Report for the World Health Organization's Commission on the Social Determinants of Health*. Geneva: WHO. Disponível em: http://www.who.int/social_determinants/resources/ecd_kn_report_07_2007.pdf.

Kagan, S. L., E. Moore e S. Bredekamp (ed.). 1995. "Reconsidering Children's Early Development and Learning: Toward Common Views and Vocabulary." *Report of the National Education Goals Panel, Goal 1 Technical Planning Group*. Washington, DC: Government Printing Office. Disponível em: http://ceep.crc.uiuc.edu/eecearchive/digests/ed-cite/ed391576.html.

Kagitcibasi, C., D. Sunar e S. Bekman. 2001. "Long-Term Effects of Early Intervention: Turkish Low Income Mothers and Children." *Journal of Applied Development Psychology* 22 (4): 333–61.

Lokshin, M. M., E. Glinskaya e M. Garcia. 2000. *The Effect of Early Childhood Development Programs on Women's Labor Force Participation and Older*

Children's Schooling in Kenya. Working Paper 2376. Washington, DC: World Bank.

Marouani, M. A. e D. A. Robalino. 2008. *Assessing Interactions among Education, Social Insurance, and Labor Market Policies in a General Equilibrium Framework: An Application to Morocco*. Policy Research Working Paper 4681. Washington, DC: World Bank.

Paxson, C. e N. Schady. 2007. "Cognitive Development among Young Children in Ecuador: The Roles of Wealth, Health, and Parenting." *Journal of Human Resources* 42 (1): 49–84.

Pianta, R. C. e S. J. McCoy. 1997. "The First Day of School: The Predictive Validity of Early School Screening." *Journal of Applied Developmental Psychology* 18 (1): 1–22.

Plomin, R. 1994. *Genetics and Experience: The Interplay Between Nature and Nurture*. Thousand Oaks, CA: Sage Publications.

Reynolds, A. J., J. A. Temple, D. L. Robertson e E. A. Mann. 2001. "Long-Term Effects of an Early Childhood Intervention on Educational Achievement and Juvenile Arrest – A 15-Year Follow-Up of Low-Income Children in Public Schools." *Journal of the American Medical Association 285* (18): 2339–46.

Rolnick, A. J. e R. Grunewald. 2007. "The Economics of Early Childhood Development as Seen by Two Fed Economists." *Community Investments* 19 (2), Federal Reserve Bank of San Francisco.

Schweinhart, L. J., J. Montie, Z. Xiang, W. S. Barnett, C. R. Belfield e M. Nores. 2005. *Lifetime Effects: The High/Scope Perry Preschool Study Through Age 40*. Monographs of the HighScope Educational Research Foundation 14. Ypsilanti, Mich.: HighScope Press.

Shonkoff, J. P. e D. A. Phillips. 2000. *From Neurons to Neighborhoods: The Science of Early Childhood Development*. Washington, DC: National Academies Press.

UN (United Nations). 2006. *UN General Comment 7: Implementing Child Rights in Early Childhood*. 40.ª sessão, 2005. U.N. Doc. CRC/C/GC/7/Rev.1. Disponível em: http://www1.umn.edu/humanrts/crc/crc_general_comments.htm.

Vegas, E. e J. Petrow. 2008. *Raising Student Learning in Latin America – The Challenge for the 21st Century*. Washington, DC: World Bank.

Wentzel, K. R. e A. Wigfield. 1998. "Academic and Social Motivational Influences on Students' Academic Performance." *Educational Psychology Review* 10 (2): 155–175.

Young, M. E. 1995. *Investing in Young Children*. World Bank Discussion Paper 275. Washington, DC: World Bank.

SEÇÃO 2

Como Identificar as Necessidades, Verificar os Resultados e Estabelecer Políticas

NOTA 2.1

Coleta de Dados para o Planejamento, o Acompanhamento e a Avaliação das Intervenções de DPI

Esta nota fornece uma visão geral da coleta de dados para o planejamento, o acompanhamento e a avaliação das intervenções de DPI. Em primeiro lugar, para planejar intervenções de DPI adequadas à economia nacional de um país e suas prioridades, é importante realizar uma análise da situação ou avaliar suas necessidades, que incluem dados sobre o perfil socioeconômico, nutricional, demográfico, de saúde e educacional da população, bem como dados sobre a qualidade e a disponibilidade dos serviços existentes. Ao identificar as necessidades da população e os serviços deficitários, a análise da situação é o primeiro passo para o desenvolvimento de uma política de DPI nacional (ver Nota 2.2). Em segundo lugar, os dados são coletados para acompanhar e monitorar a execução dos serviços de DPI. Em terceiro lugar, os governos podem querer medir os resultados de uma intervenção de DPI específica para determinar o impacto de um programa e o que pode ser melhorado. As avaliações de impacto também podem orientar investimentos futuros, fornecendo dados para estimar o custo-efetividade das intervenções. A coleta desses dados deveria ser periódica (ver Figura 2.1.1). O ideal seria que os governos e os parceiros avaliassem e reavaliassem as necessidades da população ao longo do tempo e ajustassem a prestação de serviços de DPI de acordo com essas avaliações. À medida que as necessidades são satisfeitas, as intervenções podem ser reorientadas para priorizar o próximo conjunto de questões. Por sua vez, as abordagens que funcionam melhor podem ser ampliadas.

A primeira parte desta nota fornece uma lista de indicadores prioritários para avaliar as necessidades da primeira infância, levando em consideração as típicas limitações de tempo, financiamento e logísticas no acesso às informações de dados administrativos e pesquisas domiciliares. A segunda parte centra-se nos indicadores de oferta e procura, com vistas a acompanhar o alcance e a qualidade dos serviços de DPI. A terceira parte concentra-se nos resultados obtidos, especificamente no desenvolvimento das crianças (físico, cognitivo, linguístico, social e emocional) e nas questões relacionadas à seleção, adaptação e uso de dados coletados com instrumentos padronizados de avaliação da criança.

Figura 2.1.1 Ciclo de Coleta de Dados para o Planejamento, o Acompanhamento e a Avaliação das Intervenções de DPI

Fonte: Autores.

Avaliação das Necessidades da Primeira Infância para Análise e Acompanhamento da Situação

A avaliação abrangente das necessidades da primeira infância é um componente importante na análise de uma situação, complementando os dados sobre políticas, recursos e serviços existentes. Os indicadores mais úteis para avaliar essas necessidades e deficiências de serviços que precisam ser preenchidas em um determinado país ou região podem ser divididos em três categorias:

- **Os indicadores gerais socioeconômicos e demográficos**, que fornecem uma visão geral dos subgrupos de crianças que podem estar em situação de risco e ser mais beneficiadas pelos serviços de DPI. Em muitos países em desenvolvimento, há disparidades socioeconômicas acentuados no desenvolvimento cognitivo entre as crianças em idade pré-escolar, sendo que crianças de famílias mais carentes apresentam resultados significativamente piores na faixa de 5 a 6 anos de idade (ver Nota 1.1).
- **Os indicadores de saúde e nutrição**, que podem ser usados para avaliar: (1) a saúde geral e as condições de higiene em que vivem as crianças e (2) se

a subnutrição é uma questão importante tanto em nível nacional como em subgrupos específicos de crianças.

- **Os indicadores educacionais**, que podem ser utilizados para avaliar o nível geral de "prontidão escolar" da criança (conforme definida na Nota 1.3) ao ingressar na escola primária e a eficiência do sistema de ensino.

A Tabela 2.1.1 fornece uma pequena lista de indicadores para a realização de uma análise completa da situação de DPI, que pode auxiliar na concepção do programa e sua implementação.

Dependendo do país, os dados sobre a totalidade ou parte desses indicadores socioeconômicos, demográficos, de saúde/nutrição, e educacionais podem estar disponíveis por meio de Pesquisas de Demografia e Saúde (Demographic and Health Surveys - DHS), geralmente apoiadas pela Agência para o Desenvolvimento Internacional dos Estados Unidos (USAID) por meio dos Ministérios da Saúde e Educação do país (por exemplo, os dados do SIG [sistema de informação gerencial]), ou de Pesquisas por Agrupamento de Indicadores Múltiplos (MICS), apoiadas pelo UNICEF (Fundo das Nações Unidas para a Infância).[1] Além disso, o Instituto de Estatística da UNESCO (Organização das Nações Unidas para a Educação, a Ciência e a Cultura) faz anualmente relatórios padronizados de dados transnacionais sobre o ISCED (Classificação Internacional Normalizada da Educação) para o nível 0 (educação pré-escolar para crianças a partir dos 3 anos) e acima.[2] Na medida do possível, todos os dados devem ser desagregados por faixa etária (ou seja, 0-2, 3-4, 5-6 anos) pelas seguintes variáveis: etnia, língua, necessidades especiais, urbana *versus* rural, quintis de riqueza, escolaridade/taxa de alfabetização dos pais e informações domiciliares, tais como gênero e perfil familiar (por exemplo, famílias monoparentais, lares chefiados por mulheres).

Além disso, os dados relativos aos efeitos no desenvolvimento da criança podem ser coletados tanto pela avaliação direta da criança quanto pelo relatório de um adulto habilitado. Questões envolvidas na coleta e utilização desses dados serão apresentadas mais adiante nesta nota.

Avaliação do Alcance e Qualidade dos Serviços Existentes de DPI para Análise e Acompanhamento da Situação

Tanto para analisar a situação quanto para fins de monitoração dos programas em curso, é importante avaliar as deficiências no serviço de DPI em determinado país ou região, por meio da coleta de dados sobre o alcance e a qualidade dos serviços existentes de DPI. Dado que os serviços podem variar amplamente para diferentes grupos de crianças, é útil desagregar os seguintes dados por faixa etária (0-2, 3-4, 4-5 anos) e, se possível, pelo nível socioeconômico e outros fatores de risco.

Tabela 2.1.1 Indicadores a Serem Observados na Análise da Situação de DPI

	Indicadores socioeconômicos e demográficos
Descrição do indicador	*Definição do indicador*
Tamanho absoluto da população da primeira infância	Total de crianças menores de 6 anos
Tamanho relativo da população da primeira infância	Percentual da população total menores de 6 anos
Taxa de pobreza da população infantil	Percentual de menores de 6 anos em domicílios com menos de 50% do rendimento médio
Escolaridade dos pais	Nível mais elevado de escolaridade de cada um dos pais
Alfabetização dos pais	Percentual da população de 15 anos de idade ou mais que pode ler e escrever (entender frases curtas, simples, do dia a dia). Geralmente, a "alfabetização" abrange também a capacidade de fazer cálculos aritméticos simples.
Taxa de emprego dos pais	Percentual de adultos que têm filhos menores de 6 anos e participam da força de trabalho
Prevalência de órfãos	Percentual de crianças menores de 6 anos que perderam um ou ambos os pais
Prevalência de lares monoparentais	Percentual de lares liderados por um dos pais
Prevalência de pais adolescentes	Percentual de lares liderados por pai/mãe com menos de 20 anos de idade
Registro de nascimento	Percentual de crianças menores de 6 anos com certidão de nascimento
	Indicadores de saúde e nutrição
Idade da mãe quando do nascimento do primeiro filho	Idade média da mãe quando do nascimento do primeiro filho
Utilização dos cuidados pré-natais pela mãe	Percentual de mulheres grávidas que fizeram uso do pré-natal prestado pelo pessoal de saúde qualificado pelo menos quatro vezes durante a gravidez
Taxa de aleitamento exclusivo	Percentual de crianças do nascimento até os 5 meses de idade que receberam apenas leite materno nas últimas 24 horas
Incidência de baixo peso ao nascer (2.500 g)	Percentual de nascimentos de peso inferior a 2.500 g em relação ao número total de nascidos vivos no mesmo período de tempo

Prevalência de nanismo (baixa estatura) em crianças	Percentual de crianças de uma idade específica (por exemplo, com idade inferior a 2 anos) com comprimento ou altura para a idade menor que -2 no escore Z
Prevalência de baixo peso (pequeno demais) em crianças	Percentual de crianças de uma idade específica com peso para a idade menor que -2 no escore Z
Prevalência de raquitismo (magro demais) em crianças	Percentual de crianças de uma idade específica com peso em relação à estatura para a idade menor que -2 no escore Z
Índice de massa corporal (IMC) – estimativa da gordura corporal	Calculado usando o peso de um indivíduo em kg/altura em metros^2
Prevalência de sobrepeso/obesidade	Percentual de crianças de uma idade específica com IMC para a idade no 85.º percentil (sobrepeso) ou igual ou acima do 95.º percentil (obesidade)
Taxa de mortalidade infantil (TMI)	Probabilidade de uma criança nascida em um determinado ano ou período de morrer antes de completar 1 ano de idade, submetida a taxas de mortalidade específicas por idade desse período, expressas por 1.000 nascidos vivos
Taxa de mortalidade de menores de 5 anos (TMM5)	Probabilidade de uma criança nascida em um determinado ano ou período de morrer antes de completar 5 anos de idade, submetida a taxas de mortalidade específicas por idade desse período, expressas por 1.000 nascidos vivos
Prevalência de anemia em crianças pequenas	Percentual de crianças de 6 a 59 meses de idade com hemoglobina inferior a 11 g/dL
Consumo de sal iodado para prevenir distúrbios causados pela deficiência de iodo	Percentual de crianças de 0 a 23 meses de idade que ingerem um nível adequado de sal iodado (15 ppm ou mais)
Taxa de imunização: cobertura das crianças com DTP (vacina tríplice contra difteria, tétano e coqueluche)	Percentual das crianças com 1 ano de idade que receberam três doses de DTP em um determinado período de tempo
Acesso a água potável	Percentual da população com acesso a água potável
Acesso a latrinas higiênicas	Percentual da população com acesso a saneamento básico

(continua)

Tabela 2.1.1 Indicadores a Serem Observados na Análise da Situação de DPI *(continuação)*

Indicadores de educação	
Descrição do indicador	***Definição do indicador***
Percentual de novos ingressantes na 1.ª série do primário que passaram por um programa de Cuidados e Educação na Primeira Infância (CEPI)	Número de novos ingressantes na 1.ª série do primário que frequentaram alguma forma de programa organizado de CEPI por ao menos 200 horas, expressos em porcentagem do número total de novos ingressantes na 1.ª série do primário
Taxa bruta de ingressantes na 1.ª série	Número de novos ingressantes na 1.ª série do primário, independentemente da idade, expresso em porcentagem da população na idade oficial de ingressar na escola primária
Proporção de ingressantes na idade oficial	Número de novos ingressantes na 1.ª série do primário que estão na idade oficial ideal escolar, expresso em porcentagem da população correspondente
Taxa bruta de matrícula na 1.ª série	Total de matrículas na 1.ª série, independentemente da idade, expresso em porcentagem da população em idade escolar oficial, o que corresponde ao mesmo nível de escolaridade em um dado ano escolar
Taxa líquida de matrícula na 1.ª série	Inscrições na 1.ª série do grupo na idade oficial, expressa em porcentagem da população correspondente
Taxas de repetência nas 1.ª e 2.ª séries	Percentual de alunos de certa coorte matriculados em uma determinada série em um dado ano escolar que permanecem na mesma série no ano letivo seguinte
Taxas de evasão nas 1.ª e 2.ª séries	Percentual de alunos de certa coorte matriculados em uma determinada série em um dado ano escolar que não estão mais matriculados no ano letivo seguinte
Faltas escolares (absenteísmo)	Número médio de dias em que as crianças estiveram ausentes da escola no último mês
Taxa de conclusão do ensino primário	Razão entre o número total de alunos que concluíram com sucesso o último ano da escola primária (ou se formaram) em dado ano e o número total de crianças em idade oficial de concluir a escola primária na população

Fonte: Autores.

Prestação de Serviços Existentes de DPI

Antes de planejar uma nova intervenção em DPI, deve-se mapear os recursos e serviços existentes e avaliar em que medida suprem as necessidades da população. A maioria dos países tem alguns serviços para crianças – serviços de saúde públicos para mães e crianças pequenas, creches ou pré-escolas públicas, e creches ou pré-escolas privadas e serviços de saúde privados, ou uma combinação destes.

As seguintes perguntas podem orientar o mapeamento dos serviços existentes, com foco nos indicadores de oferta e de procura:

Indicadores Pelo Lado da Oferta

- Qual é a taxa de cobertura para diferentes tipos de serviços (baseados em centros, domiciliares, e assim por diante),[3] para diferentes segmentos da população (rico *vs.* pobre, população urbana *vs.* rural, crianças com necessidades especiais), e para diferentes regiões do país?
- Os serviços relevantes estão disponíveis nas comunidades mais vulneráveis?
- Os serviços existentes são em sua maioria públicos ou privados, ou uma combinação de ambos?
- Qual ministério/órgão/departamento é responsável pela supervisão da implementação dessa política e de sua qualidade?
- Qual ministério/órgão/departamento é responsável pelo financiamento?

Indicadores Pelo Lado da Procura

- Qual é a taxa de absorção (taxa de inscrição) dos serviços existentes?
- Quais são as restrições financeiras (custos diretos e de oportunidade) que podem impedir as famílias mais carentes de utilizar os serviços existentes?
- Os grupos mais desfavorecidos têm acesso aos serviços existentes e fazem uso deles?
- Existem outras restrições que impedem pelo menos algumas famílias de utilizar os serviços existentes? Entre as restrições possíveis, podem-se citar: (1) longas distâncias e dificuldade de transporte entre a residência e o local de serviço; (2) falta de conscientização dos pais sobre a importância de participar ativamente no desenvolvimento dos filhos; (3) restrições culturais, como no caso de famílias de minorias que sentem que os serviços existentes não são sensíveis a suas crenças e práticas educacionais em relação aos filhos, ou a sua língua ou religião.

Qualidade dos Serviços Existentes de DPI

Também há a necessidade de avaliar a qualidade dos serviços existentes de DPI, a fim de acompanhar a implementação desses serviços e determinar quais serviços de DPI (1) parecem ser particularmente promissores e podem ser ampliados (2), precisam de melhorias em áreas específicas, e (3) são potencialmente prejudiciais para o desenvolvimento das crianças, e por isso devem ser interrompidos.

A qualidade de um serviço deve ser um conceito determinado contextualmente, e pode ser definida e medida de várias formas (ver Notas 3.1 e 3.2). No entanto, há elementos comuns estruturais, organizacionais e de controle de "qualidade" que preveem resultados no desenvolvimento da criança, incluindo o seu desenvolvimento físico, cognitivo, linguístico e socioemocional (Myers 2004; 2006). Tais elementos são os seguintes:

- **Variáveis estruturais:** proporção adulto-criança, tamanho do grupo, ambiente físico e disponibilidade de equipamentos e materiais pedagógicos.
- **Variáveis do cuidador:** formação inicial, treinamento, orientação/supervisão, e salários.
- **Variáveis do programa:** intensidade do programa, envolvimento dos pais, língua de ensino, currículo, rotina do programa, insumos para saúde e nutrição.
- **Variáveis do processo:** interações criança-cuidador e criança-criança.

Para medir a qualidade do ambiente da primeira infância, vários instrumentos de observação padronizados têm sido desenvolvidos, geralmente dentro de um quadro nacional de garantia e supervisão da qualidade, como na Austrália, Chile, Costa Rica, Equador, Indonésia, México, Panamá, Paquistão, Cingapura e Vietnã (National Research Council 2008). Algumas ferramentas são instrumentos de auto-avaliação[4] que podem ser usados por prestadores de serviços para avaliar a qualidade e identificar áreas de melhoria. Outras são projetadas para avaliações externas, como, por exemplo, as amplamente utilizadas Escala de Avaliação do Ambiente de Educação Infantil (ECERS-R, para crianças de 2,5 a 5 anos de idade), a Escala de Avaliação do Ambiente de Creche (ITERS-R, do nascimento aos 30 meses), e a Escala de Avaliação do Cuidado Infantil em Família (FCCERS-R, para avaliação dos cuidados em ambiente familiar, desde o nascimento até o ingresso na escola primária). Os itens a serem avaliados nesses instrumentos são o ambiente físico, os cuidados básicos, o currículo, a interação, o cronograma e estrutura do programa, a nível educacional dos pais e da equipe (Harms, Clifford e Cryer 1998). Essas escalas têm sido adaptadas para o uso em vários países, inclusive Bangladesh (Aboud 2006), Brasil e África Oriental (Quênia, Zanzibar e Uganda) (Malmberg,

Mwaura e Sylva, no prelo), para citar alguns. Também podem ser utilizadas para fazer uma avaliação das necessidades, embora se deva tomar sempre cuidado ao avaliar a relevância das subescalas e itens no contexto local.

Esses instrumentos de avaliação ou controle de qualidade também podem servir como um complemento útil para a análise ou interpretação das avaliações de impacto que visam avaliar se uma determinada intervenção em DPI resulta em melhorias na saúde e nutrição ou nos níveis de prontidão escolar, ou em ambos, entre as crianças beneficiadas pelo programa (ver a parte seguinte desta nota). Por exemplo, ferramentas de avaliação da qualidade podem fornecer dados de monitoramento que podem lançar luz sobre se a intervenção foi executada conforme o planejado ou se houve qualquer variação na qualidade dos serviços prestados nos locais onde houve a intervenção que possa ajudar a explicar os resultados da avaliação de impacto.

Avaliação dos Resultados de Desenvolvimento da Criança

No contexto do apoio do Banco Mundial a seus clientes, as três razões principais para a coleta de dados sobre os resultados no desenvolvimento da criança são:

- **Para estabelecer dados de base e documentar a magnitude do problema.** Antes de implementar uma intervenção, é importante coletar dados sobre os resultados no desenvolvimento da criança, como referências a partir das quais as mudanças podem ser medidas. Esses dados também documentam as ineficiências na prestação dos serviços. Por exemplo, os dados de base de avaliação de um programa de DPI baseado na comunidade implementado na área rural de Moçambique destacou a grande defasagem cognitiva e linguística das crianças carentes em relação a seus colegas mais favorecidos, bem como a necessidade de intervenções de DPI para ajudar a eliminar essa diferença na medida do possível antes de as crianças ingressarem na escola e as disparidades aumentarem ainda mais.
- **Para avaliar o impacto das intervenções existentes em DPI.** Embora seja importante saber quantas crianças são alcançadas por um determinado projeto de DPI, ou quantos educadores ou prestadores de DPI são formados, entre outros fatores, tais informações por si sós não são suficientes. Projetos que não demonstram ter um impacto positivo mensurável sobre os resultados do desenvolvimento da criança, contribuindo para a prontidão escolar e beneficiando a saúde a longo prazo, não podem ser considerados bem-sucedidos e podem, de fato, constituir um desperdício de recursos. Da mesma forma, medir apenas a qualidade das intervenções não é suficiente, já que programas de "qualidade" podem ser ineficazes ou inadequados em certos cenários.
- **Para avaliar os tipos de intervenções** em **DPI mais eficazes e de menor custo em determinado contexto ou em populações específicas e para informar**

o diálogo político visando o planejamento futuro. A relativa viabilidade e custo-efetividade das diferentes intervenções em DPI pode variar em diferentes contextos dependendo dos tipos de serviços e infraestrutura existentes. A base de evidências ainda é relativamente limitada nessa área, mas vários estudos de avaliação de impacto financiados pelo Banco Mundial estão atualmente em curso para resolver essa questão. Por exemplo, uma avaliação de impacto no Camboja visa avaliar a relação custo-efetividade de três tipos de intervenções em DPI (pré-escolas formais, pré-escolas comunitárias e programas domiciliares) para embasar as atividades de ampliação.

Seleção dos Domínios de Desenvolvimento da Criança a Serem Avaliados

Os indicadores comumente usados diferem dentro de cada um dos quatro domínios do desenvolvimento da criança descritos na introdução deste guia. Os domínios e indicadores específicos dentro de cada um são:

- **Indicadores do desenvolvimento físico**, que avaliam o crescimento e a saúde em geral (ver os indicadores de saúde e nutrição na Tabela 2.1.1), desenvolvimento motor grosseiro (por exemplo, andar, correr, saltar) e desenvolvimento da motricidade fina (por exemplo, pegar objetos e comer com utensílios, no caso de bebês e crianças, e segurar um lápis para desenhar e escrever em se tratando de crianças em idade pré-escolar).
- **Indicadores do desenvolvimento cognitivo**, que incluem habilidades de resolução de problemas (por exemplo, empilhar e encaixar objetos), memória e habilidades matemáticas emergentes (por exemplo, classificar objetos e saber o que significa "um" ou "dois" de alguma coisa). Conforme as crianças se aproximam da idade de ingressar na escola, os indicadores incluem o conhecimento das letras e números, a capacidade de reter informações na memória de curto prazo, e o conhecimento de informações pessoais importantes, como o próprio nome e endereço.
- **Indicadores de desenvolvimento linguístico**, que incluem balbuciar, apontando e gesticulando nos lactentes, o surgimento das primeiras palavras e frases na primeira infância, e uma explosão de palavras entre as idades de 2 e 3 anos. Nas crianças em idade pré-escolar, os indicadores incluem a produção e compreensão de palavras, a habilidade de contar histórias e identificar letras e a intimidade e familiaridade com livros.
- **Indicadores de desenvolvimento emocional e social**, que incluem a relação de confiança entre os bebês e os cuidadores. Nas crianças em idade pré-escolar, os indicadores incluem a convivência com colegas e educadores, a gestão do comportamento (seguir instruções e cooperar quando

solicitado), a percepção social (identificação de pensamentos e sentimentos em si mesmos e outros) e a capacidade de autorregulação (controle emocional e comportamental, especialmente em situações estressantes).

- **Função executiva**, que é uma mistura de habilidades cognitivas e socioemocionais, que também pode ser avaliada.

Os domínios do desenvolvimento da criança a serem avaliados dependem da intenção original da intervenção e das questões a serem abordadas na pesquisa. Por exemplo, no caso de uma intervenção nutricional, seria relevante medir tanto os resultados físicos quanto cognitivos no desenvolvimento das crianças beneficiadas por essa intervenção; mas pode não ser tão relevante avaliar o desenvolvimento da linguagem e socioemocional.

Durante os primeiros anos da infância, entretanto, novas capacidades emergem constantemente, e muitas vezes se sucedem rapidamente. O desenvolvimento num domínio muitas vezes age como catalisador para o desenvolvimento em outro. Por exemplo, depois de aprender a andar, as crianças se defrontam com novas exigências em termos de autocontrole, porque os pais tornam-se mais propensos a restringir o seu comportamento e a esperar que o comando "não" seja obedecido. Da mesma forma, as crianças que demoram para se desenvolver em um domínio (por exemplo, a compreensão da linguagem) podem ter capacidade limitada para mostrar suas habilidades em outros domínios (por exemplo, tarefas cognitivas que exigem habilidades linguisticas).[5] Além disso, vários estudos recentes têm demonstrado que as habilidades não cognitivas têm papel significativo no rendimento escolar, na produtividade e na probabilidade de envolvimento em comportamentos de risco e em crimes mais tarde na vida (Heckman 2008). Portanto, o desenvolvimento na primeira infância deve ser avaliado de forma tão abrangente quanto possível, sempre que praticável.

Ao selecionar os domínios a serem avaliados, é importante considerar também a relação entre a duração da intervenção e a sustentabilidade dos ganhos de desenvolvimento. Em outras palavras, é importante observar quais resultados podem sofrer mudanças como consequência de uma intervenção na época da coleta dos dados. Por exemplo, o parâmetro altura para a idade não é muito maleável após os 2 anos de idade, por isso provavelmente não é um bom indicador do impacto de um projeto voltado para crianças de 3-5 anos de idade (Glewwe e King 2001).

Seleção e Adaptação dos Instrumentos de Desenvolvimento Infantil para Uso em Países de Baixa e Média Renda

A maioria dos instrumentos de desenvolvimento infantil tem sido desenvolvida, validada e normatizada no mundo desenvolvido. Embora possa ser útil usar alguns desses testes "ocidentais" (isto é, originados nos países da OCDE) em diferentes contextos – como quando não há nenhum teste disponível no local para avaliar um resultado específico no desenvolvimento da criança ou para comparação entre países –, o grau em que esses testes podem ser utilizados e adaptados aos países de baixa e média renda varia muito. Na verdade, alguns testes têm um viés cultural muito forte. Outros são usados principalmente para fins de seleção (por exemplo, para identificar as crianças que poderiam ser beneficiadas por serviços especiais, tais como programas de reeducação ou recuperação escolar), e outros ainda demandam quantidade extensiva de tempo para os testes de ensaio ou devem ser administrado por um psicólogo infantil treinado. Além disso, alguns testes não são igualmente eficazes na avaliação de crianças em todos os níveis da escala de habilidades ou características avaliadas. Pode ser necessário adaptar as escalas de algumas populações, adicionando ou eliminando questões destinadas a avaliar um lado ou outro da distribuição de escores, a fim de capturar toda a gama de possibilidades. A Tabela 2.1.2 fornece exemplos de testes de desenvolvimento da criança utilizados em avaliações de impacto recentes financiadas pelo Banco Mundial.

Deve-se ter em mente as seguintes considerações ao selecionar e adaptar testes para o uso em países de baixa e média renda (ver Fernald et al. 2009 para uma revisão abrangente).

Seleção de testes. É preferível a utilização de testes que:

- Permitam a interpretação dos dados no nível da população e não de cada criança individualmente. Na verdade, o principal objetivo da coleta de dados no âmbito do apoio do Banco Mundial aos clientes é em geral avaliar as tendências de desenvolvimento entre os grupos de crianças (por exemplo, para comparar as crianças de um grupo experimental a crianças de um grupo controle) e não para direcionar o desenvolvimento de cada criança individualmente.
- Forneçam resultados contínuos, em vez de um ponto de corte abaixo do qual as crianças possam ser consideradas em risco de atraso no desenvolvimento. Medidas contínuas são muitas vezes mais úteis no contexto das avaliações de impacto (ou seja, medir as diferenças de pontuação entre os grupos experimental e de controle).

Também é importante considerar algumas condições específicas em que a coleta de dados se dará. Em países de baixa e média renda, as restrições mais comuns incluem:

- Orçamento limitado para adquirir e administrar testes. O preço dos testes, bem como o custo para administrá-los, varia muito. A exigência de pagamento de direitos autorais para certos testes pode requerer que novos kits sejam comprados para cada equipe de coleta de dados.

Tabela 2.1.2 Exemplos de Testes de Desenvolvimento Infantil comumente Usados em Avaliações de Impacto de DPI

Nome de teste	*Faixa etária (anos)*	*Domínios do desenvolvimento infantil*	*Tipo de medição*	*Exemplos de países*[a]
Teste de Vocabulário por Imagens Peabody (PPVT) e TVIP (versão equivalente em espanhol)	2½ ou mais	Desenvolvimento da linguagem (linguagem receptiva)	Observação direta da criança	Camboja Equador[b] Madagascar Moçambique Nicarágua[c]
Questionário Dividido por Idade e Estágio (ASQ)	0 a 6	Múltiplos domínios de desenvolvimento da criança	Avaliações e relatórios (pelos pais ou cuidadores) e observação direta da criança	Camboja Chile[d] Equador[e] Moçambique
Woodcock – Johnson III – Teste de Memória para Nomes	2½ ou mais	Desenvolvimento cognitivo (memória associativa)	Observação direta da criança	Camboja Equador[f]
Escala de Inteligência de Stanford-Binet	2½ ou mais	Desenvolvimento cognitivo	Observação direta da criança	Madagascar
Inventário de Comportamentos da Infância e Adolescência de Achenbach (CBCL)	1½ a 6 (5 anos e 11 meses)	Desenvolvimento socioemocional	Avaliações e relatórios (pelos pais ou cuidadores)	Brasil China[g] Turquia
Teste de Stroop (versão dia e noite)	3 a 6	Função executiva	Observação direta da criança	Madagascar
Questionário de Capacidades e Dificuldades	3 ou mais	Desenvolvimento socioemocional	Avaliações e relatórios	Madagascar
Instrumento de Desenvolvimento Precoce (IDP)	4 a 7	Múltiplos domínios / prontidão escolar	Avaliações e relatórios (pelos educadores da pré-escola ou da 1.ª série)	Moçambique, Kosovo México Indonésia

Fonte: Fernald et al. 2009.

Notas: a. Esta lista fornece exemplos representativos e não pretende ser exaustiva. Além disso, vários desses estudos ainda estão em curso na altura da publicação deste livro; assim, referências específicas não podem ainda ser fornecidas. Entre em contato com o primeiro autor deste guia para mais informações.

b. Paxson e Schady (2010).
c. Macours, Schady e Vakis (2008).
d. Urzúa e Veramendi (no prelo).
e. Ver referências completas em Fernald et al. (2009).
f. Paxson e Schady (2007).
g. Ver referências completas em Fernald et al. (2009).

- A necessidade de coleta de dados sobre o desenvolvimento infantil em um curto período de tempo, especialmente se dados domiciliares também são coletados do cuidador ou outro adulto durante a mesma visita. Ser breve (ou seja, não levar mais do que 30 minutos para testar a criança diretamente) ajudará a prevenir o cansaço do entrevistado, especialmente entre as crianças menores.
- A falta de disponibilidade de especialistas em desenvolvimento infantil ou psicólogos infantis para administrar os testes. Nesses casos, pode ser necessário escolher testes que não exijam formação profissional ampla para serem administrados.
- A presença de várias línguas oficiais e nacionais, pois traduzir os testes para várias línguas locais pode ser demorado, e garantir a correta tradução pode ser difícil. Portanto, testes que não dependam muito extensivamente da linguagem são com frequência mais confiáveis e mais fáceis de usar em tais contextos.

Adaptação de testes. Depois que os testes de desenvolvimento infantil tenham sido identificados, várias medidas devem ser tomadas para assegurar que esses testes sejam válidos[6] e confiáveis[7] na medida do possível no contexto de um determinado período de coleta de dados. O ideal seria que todo o processo de adaptação fosse conduzido em conjunto com profissionais locais – pediatras, especialistas em desenvolvimento infantil, psicólogos, assistentes sociais e agentes de saúde comunitários, especialistas em DPI etc. –, para garantir que os testes finais e protocolos de gestão seja adequados e eficazes no contexto local. O processo de adaptação geralmente inclui as seguintes etapas:

- Providenciar uma tradução precisa, que requer: (1) fazer uma tradução exata na língua local, (2) ter um outro tradutor ou grupo de tradutores para fazer uma retrotradução, e (3) avaliar e resolver qualquer discrepância de significados.
- Adaptar o conteúdo do teste aos contextos em que os testes serão utilizados. Itens específicos talvez precisem ser eliminados (se, por exemplo, não são relevantes ou não podem ser testados) ou modificados (se, por exemplo, os meios necessários não estiverem disponíveis).
- Adaptar o protocolo de aplicação de teste ao contexto cultural onde os testes serão utilizados, para garantir tanto as condições ideais para o teste em um dado contexto como a coerência entre os aplicadores do teste. Por exemplo, muitas crianças que não estão familiarizadas com o "teste" serão muito cautelosas com um estranho que chega à sua casa com esse propósito. Os protocolos podem incentivar os pesquisadores de dados a realizar

jogos e brincadeiras simples com as crianças antes da coleta de dados, para ajudar a "quebrar o gelo".

- Realizar um teste-piloto. Uma vez que o teste tenha sido traduzido e adaptado, e o protocolo tenha sido escrito, ambos precisam ser extensivamente testados em campo em condições reais para (1) certificar-se de que o material seja relevante para a população, (2) servir como uma oportunidade de treinamento adicional para os pesquisadores de dados e (3) obter dados piloto que possam ser usados para conduzir uma análise preliminar e verificar a validade e confiabilidade do testes adaptados.[8]
- Além disso, adaptar os protocolos de aplicação de testes conforme necessário. Com base no resultado do piloto, novas adaptações se fazem muitas vezes necessárias para aperfeiçoar os instrumentos e protocolos, e testes-pilotos adicionais podem ser necessários.

Esse processo iterativo de adaptação pode ser demorado e caro, mas é um investimento necessário para assegurar a qualidade dos dados eventualmente coletados. O Quadro 2.1.1 fornece um exemplo concreto desse processo em Moçambique.

Quadro 2.1.1

Adaptação de Instrumentos de Desenvolvimento Infantil em Moçambique

O Banco Mundial está realizando atualmente várias avaliações de impacto das intervenções de DPI em vários países (entre eles Camboja, Indonésia, Moçambique, Brasil, Chile e Nicarágua). Na província de Gaza, em Moçambique, por exemplo, um estudo aleatório visa avaliar se um programa de DPI comunitário de baixo custo implementado pela Save the Children pode melhorar significativamente os resultados de desenvolvimento infantil e a prontidão escolar entre os participantes.

Antes de coletar os dados de base em 2008, a equipe passou um certo tempo selecionando e adaptando os instrumentos de desenvolvimento infantil para garantir que os dados coletados fossem relevantes no contexto local e úteis para responder às principais questões da pesquisa. Entre os instrumentos selecionados estavam o TVIP (avaliação direta da linguagem receptiva da criança), o ASQ (combinação do relatório de avaliação direta da mãe sobre as competências da criança em vários domínios, incluindo motor fino, motor grosseiro, resolução de problemas, comunicação pessoal e social) para crianças de 3-5 anos, e o IDP (relatório dos professores da 1.ª série sobre as competências da criança nos vários domínios) para estudantes da 1.ª série. A equipe também coletou dados antropométricos (por meio de medição direta), sobre o nível socioeconômico

(continua)

Quadro 2.1.1 *(continuação)*

da família (por meio de pesquisas domiciliares) e sobre os padrões de alimentação e estimulação precoce no âmbito doméstico (por meio de questionários às mães).

Os instrumentos de desenvolvimento infantil foram adaptados da seguinte forma:

- Foram traduzidos primeiro para o português e depois para changana (a principal língua local da província de Gaza) por uma equipe de profissionais locais, incluindo uma psicóloga infantil de Moçambique, e depois retrotraduzidos.
- Alguns itens foram descartados. Por exemplo, uma pergunta sobre se as crianças poderiam subir escadas (como parte da habilidade motora grosseira do ASQ) teria sido difícil de responder, pois a maioria das crianças nas comunidades-alvo vivem em cabanas térreas, que não têm escadas. Portanto, a questão não foi incluída.
- Outros itens foram modificados para se tornarem mais relevantes no contexto local e facilitar o processo de coleta de dados. Por exemplo, uma pergunta sobre se as crianças poderiam colocar um livro em cima de uma cadeira e, em seguida, embaixo de uma cadeira (para avaliar se as crianças compreendiam os conceitos de "em cima" e "embaixo", como parte da seção de comunicação do ASQ) era inadequada, já que não havia nem livros nem cadeiras na maioria das moradias. A simples substituição de "livro" e "cadeira" por itens familiares (ou seja, prato e esteira) resolveu o problema.
- Os instrumentos revistos foram testados várias vezes, primeiro pela equipe de avaliação principal e, em seguida, pelos pesquisadores de dados (após terem recebido formação do psicólogo infantil local), e foram feitas adaptações adicionais dos instrumentos e protocolos administrativos antes que o processo efetivo de coleta de dados iniciasse.

Análise das Variáveis Mediadoras ou Moderadoras

Variáveis tais como qualidade do ambiente familiar, frequência de estimulação dos pais, depressão materna, amamentação e padrões de alimentação complementar podem sofrer impactos das intervenções em DPI, e podem desempenhar um papel *mediador* importante (isto é, agir como um mecanismo de transmissão) com vistas a melhores resultados no desenvolvimento infantil. Estudos de avaliação de impacto no DPI coletam dados sobre essas variáveis, bem como no âmbito de pesquisa domiciliar e/ou de questionários materno-infantis. Por exemplo, o Home Observation for Measurement of the

Environnement (HOME) pode ser transposto para outras culturas para avaliar a qualidade do ambiente doméstico e as interações entre pais e filhos, e a escala do Centro de Estudos Epidemiológicos (CES-D) pode ser usada para avaliar o nível de depressão materna (Fernald et al. 2009).

Outras variáveis (por exemplo, nível de escolaridade e desenvolvimento cognitivo da mãe, número de irmãos no domicílio, número de adultos no domicílio, entre outros) não são provavelmente afetadas por intervenções em DPI, mas mesmo assim podem desempenhar um importante papel *moderador* nos resultados do desenvolvimento infantil. Por exemplo, algumas intervenções em DPI podem ser particularmente eficazes junto a mães de baixa escolaridade, e outras são mais efetivas junto àquelas de maior escolaridade. As informações sobre essas variáveis nos antecedentes familiares também devem ser coletadas no estudo tanto por meio da inclusão de questões específicas na pesquisa domiciliar quanto por meio de testes específicos para avaliar o desenvolvimento cognitivo das mães, devendo servir como controle na análise. Deve-se tomar cuidado para garantir que a seleção de medidas seja adequada à distribuição desses fatores nos países em particular, e à variação entre as regiões dentro de um mesmo país.

Por fim, antes de iniciar o processo de coleta de dados, é importante ter em mente uma série de considerações éticas fundamentais (ver Quadro 2.1.2).

Quadro 2.1.2

Considerações Éticas sobre a Coleta e Gerenciamento de Dados sobre Desenvolvimento Humano

Em alguns países, a pesquisa proposta deve passar por um processo de revisão no Conselho de Revisão Institucional (IRB) antes que os pesquisadores possam coletar dados sobre desenvolvimento humano, o que garante que (1) aos participantes (a criança ou o cuidador) seja dada a oportunidade de participar do estudo, (2) os dados serão mantidos em confidencialidade, (3) o processo de coleta de dados não irá prejudicar os participantes de nenhuma forma, seja física ou psicologicamente, e (4) os participantes serão encaminhados a serviços específicos quando outros problemas forem detectados (por exemplo, as crianças identificadas como anêmicas serão encaminhadas a programas de suplementação de ferro; mães que sofrem de depressão serão encaminhadas a serviços de aconselhamento).

Muitos países não têm um sistema de IRB estabelecido, e alguns dos requisitos acima podem ser difíceis de cumprir em contextos onde não há um acompanhamento desses serviços. No entanto, a equipe de investigação continua responsável por garantir que os dados sejam coletados de maneira a respeitar os direitos dos participantes.

Considerações para a Interpretação de Dados

Mesmo depois de ter gastado tempo e recursos selecionando e adaptando um determinado teste para uso em uma população específica, os pesquisadores devem ter cuidado ao interpretar os resultados. Embora os resultados possam ser relevantes se utilizados para comparar diferentes grupos de crianças dentro de um determinado ambiente (por exemplo, dizer que o desempenho de um grupo de tratamento foi melhor do que o do grupo controle em um determinado teste ou identificar as crianças mais vulneráveis dentro de uma comunidade), é muito mais difícil estabelecer comparações entre contextos culturais e socioeconômicos diferentes. Por exemplo, o fato de que 40 por cento de uma amostra de crianças de baixa renda no Camboja tiveram pontuação ao nível do 5.º percentil em um teste desenvolvido e normatizado nos Estados Unidos não significa necessariamente que esse grupo esteja atrasado em seu desenvolvimento. Na verdade, pode ser que o teste adaptado ainda não seja totalmente válido e confiável para essa população, ou que a maneira como os dados foram coletados no Camboja não tenha permitido melhor desempenho entre os entrevistados.

Em conclusão, a coleta de dados multissetorial sobre as necessidades específicas das crianças e sobre o âmbito e a qualidade dos serviços existentes em DPI fornece informações importantes que podem ser usadas para projetar novos serviços em DPI ou modificar os já existentes de maneira mais relevante. Uma análise completa da situação documentará também o ponto de partida das políticas (ver Nota 2.2) e o tipo de financiamento (ver Nota 4.2) locais a serem implementados. As categorias de dados constantes da análise da situação também fornecem uma estrutura para o reforço da capacidade do SIG de monitorar o progresso com vistas à satisfação dessas necessidades identificadas. Por fim, uma variedade de ferramentas podem ser usadas para medir os resultados do desenvolvimento infantil, a fim de estabelecer uma base para novas intervenções e avaliar o impacto e o custo-efetividade das intervenções existentes em DPI. Várias avaliações de impacto em andamento de diversos programas de DPI irão gerar informações para orientar futuros investimentos nacionais e internacionais.

Notas

1. Os resultados das MICS, inclusive relatórios nacionais, o padrão de tabulações e o conjuntos de dados de nível micro estão disponíveis em: http://www.childinfo.org.
2. Para criar tabelas de dados personalizadas, consulte o site: http://www.uis.unesco.org.

3. Veja as notas na Seção 3 para uma descrição dos tipos de serviços.
4. Por exemplo, a Associação Internacional para a Educação Infantil tem desenvolvido "diretrizes globais" e um instrumento de avaliação complementar (disponível em: http://www.acei.org). Outras ferramentas estão listadas em Myers (2006).
5. Fernald et al. (2009) fornecem uma descrição detalhada de cada um desses testes (e outros), incluindo objetivo e faixa etária abrangida, normas, administração e testes, formação necessária, tempo necessário para a administração, custo e informações do editor.
6. Validade significa que o instrumento de fato mede o que se pretende medir.
7. Confiabilidade refere-se tanto à confiabilidade interavaliadores (ou seja, em que medida os pesquisadores de dados darão a mesma pontuação a uma dada criança) quanto à confiabilidade teste-reteste (ou seja, em que medida o mesmo pesquisador de dados daria a mesma pontuação a uma criança se ela fosse avaliada várias vezes num curto período, como uma semana ou próximo disso).
8. O ideal é que tanto a confiabilidade do interavaliador quanto a do teste-reteste fosse de cerca de 0,8 ou mais. Além disso, em relação aos testes que contêm escalas (ou seja, vários itens agrupados sob uma única rubrica), deve ser verificada a confiabilidade Kappa de Cohen, ou seja, em que medida os itens individuais dentro dessa escala se comportam de maneira consistente.

Bibliografia Fundamental

Fernald, L., P. Kariger, P. Engle e A. Raikes. 2009. *Examining Early Child Development in Low-Income Countries: A Toolkit for the Assessment of Children in the First Five Years of Life.* Washington, DC: World Bank.

Myers, R. G. 2006. "Quality in Programs of Early Childhood Care and Education. Paper commissioned for the *Education for All Global Monitoring Report 2007: Strong Foundations: Early Childhood Care and Education.* Paris: United Nations Educational, Scientific and Cultural Organization. Disponível em: http://unesdoc.unesco.org/images/0014/001474/147473e.pdf. Acesso em: 22 maio 2010.

National Research Council. 2008. *Early Childhood Assessment: Why, What, and How?* National Research Council of the National Academies. Washington, DC: National Academies Press.

Referências

Aboud, F. E. 2006. "Evaluation of an Early Childhood Preschool Program in Rural Bangladesh. *Early Childhood Research Quarterly* 21 (1): 46–60.

Fernald, L., P. Kariger, P. Engle e A. Raikes. 2009. *Examining Early Child Development in Low-Income Countries: A Toolkit for the Assessment of Children in the First Five Years of Life.*Washington, DC: World Bank.

Glewwe, P. e E. M. King. 2001. "The Impact of Early Childhood Nutritional Status on Cognitive Development: Does the Timing of Malnutrition Matter?"*The World Bank Economic Review* 15 (1): 81–113.

Harms, T., R. Clifford e D. Cryer. 1998. *Early Childhood Environment Rating Scale.* Ed. rev. New York: Teacher College Press.

Heckman, J. J. 2008. "Schools, Skills, and Synapses." *Economic Inquiry* 46 (3):289–324.

Macours, K., N. Schady e R. Vakis. 2008. *Cash Transfers, Behavioral Changes, and Cognitive Development in Early Childhood: Evidence from a Randomized Experiment.* World Bank Policy Research Working Paper 4759. Washington, DC: World Bank.

Malmberg, L. E., P. Mwaura e K. Sylva. No prelo. "Effects of a Preschool Intervention on Cognitive Development among East-African Preschool Children: A Flexibly Time-Coded Growth Model." *Early Childhood Research Quarterly.*

Myers, R. G. 2004. "In Search of Quality in Programmes in Early Childhood Care and Education." Paper commissioned for the *Education for All Global Monitoring Report 2005: The Quality Imperative.* Paris: United Nations Educational, Scientific and Cultural Organization.

______. 2006. "Quality in Programs of Early Childhood Care and Education. Paper commissioned for the *Education for All Global Monitoring Report 2007: Strong Foundations: Early Childhood Care and Education.* Paris: United Nations Educational, Scientific and Cultural Organization. Disponível em: http://unesdoc.unesco.org/images/0014/001474/147473e.pdf. Acesso em: 22 abr. 2010.

National Research Council. 2008. *Early Childhood Assessment: Why, What, and How?* National Research Council of the National Academies. Washington, DC: National Academies Press.

Paxson, C. e N. Schady. 2007. "Cognitive Development among Young Children in Ecuador: The Roles of Wealth, Health, and Parenting." *Journal of Human Resources* 42 (1): 49–84.

Urzúa, S. e G. Veramendi. No prelo. *The Impact of Out-of-Home Childcare Centers on Early Childhood Development.* Background paper for Inter-American Development Bank.

NOTA 2.2

Um Marco de Políticas e Arranjos Institucionais para a Integração dos Serviços

Esta nota fornece uma visão geral das razões e do processo de desenvolvimento de um marco de políticas nacional de DPI.[1] Devido à natureza multissetorial dos programas de DPI, que abrangem as áreas de saúde, nutrição, educação e proteção social, bem como ao fato de que o envolvimento do governo muitas vezes tem alcance limitado, a construção de um marco de políticas integradas pode aumentar a visibilidade de uma nação em relação a sua visão e metas em relação à primeira infância, esclarecendo as responsabilidades dos diferentes atores e agências, fornecendo orientações cruciais para os investimentos públicos e privados.[2] Os arranjos institucionais de um país para a governança em DPI estão intimamente ligados ao desenvolvimento dessas políticas. No entanto, não existe uma abordagem única que englobe todas as perspectivas.

A presente nota descreve a justificativa para a criação de um marco de políticas de DPI e suas fases de desenvolvimento. Três estudos de caso, em Gana, Indonésia e Jamaica, mostram em que medida o desenvolvimento de políticas intersetoriais em DPI e a implementação desses programas podem ser bem-sucedidos em diversos contextos políticos, econômicos e culturais. O caso da Jamaica é um exemplo de uma abordagem estratégica para a colaboração entre os ministérios e os partidos políticos, levando em conta um forte setor privado. O exemplo da Indonésia mostra como os mecanismos de coordenação de DPI tanto em âmbito nacional, quanto das províncias e distrital pode apoiar o desenvolvimento descentralizado e conduzido pela comunidade na prestação de serviços integrados de DPI para áreas rurais pobres e carentes. O caso de Gana ilustra a importância da chegar a um consenso ao longo do tempo para aprovar e implementar uma política multissetorial. A nota conclui com lições transnacionais para o desenvolvimento e a implementação de políticas.

Justificativa para a Criação de um Marco de Políticas de DPI

Um Marco de Políticas Nacional de DPI Deve Ter uma Visão e Metas para a Primeira Infância e suas Famílias

O marco de políticas aumenta a visibilidade do DPI para a primeira infância e suas famílias e identifica estratégias para lidar com suas necessidades. De fato, as crianças pequenas são frequentemente ignoradas ou suas necessidades tratadas de forma inadequada nas políticas setoriais e em documentos importantes, como o Documento de Estratégia de Redução da Pobreza (PRSP).

Normalmente, um marco de políticas inclui tanto uma declaração política quanto uma descrição das estruturas institucionais e administrativas para implementar essa política. A declaração política inclui uma visão de para onde o DPI está se dirigindo, um conjunto de metas ou objetivos que o governo gostaria de alcançar, e as estratégias para alcançá-los (CARICOM Secretariat 2008). É importante que as políticas de DPI sejam coerentes com outras políticas setoriais relacionadas.

O Marco de Políticas de DPI Torna Claras as Responsabilidades dos Diferentes Atores e Órgãos

O marco de políticas identifica a agência líder e as entidades que vão implementar, gerenciar, monitorar e avaliar os programas de DPI (CARICOM Secretariat 2008). A responsabilidade do governo em relação à prestação ou à fiscalização dos serviços de DPI é com frequência repartida entre os ministérios, muitas vezes segundo a idade da criança. Normalmente, o Ministério da Saúde é responsável pelos lactentes e crianças com idade inferior a 2 anos, e o Ministério da Educação tem esse papel desde a pré-escola até o ensino básico. Um marco de políticas de DPI pode ajudar a harmonizar *horizontalmente* as metas e estratégias dessas instituições. Uma política pode envolver novos Ministérios que não têm sido tradicionalmente envolvidos em DPI, como o da Agricultura e das Finanças. Além disso, a responsabilidade também pode ser repartida *verticalmente* entre os vários níveis de governo, ou seja, nos níveis nacional/central, provincial, distrital e da comunidade (ver Quadro 2.2.1), como ocorre na Indonésia. Um marco de políticas pode ajudar a maximizar os escassos recursos financeiros, humanos e materiais, reduzindo a duplicação de esforços (Neuman 2007).

Quadro 2.2.1

DPI na Indonésia: Considerações Especiais sobre a Descentralização

O governo da Indonésia é um dos mais descentralizados do mundo. A maioria dos gastos com educação, saúde e infraestrutura é responsabilidade dos distritos, que empregam três quartos do serviço civil. Nos últimos anos, por exemplo, 90 por cento do orçamento anual do Ministério da Educação Nacional (MEN) foi transferido do governo central aos distritos, na forma de subsídios genéricos canalizados diretamente para as unidades de educação e formação, incluindo escolas. No passado, os distritos eram responsáveis pela implementação, financiamento e supervisão dos serviços de educação e desenvolvimento da primeira infância (EDPI), muitas vezes sem uma unidade de EDPI, sem mandato jurídico claro ou capacidade de execução. Para responder a essas preocupações, o governo indonésio, com o apoio do Banco Mundial, desenvolveu uma abordagem comunitária para a prestação de serviços de DPI, incluindo programas baseados em centros, programas de creches domiciliares, e programas de visitas domiciliares ou de apoio e educação dos pais. O projeto foi precedido por um projeto-piloto em 12 distritos, que revelou que a prestação de serviços centralizada não respondia adequadamente às necessidades das comunidades carentes. Pelo novo modelo de desenvolvimento conduzido pela comunidade, os recursos são repassados diretamente para as aldeias, para cerca de 738.000 crianças com idades entre 0 e 6 anos e seus pais/cuidadores, que vivem em cerca de 6.000 comunidades carentes, em 3.000 aldeias nos 50 distritos mais pobres da Indonésia.

A Indonésia tem desenvolvido estruturas institucionais dentro desse contexto altamente descentralizado para garantir que os serviços de EDPI sejam prestados de forma sustentável e integrada. Em primeiro lugar, antes de implementar serviços de EDPI, os distritos são convidados a mostrar evidências de ter (1) recursos alocados para programas de EDPI (2), uma unidade e funcionários com um mandato claro e abrangente para gerenciar os serviços de EDPI, (3) a existência de um fórum de EDPI que permita a coordenação entre uma vasta gama de intervenientes, (4) um plano de ação para apoiar a integração entre educação infantil, saúde, nutrição e aspectos de EDPI relativos à educação dos pais e (5) prontidão para financiar algumas das atividades após o período do projeto para garantir os serviços de EDPI ao longo do tempo. Em segundo lugar, para garantir que os governos locais não se concentrem demais na educação em detrimento de outros setores, as comunidades têm recebido uma lista de serviços a serem prestados junto com os recursos que receberam, e o nível de capacitação distrital tem-se expandido. Em terceiro lugar, coerentemente, essas estruturas descentralizadas recebem o apoio central de uma Direção para a Primeira Infância dentro do MoNE e de um Fórum Nacional de EDPI com profissionais, acadêmicos e burocratas.[3]

Um Marco de Políticas de DPI Deveria Deixar Claro em que Medida o DPI é Responsabilidade Pública ou Privada

Em uma abordagem puramente privada, os serviços podem ser remunerados e limitados àqueles que podem pagar por eles. O papel do governo pode ser mais regulatório, garantindo a qualidade dos serviços prestados. Uma abordagem puramente pública parte do princípio de que todas as crianças, ou pelo menos algum grupo mais amplo, como as mais vulneráveis, devem ter acesso aos serviços de DPI, devendo haver assistência financeira disponível para aqueles que não podem pagar as mensalidades. Na maioria das vezes, haverá um equilíbrio entre as abordagens privada e pública. Para implantar serviços em áreas que não são financeiramente atraentes para o setor privado, o governo poderá iniciar os serviços de DPI e, gradualmente, transferir algumas responsabilidades para o setor privado, mantendo sob sua responsabilidade algumas funções essenciais, tais como o pagamento de professores. Para resolver questões de qualidade, o governo também pode subsidiar insumos privados para a prestação dos serviços em troca de melhorias nos indicadores de qualidade (ver Nota 4.2).

Elementos de um Marco de Políticas de DPI

Um marco de políticas compreende uma declaração política e uma descrição das estruturas institucionais. A declaração política deve estar em conformidade com as diretrizes nacionais e as exigências formais que regem os documentos políticos e deve incluir os seguintes elementos:

1. **Visão** – uma declaração nacional de meta de longo prazo para o programa de DPI e os resultados que as crianças deveriam alcançar se o programa tiver êxito.
2. **Metas e objetivos** – deveria ir além da visão e descrever resultados mensuráveis que possam ser avaliados ao longo do tempo.
3. **Estratégias principais** – descrição geral das atividades previstas visando a atingir as metas e objetivos.

Normalmente, a decisão de implementar um marco de DPI é impulsionada por uma detalhada *análise da situação* (ver Nota 2.1), ou avaliação das necessidades, da situação, dos problemas e das necessidades das crianças e suas famílias. É uma boa prática incluir um breve resumo das conclusões da análise situacional como introdução à declaração política, fornecendo um contexto para a visão, metas, objetivos e estratégias.

A descrição das estruturas institucionais devem incluir:

- **Estruturas organizacionais** - uma descrição das estruturas administrativas e de coordenação que operam em todos os níveis de governo e no setor privado, inclusive a estrutura organizacional e respectivas responsabilidades.
- **Planos de investimento** - uma descrição de como os recursos humanos, institucionais, financeiros e materiais serão alocados e mobilizados, inclusive o equilíbrio entre recursos públicos e privados.
- **Estratégias de comunicação** - uma descrição de como a comunicação irá fluir entre as estruturas administrativas e outras partes interessadas, incluindo a comunicação da defesa da política.
- **Parcerias** - em particular as parcerias entre financiadores/doadores e implementadores, incluindo ONGs e organizações de base comunitária, e a responsabilidade pela sua coordenação.
- **Processos de monitoramento e avaliação** - uma descrição dos sistemas de responsabilização, que irão medir, monitorar e avaliar o progresso em direção às metas da política.

Fases do Processo no Desenvolvimento de um Marco de Políticas

O processo de desenvolvimento de um marco de políticas compreende cinco fases (Vargas-Barón 2005), descritas a seguir:

1. **Preparação** - embora muitas vezes negligenciada, esta fase pode garantir que as fases seguintes se desenvolvam sem problemas. Durante esta fase, os líderes e principais partes interessadas são identificados e convocados; pode-se organizar uma comissão de planejamento para assumir a liderança sobre as fases seguintes; estabelecem-se linhas de comunicação e autoridade; desenvolve-se um plano de trabalho, com cronograma e orçamento, e confirmam-se as fontes de financiamento. Nesta fase iniciam-se as discussões sobre o órgão que irá liderar o DPI.
2. **Análise da situação** - semelhante a uma avaliação das necessidades (ver Nota 2.1), este estudo fornece os fundamentos para a declaração política. Essa declaração deve ser abrangente e aprofundada, e a tarefa de desenvolvê-la, embora muitas vezes supervisionada pelo comitê de planejamento, pode ser atribuída a uma entidade externa com experiência na área.
3. **Comunidade e consulta às partes interessadas** - envolver as partes interessadas nesse estágio gera conscientização, entusiasmo e um senso de pertencimento à iniciativa de DPI, tornando muito mais provável que elas reflitam sobre as necessidades e prioridades dos beneficiários. A busca de conselhos junto aos parceiros também constrói a confiança, fornece *feedback* sobre a viabilidade do plano de políticas, identifica os problemas com antecedência

suficiente para resolvê-los com mais facilidade, e cria uma rede de parceiros para prestar apoio à medida que o processo avança.

4. **Elaboração de políticas e construção de consenso** - a partir do *feedback* gerado pela fase anterior, um primeiro rascunho de documento de políticas pode ser gerado, discutido e finalizado.
5. **Homologação e aprovação das políticas** - envolve a apresentação da política proposta e do plano de ação à autoridade responsável pela tomada de decisões, obtendo aprovação e, com base nessa dinâmica, iniciando o processo de implementação rapidamente. Para garantir a sustentabilidade ao longo do tempo, a política terá de constar de programas, serviços ou ações de longo prazo, e as etapas a serem cumpridas para executá-la deverão constar dos planos orçamentários anuais.

Identificar uma Âncora Institucional é Essencial para Envolver Diferentes Setores e Superar Questões Locais

É preciso haver um acordo prévio no país sobre o órgão que irá liderar, ou âncora institucional, que irá coordenar o desenvolvimento e a implementação da política. Em geral, os Ministérios do Bem-Estar Social ou da Educação é que assumem essa liderança. Desde o final dos anos 1980, cada vez mais países, inclusive Brasil, Quênia, Nova Zelândia, Noruega, Suécia, Espanha e Vietnã, têm designado ao Ministério da Educação a tarefa de fazer a ponte entre a primeira infância e os primeiros anos de escola. Alternativamente, pode-se envolver o Ministério do Planejamento, o Ministério das Finanças, e o Gabinete do Presidente ou do Primeiro-Ministro, ou criar uma comissão independente (como, por exemplo, no Chile, na Colômbia e na Jamaica) como âncora institucional, minimizando a competição entre os ministérios envolvidos. Debates sobre o órgão que iria liderar em Gana (Quadro 2.2.2) atrasaram o processo de desenvolvimento de políticas, mas acabaram sendo resolvidos de uma forma que favorece a coordenação intersetorial. Mecanismos de coordenação intersetorial (por exemplo, comissões de DPI) funcionam melhor quando um órgão forte lidera e quando a comissão tem o poder de tomar decisões sobre o financiamento (UNESCO-OREALC 2004).

Elementos de um Marco de Políticas Institucionais Bem-Sucedido

Os três estudos de caso aqui descritos corroboram as lições de outros países sobre os principais elementos de um projeto político-institucional de DPI bem-sucedido, que inclui o seguinte:

- Buscar apoio político entre o escalão superior para garantir que o DPI entre na agenda nacional.

- Definir uma âncora institucional, de preferência no início do processo de desenvolvimento da política.
- Envolver as partes interessadas a partir de uma série de setores (inclusive os que estão fora dos órgãos tradicionais voltados à criança) no desenvolvimento da política e delinear claramente as respectivas responsabilidades.

Quadro 2.2.2

DPI em Gana: O Caminho é Tão Importante Quanto o Destino

Gana é um dos 19 países da África Subsaariana que têm uma política de DPI nacional para promover a sobrevivência, o crescimento, o desenvolvimento e a proteção à criança desde o nascimento até os 8 anos de idade, para que possa desenvolver seu pleno potencial. Os principais objetivos dessa política são resolver o problema da pobreza entre as crianças, racionalizar as atividades de todas as partes interessadas no DPI, e atrair o apoio de todos os interessados que disponham de recursos para o setor. A política engloba arranjos institucionais, papéis e responsabilidades, estratégias de implementação, e implicações financeiras e de custos (Government of Ghana 2004).

O processo de desenvolvimento da política foi longo e não sem desafios. Uma proposta de política foi desenvolvida em 1995 por uma força-tarefa e utilizada nas consultas com as partes interessadas. O processo sofreu graves atrasos em várias etapas, inclusive na longa preparação do documento inicial pela força-tarefa, que foi revisto e reescrito inúmeras vezes, além de consultas demoradas junto à comunidade. Um atraso considerável foi causado pela indecisão à época sobre qual ministério deveria coordenar o programa de DPI. Embora inicialmente a Comissão Nacional de Gana para a Infância (CNGI), do gabinete do Presidente, tenha sido apontada como o principal órgão de coordenação, ao tempo em que o rascunho do projeto foi enviado para o gabinete, em 2000, a administração política já havia mudado. O Ministério de Assuntos da Mulher e da Criança (MAMC) absorveu a CNGI como um departamento e se tornou o principal órgão (UNESCO 2006a). O documento final, aprovado em 2004, incentivou a expansão e a melhoria nos esforços, alguns dos quais já estavam em curso (UNESCO 2006b). Dois anos de jardim de infância fazem agora parte da educação básica, e uma grade curricular e padrões de aprendizagem precoce e desenvolvimento foram estabelecidos. Atualmente, cerca de 40 por cento das crianças com 5 anos de idade e 35 por cento das crianças com 4 anos são atendidas. O governo também criou diretrizes para o estabelecimento de centros de DPI e para abordar questões relacionadas ao HIV, expandiu o treinamento e mobilizou recursos para sua implementação (Addison, Noyoru e Kyei-Gyamfi 2007).

(continua)

Quadro 2.2.2 *(continuação)*

O programa de Gana também desenvolveu fortes mecanismos de coordenação institucional. A Comissão de Coordenação Nacional de DPI e o Secretariado assessoram o MAMC e coordenam a implementação da política. O comitê é composto por cinco ministérios-chaves, a Associação Nacional de Professores de Gana, uma associação de profissionais de DPI reconhecida, e quaisquer outros indivíduos ou organismos interessados. Essa estrutura institucional vem sendo replicada em nível regional e distrital. Funcionários da educação de cada região e assistentes sociais receberam orientação sobre a política de DPI. Os principais interessados estão sendo sensibilizados para garantir que o DPI seja incorporado aos planos distritais (Pence et al. 2004).

Iniciado há quase 11 anos, esse processo de desenvolvimento de políticas de DPI tem possibilitado vários reexames e revisões para melhorar a qualidade, incentivado um processo participativo, com contribuições da comunidade, e melhorando a apropriação por parte dos interessados, fatores que aumentam a probabilidade de a implementação ter êxito (Boakye et al. 2008). A experiência de Gana reforça a importância de escolher um órgão com liderança forte para coordenar a política de desenvolvimento, adoção e implementação do DPI.

- Garantir a representação bipartidária em organismos de coordenação dos órgãos.
- Envolver os governos locais para assegurar o domínio e a sustentabilidade do projeto.
- Apoiar uma abordagem participativa para incentivar o comprometimento e acentuar a importância da política institucional.
- Garantir o custeio adequado para auxiliar na efetiva implementação.

Quadro 2.2.3

DPI na Jamaica: Arranjos Institucionais para Coordenar Todos os Setores

No final dos anos 1990, os órgãos de governo da Jamaica, incluindo os Ministérios da Saúde e da Educação e o Instituto de Planejamento da Jamaica, reconheceram a necessidade de um plano de longo prazo para oferecer serviços abrangentes e integrados para crianças jamaicanas que iria se beneficiar das sinergias e complementaridades entre os atores, reduzindo a duplicação de esforços e minimizando as falhas na prestação de serviços. Em 2000, uma revisão estratégica do setor de DPI recomendou a criação de uma nova Comissão para a Primeira Infância (CPPI). Um ato do Parlamento criou a CPPI em 2003 para desenvolver normas e regulamentos de licenciamento para instituições de educação infantil, assessorando o Ministro da Educação sobre as questões políticas

(continua)

Quadro 2.2.3 *(continuação)*

relativas à infância, auxiliando no planejamento e na preparação de estratégias e programas, e acompanhando a execução do programas. Dois anos depois, o Parlamento aprovou a Lei da Primeira Infância, que estabeleceu regulamentos, normas, licenças e políticas para regular o DPI na Jamaica. A CPPI tem a autoridade para desenvolver sistemas e políticas, podendo inclusive impor multas de até JM$ 50.000 (US$ 560) por descumprimento de licenciamento.

A abordagem jamaicana é significativa na forma como trata do caráter multissetorial do DPI, envolvendo todos os setores e partidos políticos na formação da CPPI. Como está escrito na Lei da CPPI, seu Conselho de Comissários inclui:

- O diretor-executivo da CPPI, como membro *ex officio*
- O presidente da comissão, nomeado pelo Governador-geral, que representa o Rei ou a Rainha da Jamaica, por recomendação do Primeiro-ministro, após consulta com o líder da oposição
- Representantes dos partidos políticos de oposição
- Um secretário permanente (ou candidato) de cada um dos Ministérios (Educação, Saúde, Trabalho e Previdência Social), do governo local, do desenvolvimento comunitário, das finanças e do serviço público.
- O diretor-executivo (ou candidato) da Agência de Desenvolvimento Infantil e do Instituto de Planejamento da Jamaica, e
- Pelo menos sete pessoas que "o governador-geral considere serem qualificadas e experientes e que tenham demonstrado capacidade nas questões relacionadas ao desenvolvimento da primeira infância, incluindo assistência à criança, psicologia infantil, nutrição, pediatria e enfermagem".

Essa estrutura institucional tem contribuído de três maneiras para o sucesso da Jamaica na gestão de DPI em todos os setores. Em primeiro lugar, a presença de todos os ministérios principais, bem como de agentes não públicos entre os membros da CPPI oferece um fórum permanente de discussão sobre os desafios e o planejamento do setor de DPI, o que é de suma importância para a Jamaica e outros países onde o setor privado predomina. Em segundo lugar, a inclusão de ambos os partidos políticos entre os membros da CPPI e no processo de seleção do seu presidente assegura um grau de apoio bipardário ao setor, o que provou ser crucial durante as consultas e a concepção do Plano Estratégico Nacional de DPI. Embora o governo tenha mudado de mãos durante o planejamento, houve poucas interrupções no processo. Terceiro, o fato de a CPPI ter autoridade legislativa para implantar normas de qualidade na prestação de serviços e impor sanções tem facilitado o seu trabalho.

Notas

1. Um marco de *políticas* difere de um marco *regulatório*, que inclui normas formais, regulamentos e procedimentos para operar, licenciar e monitorar as instituições de DPI (CARICOM Secretariat 2008).

2. Uma ferramenta de *benchmarking* das políticas nacionais de DPI que compara várias dimensões e avalia até que ponto elas são de natureza setorial ou global, está sendo desenvolvida pelo Banco Mundial (ver Vegas et al., no prelo).
3. Para obter mais informações, ver World Bank (2006).

Bibliografia Fundamental

CARICOM Secretariat (Caribbean Community). 2008. *Guidelines for Developing Policy, Regulation, and Standards in Early Childhood Development Services*. Jamaica: Pear Tree Press.

Vargas-Barón, E. 2005. *Planning Policies for Early Childhood Development: Guidelines for Action*. Paris: UNESCO/ADEA/UNICEF (United Nations Educational, Scientific and Cultural Organization/Association for the Development of Education in Africa/United Nations Children's Fund).

UNESCO–OREALC. 2004. *Inter-sectoral Co-ordination in Early Childhood Policies and Programmes: A Synthesis of Experiences in Latin America*, Santiago, Chile: Regional Bureau of Education for Latin America and the Caribbean, United Nations Educational, Scientific and Cultural Organization.

Referências

Addison, R. O. Q., C. C. Noyoru e S. Kyei-Gyamfi. 2007. *Overview of Ghana's National Early Childhood Care and Development Policy*. Disponível em: http://mowacghana.net/?q=node/30. Acesso em: 18 out. 2009.

Boakye, J. K. A., S. Etse, M. Adamu-Issah, M. D. Moti, J. L. Matjila e S. Shikwambi. 2008. "ECD Policy: A Comparative Analysis in Ghana, Mauritius, and Nambia." In: Garcia, M, A. Pence e J. L. Evans (ed.). *Africa's Future, Africa's Challenge: Early Childhood Care and Development in Sub-Saharan Africa*. Washington, DC: World Bank. p. 169–86.

CARICOM Secretariat (Caribbean Community). 2008. *Guidelines for Developing Policy, Regulation, and Standards in Early Childhood Development Services*. Jamaica: Pear Tree Press.

Engle P. L., M. M. Black, J. R. Behrman, M. C. de Mello, P. J. Gertler, L. Kapiriri, R. Martorell, M. E. Young e International Child Development Steering Group. 2007. "Strategies to Avoid the Loss of Developmental Potential in More Than 200 Million Children in the Developing World." *The Lancet* 369 (9557): 229–42.

Government of Ghana. 2004. *Early Childhood Care and Development Policy*. Accra: Ministry of Women and Children's Affairs.

Myers, R. G. 2006. "Quality in Program of Early Childhood Care and Education." Paper commissioned for the *Education for All Global Monitoring Report 2007: Strong Foundations: Early Childhood Care and Education*. Paris: United Nations Educational, Scientific and Cultural Organization. Disponível em: http://unesdoc.unesco.org/images/0014/001474/147473e.pdf. Acesso em: 22 abr. 2010.

Neuman, M. J. 2007. "Good Governance of Early Childhood Care and Education: Lessons from the *2007 Education for All Global Monitoring Report*." UNESCO Policy Briefs on Early Childhood 40. New York: United Nations Educational, Scientific and Cultural Organization.

Pence, A. R., M. Amponsah, F. Chalamanda, A. Habtom, G. Kameka e H. Nankunda. 2004. "ECD Policy Development and Implementation in Africa." *International Journal of Educational Policy, Research, and Practice* 5 (3): 13–29.

UNESCO. 2006a. "Ghana: Early Childhood Care and Education Programmes." Country profile commissioned for the *Education for All Global Monitoring Report 2007: Strong Foundations: Early Childhood Care and Education*. Paris: United Nations Educational, Scientific and Cultural Organization. Disponível em: http://unesdoc.unesco.org/images/0014/001471/ 147192e.pdf. Acesso em: 18 out. 2009.

______. 2006b. *Education for All Global Monitoring Report 2007: Strong Foundations: Early Childhood Care and Education*. Paris: United Nations Educational, Scientific and Cultural Organization.

UNESCO–OREALC. 2004. *Inter-sectoral Co-ordination in Early Childhood Policies and Programmes: A Synthesis of Experiences in Latin America*. Santiago, Chile: Regional Bureau of Education for Latin America and the Caribbean, United Nations Educational, Scientific and Cultural Organization.

Vargas-Barón, E. 2005. *Planning Policies for Early Childhood Development: Guidelines for Action*. Paris: UNESCO/ADEA/UNICEF (United Nations Educational, Scientific and Cultural Organization/Association for the Development of Education in Africa/United Nations Children's Fund).

Vegas, E. et al. No prelo. *Roadmap of ECD Policies across the World*. Washington, DC: World Bank.

World Bank. 2006. *Project Appraisal Document for the Indonesia Early Childhood Development Project*. Washington, DC: World Bank.

SEÇÃO 3

Pontos de Entrada Estratégicos de Investimentos em DPI

NOTA 3.1

Programas Baseados em Centros de DPI com Foco na Prontidão Escolar

Programas baseados em centros de DPI podem ser oferecidos em uma variedade de locais, incluindo salas de aula, centros comunitários, instituições religiosas (por exemplo, igrejas, mesquitas etc.), casas particulares (ou seja, cuidados baseados na família), ou mesmo sob uma árvore. Esses centros podem pertencer, ser financiados ou geridos por uma série de entidades, como, por exemplo, o governo, a comunidade, organizações sem fins lucrativos, empresas privadas, instituições religiosas, ou por parcerias entre essas entidades. Dependendo do contexto e dos grupos etários a que servem, tais programas podem ser chamados de escolas maternais, creches, pré-escola, centros infantis, ou jardins de infância, diversidade de definições e rótulos que pode causar confusão. Esta nota enfoca os programas que compartilham as seguintes características: (1) visam promover o desenvolvimento das crianças (todas ou parte das crianças na faixa de 0 a 6 anos de idade) e (2) prestam serviços a um grupo definido, onde as crianças podem interagir entre si. O ideal é que os programas baseados em centros prestem serviços que atendam às diversas necessidades das crianças (ou seja, saúde, nutrição, educação e estimulação) de forma integrada.

Embora o tipo e a natureza dos programas de formação baseados em centros de DPI possa variar, as evidências, tanto nos países desenvolvidos quanto nos países em desenvolvimento, sugerem que as crianças que participam desses programas tendem a apresentar melhores habilidades cognitivas e prontidão escolar em geral (isto é, desenvolvimento integral, conforme definido na Introdução e na Nota 3.1) ao ingressar na escola primária do que aquelas que não participaram desses programas (Engle et al. 2007). Por exemplo, avaliações longitudinais de projetos de DPI para crianças desfavorecidas nos EUA, como o Programa High/Scope Perry Preschool e o Programa Abecedário, detectaram entre as crianças do programa não só ganhos nas habilidades cognitivas, mas também benefícios continuados em comparação com o grupo controle no desempenho escolar e comportamentos sociais mais tarde na vida (Campbell et al. 2002; Schweinhart et al. 2005). Avaliações realizadas em países em desenvolvimento, como Bangladesh, Cabo Verde, Colômbia, Guiné e Vietnã, também mostraram um efeito positivo significativo dos programas baseados em centros de desenvolvimento infantil (Engle et al. 2007). Além disso, os programas baseados em centros parecem particularmente eficazes na promoção do desenvolvimento físico, cognitivo e socioemocional das crianças em situação de risco, ou seja, aquelas oriundas de famílias de baixa renda ou menos favorecidas.

Esta nota apresenta dados sobre o impacto dos programas baseados em centros de DPI em várias condições e com diferentes grupos de beneficiários, e indica as falhas existentes. Discutiremos a implementação do programa, inclusive os fatores a considerar e os detalhes do programa, tais como público-alvo, frequência e duração das sessões, relação criança/quadro de pessoal, qualificação do pessoal, conteúdo do programa, e qualidade do programa em geral. Vários programas baseados em centros promissores em países de baixa e média renda são destacados no Quadro 3.1.4.

Considerações sobre o Público-Alvo

As evidências tanto nos países desenvolvidos quanto nos países em desenvolvimento indicam que as crianças oriundas de contextos socioeconômicos mais carentes são as mais beneficiadas por esses programas, especialmente quando iniciam entre as idades de 2 e 3 anos. Os fatores que devem ser levados em conta durante a implementação de um programa incluem: nível socioeconômico, contexto, idade de início, frequência e duração das sessões, e qualidade do programa, como indicada pela qualificação do pessoal, pelo conteúdo programático, e pela proporção adulto-criança e suas interações.

Contexto Socioeconômico

As crianças em muitos países em desenvolvimento mostram desnível acentuado no desenvolvimento cognitivo de acordo com nível socioeconômico; crianças de famílias mais carentes apresentam resultados significativamente piores desde o início. No Equador, as diferenças no vocabulário adequado à idade de 3 anos são em geral pequenas. Por volta dos 6 anos de idade, no entanto, as crianças de famílias menos abastadas e aquelas cujas mães têm baixa escolaridade têm ficado bem atrás (ou seja, por volta de 2,5 desvios-padrão) das que crianças de famílias mais ricas ou mais escolarizadas (Paxson e Schady 2007). Dado que as crianças mais carentes recebem em geral uma educação escolar de baixa qualidade, essas diferenças acabam se ampliando ainda mais quando as crianças ingressam na escola. Disparidades socieconômicas acentuadas no desenvolvimento cognitivo em idade precoce também têm sido encontradas em Bangladesh, Brasil, Egito, Índia, México e Filipinas (Grantham-McGregor et al. 2007).

Evidências de estudos longitudinais conduzidos nos países desenvolvidos, bem como de estudos não experimentais nos países em desenvolvimento, mostram enfaticamente que crianças com baixo nível socioeconômico ou cujas mães têm baixo nível de escolaridade, se beneficiam bastante das intervenções precoces e programas específicos. Por exemplo, dados da Pesquisa Domiciliar do Uruguai, em que informações sobre atendimento pré-escolar foram coletadas retrospectivamente, mostram maiores ganhos de escolaridade entre os jovens de 15 anos com mães menos escolarizadas (Berlinski, Galiani e Manacorda 2008). Nos Estados Unidos, estudos longitudinais constataram que crianças desfavorecidas se beneficiam mais com maior quantidade (Loeb et al. 2007) e qualidade dos serviços (Peisner-Feinberg et al. 2001). Portanto, uma vez que os programas baseados em centros de DPI também podem beneficiar as crianças de famílias de classe média, garantir o acesso às crianças menos favorecidas deveria ser uma prioridade nas decisões sobre onde investir os escarsos recursos públicos.

Idade de Início

A maioria dos programas baseados em centros de DPI se dirige a crianças entre 4 e 5 anos de idade, ou seja, um ou dois anos antes de ingressarem na escola primária. No entanto, dados do Estudo Longitudinal da Primeira Infância nos EUA mostram as crianças que ingressaram em um programa de DPI entre as idades de 2 e 3 anos (Loeb et al. 2007) tiveram os maiores benefícios cognitivos. A avaliação do programa realizado nas Filipinas também descobriu que o impacto dos serviços integrados de DPI no desenvolvimento cognitivo, motor, social e da linguagem foi maior entre as crianças que participaram do programa por mais de 12 meses e que tinham idades entre 2 e 3 anos. De fato, o impacto médio sobre os resultados, tais como desenvolvimento cognitivo e habilidades motoras, foi de 90 por cento para um desvio-padrão de 2 anos de idade e de 49 por cento para 3 anos de idade, mas apenas de 26-29 por cento para as crianças de 4-6 anos de idade. Além disso, crianças com idade entre 2 e 3 anos começaram a mostrar resultados positivos mais rapidamente (ou seja, após 4 a 12 meses) do que crianças maiores (Armecin et al. 2006). Na Colômbia, enquanto o mínimo de 9 meses de cuidados baseados em centros integrados (nutrição, saúde e educação infantil) antes do ingresso na escola primária produziu ganhos significativos na capacidade cognitiva das crianças, sendo que efeitos significativamente maiores foram observados entre aquelas que começaram mais cedo, ou seja, aos 3,5 anos de idade (McKay et al. 1978). Esses estudos parecem afirmar o valor da prestação de serviços baseados em centros de DPI para crianças a partir dos 2 anos, especialmente entre os grupos mais vulneráveis. No entanto, ao fazê-lo, é importante assegurar que o currículo e o programa global sejam adequados às necessidades específicas das crianças.

As evidências sobre os efeitos dos serviços baseados em centros para crianças menores de 2 anos são confusas. Uma análise do Estudo Longitudinal sobre a Primeira Infância, nos Estados Unidos descobriu que os programas baseados em centros não tiveram nenhum efeito positivo sobre as crianças com menos de 2 anos. De fato, o estudo constatou que o atendimento nos serviços baseados em centros de DPI teve impacto negativo sobre o comportamento das crianças. Esses efeitos foram ainda maiores entre as crianças que começaram a utilizar esses serviços antes de completar 1 ano de idade (Loeb et al. 2007). Por outro lado, quando se analisa a quantidade total de cuidados não maternos que as crianças estavam recebendo, o estudo do Instituto Nacional de Saúde Infantil e Desenvolvimento Humano (NICHD) não encontrou qualquer impacto comportamental negativo dos cuidados oferecidos por esses centros entre as crianças inscritas antes de 2 anos de idade (que foi medido aos 4,5 anos de idade) (NICHD 2003).

Frequência e Duração das Sessões Baseadas em Centros

Serviços baseados em centros de DPI podem ser oferecidos ao longo do ano (12 meses) ou apenas durante o ano letivo (9-10 meses). A duração de cada sessão pode variar de apenas 2-3 horas por dia para 8-10 horas diárias nos centros que visam oferecer assistência infantil em tempo integral, enquanto os pais trabalham. Longas horas em programas baseados em centros de DPI têm sido associadas a efeitos negativos sobre o comportamento das crianças de famílias de alta renda nos Estados Unidos (Loeb et al. 2007). Entretanto, a análise dos dados do Estudo Longitudinal da Primeira Infância descobriu que crianças de famílias de baixa renda tiveram mais ganhos cognitivos, ao participar de programas baseados em centros de DPI por mais horas (30 horas ou mais por semana), sem que houvesse um aumento significativo em problemas comportamentais. Esse estudo concluiu que a maioria das crianças experimenta ganhos cognitivos ao participar de programas baseados em centros de DPI por 15-30 horas por semana (ou seja, 3-6 horas por dia), durante pelo menos nove meses ao ano, e que as crianças de famílias de baixa renda poderiam se beneficiar ainda mais de programas mais intensivos (Loeb et al. 2007).

Em contrapartida, o Projeto sobre a Oferta Efetiva de Educação Escolar (EPPE), um estudo longitudinal em grande escala realizado no Reino Unido, não encontrou quaisquer ganhos cognitivos adicionais das crianças que frequentaram a pré-escola em tempo integral em relação àquelas que participaram de programas em tempo parcial, mas o projeto não analisou a possível diferença de efeitos entre as crianças provenientes de famílias com históricos diferentes e não recolheu dados sobre o comportamento das crianças (Sylva et al. 2003).

De modo geral, a pesquisa indica que os serviços baseados em centros de DPI deveriam oferecer pelo menos 15 horas de atividades semanais, para produzir efeitos significativos.

Qualidade

A maioria dos estudos experimentais ou quasi-experimentais disponíveis sobre o impacto do DPI avalia a eficácia de um determinado programa em um ambiente particular, mas poucos estudos avaliam o impacto relativo dos tratamentos diferenciais. Portanto, há poucas evidências sobre como os diferentes tipos e níveis de qualidade dos programas baseados em centros de DPI influenciam os resultados na primeira infância (Karoly, Kilburn e Canon 2005). As informações sobre esse tema vêm de vários grandes estudos longitudinais com projetos não experimentais nos Estados Unidos e no Reino Unido. Esses estudos indicam a influência positiva de uma programação de qualidade (como avaliado por *ratings* globais de qualidade normalizados descritos no Quadro 3.1.1) na prontidão escolar das crianças, no desempenho na escola primária e em suas habilidades linguísticas (ver, por exemplo, Flood et al. 2007). Por exemplo, o estudo NICHD sobre a infância descobriu que a maior qualidade nos serviços prestados por centros em DPI implicava melhoria nas habilidades pré-escolares e de linguagem entre as crianças de 4,5 anos nos Estados Unidos (NICHD 2002). O Estudo sobre Custo, Qualidade e Resultados, nos Estados Unidos, concluiu que a qualidade dos serviços baseados em centros de DPI estava relacionada a melhores habilidades linguísticas entre as crianças do jardim de infância e a melhores habilidades matemáticas entre as crianças da segunda série (Peisner-Feinberg et al. 2001). O Projeto EPPE, mencionado anteriormente, um estudo similar longitudinal em grande escala, realizado no Reino Unido, também está relacionado à qualidade dos serviços baseados em centros de DPI (medida por escalas padronizadas), com resultados positivos entre os beneficiários, incluindo a redução dos problemas comportamentais a partir do ingresso na escola (Sylva et al. 2003). Em Bangladesh, a qualidade da pré-escola (como medida pelo ECERS-R) esteve significativamente associada às habilidades cognitivas das crianças e à prontidão escolar (Aboud 2006). Resultados semelhantes foram encontrados entre as crianças que frequentam a pré-escola Madrasa Resource Center, na África Oriental (Malmberg, Mwaura e Sylva, no prelo).

Quadro 3.1.1

Qualidade dos Programas Baseados em Centros de DPI

Qualidade refere-se às características dos programas baseados em centros de DPI que influenciam os resultados do desenvolvimento da criança (Flood et al. 2007; ver também a Nota 2.1 para mais informações sobre os resultados do DPI). A maioria dos estudos focada na qualidade dos programas baseados em centros de DPI analisa a qualidade estrutural e a qualidade do processo. A qualidade estrutural inclui variáveis tais como: a proporção de crianças para cada adulto; o tamanho da turma; o nível de formação de educadores; a experiência e a formação especializada; e os salários do pessoal. A qualidade do processo refere-se a variáveis que dão forma à experiência da criança em um programa específico, como os tipos de atividades que estão sendo realizados, as interações com os professores e a estrutura geral do programa.

Dois padrões de qualidade comumente usados na avaliação e na pesquisa são as seguintes escalas:

- Escala de Avaliação do Ambiente em Educação Infantil – versão revista (ECERS-R, para as idades de 2,5-5 anos), Escala de Avaliação do Ambiente de Creche (ITERS-R, do nascimento até os 30 meses) e Escala de Avaliação do Cuidado Infantil em Família – versão revista (FCCERS-R, cuidados no ambiente familiar, desde o nascimento até o início da escola primária). Essas escalas medem a qualidade global em vários tipos de programas voltados à primeira infância (inclusive de assistência familiar) e incluem itens como: ambiente físico, cuidados básicos, currículo, interações, programação, estrutura programática, e escolaridade dos pais e do pessoal de apoio.
- Escala de Avaliação do Envolvimento dos Pais (CIS) é uma escala que mede a qualidade do processo. É usada para avaliar a inteligência emocional e a capacidade de resposta do cuidador em relação às crianças. Por meio da observação, as interações são classificadas nas áreas de sensibilidade, severidade, desapego e permissividade.

Vários outros estudos avaliaram como os indicadores da qualidade estrutural, como o tamanho das turmas, a proporção de crianças por adulto, a qualificação do pessoal e o conteúdo programático/currículo pode afetar o nível global de qualidade observado em sala de aula quando medido por avaliações de qualidade global padronizada.

Qualificação do pessoal e interação educador-aluno. A maioria dos estudos indica uma forte correlação entre a qualificação do pessoal e os resultados da primeira infância, entre a qualificação do pessoal e qualidade em sala de aula, ou ambos. Por exemplo, um estudo comparativo de dados não experimentais em sete países, constatou que havia uma correlação positiva entre o nível de formação dos educadores e o despenho linguístico das crianças (Montie, Xiang e Schweinhart 2006). Estudos de dados não experimentais nos Estados Unidos e no Canadá também constataram que a qualidade do pessoal era um bom indicador da qualidade das interações em sala de aula (Goelman, Forer e Kershaw 2006; Burchinal, Howes e Kontos 2002). Os elementos de qualidade do pessoal de DPI que foram avaliados incluem a escolaridade efetiva dos cuidadores (Montie, Xiang e Schweinhart 2006), a formação especializada em educação e cuidados infantis (Doherty et al. 2006) e o compromisso com o trabalho de assistência a crianças (Doherty et al. 2006). O Projeto EPPE conduziu um estudo qualitativo em profundidade dos 12 centros de DPI com elevado desempenho em termos de resultados das crianças, e concluiu que o domínio do currículo, assim como o conhecimento e a compreensão do desenvolvimento da criança pelos professores tiveram papel particularmente importante (Siraj-Blatchford et al. 2003).

O nível de compensação financeira que os educadores de DPI recebem também parece estar fortemente correlacionado com a qualidade do atendimento que prestam. Por exemplo, os salários dos educadores estavam mais fortemente associados à qualidade em sala de aula em creches e pré-escolas nos Estados Unidos do que qualquer outro indicador estrutural (tais como a proporção de crianças por adulto e o nível de escolaridade do professor) (Phillips et al. 2000; Phillipsen et al. 1997).

Na mesma linha, Early et al. (2007) analisaram sete estudos principais de educação infantil nos Estados Unidos e recomendaram uma abordagem global para o desenvolvimento de recursos humanos do setor de DPI. Em particular, o relatório recomenda que os programas sejam concebidos para recrutar, treinar e reter funcionários qualificados e motivados, oferecendo (1) salários razoáveis, (2) oportunidades de crescimento e formação profissional antes e durante a prestação e (3) oportunidades de participar dos sistemas de apoio entre educadores e cuidadores, incluindo oportunidades para o intercâmbio de melhores práticas através de redes de prestadores de DPI.

Encontrar, treinar e pagar de professores qualificados pode ser particularmente difícil em países em desenvolvimento, especialmente diante das limitações de recursos humanos e das muitas prioridades competitivas que os governos precisam enfrentar. Alguns programas baseados em centros nos países em desenvolvimento que utilizaram paraprofissionais, como a Pré-escola Madrasa Resource Center, na África Oriental (Mwaura e Mohamed 2008), e *Hogares Comunitarios de Bienestar Familiar*, na Colômbia (Vegas e Santibáñez 2009), têm obtido resultados promissores. Além disso, a assistência em sala de aula utilizando tecnologia da comunicação (isto é, instrução radiointerativa; ver Quadro 3.1.2) pode ser uma opção de baixo custo para melhorar a qualidade do ensino. Mais estudos são necessários para compreender melhor quais elementos em matéria de qualidade são mais importantes em ambientes de baixa renda, e como os países com recursos limitados podem fornecer serviços e educação de qualidade.

Quadro 3.1.2
Instrução Radiointerativa

Instrução radiointerativa (IRI) é

> "um sistema de educação a distância que combina programas de rádio com a aprendizagem ativa para melhorar a qualidade de ensino e as práticas pedagógicas... Nos programas de IRI os professores e alunos devem reagir verbal e fisicamente a questões e exercícios apresentados por personagens de rádio e participar de trabalhos em grupo, experimentos e outras atividades sugeridas pelo programa de rádio" (Anzalone e Bosch 2005).

A IRI surgiu como uma opção importante para melhorar a qualidade de ensino e aprendizagem em ambientes de baixa renda e tem mostrado resultados promissores em diversos projetos de larga escala na África e América Latina. Embora as evidências da eficácia da IRI sejam mais visíveis na maior parte dos programas de ensino primário e secundário, alguns programas destinados a crianças menores tiveram resultados animadores. Por exemplo, o projeto Radio Instruction to Strengthen Education (RISE), em Zanzibar, produziu programas de rádio para crianças em idade pré-escolar, 1.ª série e 2.ª série, visando envolver as crianças na aprendizagem de kiswahili (a língua local) matemática, inglês e habilidades para a vida. A avaliação do programa RISE foi realizada apenas nas primeiras séries. E mostrou que crianças que foram expostas à IRI em qualquer escola formal ou informal tiveram melhor pontuação em testes padronizados, em média, do que as crianças no grupo controle (Educational Development Center 2009). A IRI para crianças em idade pré-escolar também foi testada na Bolívia, El Salvador, Honduras e Indonésia (Ho e Thukral 2009).

Conteúdo programático e currículo. O melhor currículo para programas de desenvolvimento da primeira infância parece ser aquele que se concentra no desenvolvimento integral da criança, estimulando tanto suas competências cognitivas e linguísticas, quanto seu funcionamento socioemocional, incluindo motivação e capacidade de autocontrole. De fato, as evidências sugerem que a competência social das crianças se reflete em outras áreas do desenvolvimento, como o funcionamento cognitivo – e eventualmente o desempenho escolar. A análise de Downer e Pianta dos dados do NICHD revela que a melhoria de habilidades sociais entre as crianças contribui para um melhor desempenho em leitura, habilidades matemáticas e conhecimentos dos fonemas entre os participantes da 1.ª série (Downer e Pianta 2006). Além disso, uma avaliação do High/Scope Perry Preschool Program nos Estados Unidos mostrou que, embora os impactos positivos do programa nos escores de QI das crianças participantes foram gradualmente desaparecendo ao longo dos quatro anos após a intervenção, essas crianças continuaram tendo melhor desempenho do que as crianças do grupo controle em testes de desempenho, chegaram a níveis mais altos de escolaridade, conseguiram salários mais elevados, e tinham menos probabilidade de receber benefícios assistenciais do governo ou de ir para a prisão no início da vida adulta. Heckman sugere que esses resultados positivos e duradouros são fruto do impacto positivo do programa sobre as habilidades não cognitivas dos participantes (Heckman 2008).

Quadro 3.1.3

Práticas Adequadas ao Desenvolvimento (PAD)

A Associação Nacional para a Educação das Crianças define PAD como "um quadro de princípios e diretrizes para as melhores práticas de assistência e educação à criança" (NAEYC s.d.). Entre seus princípios fundamentais, temos a promoção do desenvolvimento integral da criança por meio do reconhecimento da importância da primeira infância, sucessivamente ao desenvolvimento das habilidades e funções nas crianças, das diferenças individuais, das várias maneiras como as crianças aprendem (inclusive por meio de brincadeiras); e a importância do desenvolvimento seguro das relações criança-cuidador e criança-criança, de acordo com as teorias e a literatura sobre o desenvolvimento infantil (NAEYC 2009).

Na prática, as PAD implicam: (1) a promoção de relações positivas entre crianças e adultos; (2) que o currículo seja cuidadosamente planejado, desafiador, envolvente, apropriado ao desenvolvimento, cultural e linguisticamente adequado, abrangente e suscetível de trazer resultados positivos a todas as crianças; (3) abordagens de ensino adequadas e eficazes cultural e linguisticamente, que melhorem a aprendizagem de cada criança e seu desenvolvimento; (4) avaliações sistemáticas, formais e informais para fornecer informações sobre a aprendizagem e o desenvolvimento das crianças; (5) a nutrição e saúde das crianças; e (6) um ambiente seguro e saudável, com ambientes físicos internos e externos adequados e em boas condições, entre outros (NAEYC 2008).

Para fornecer um quadro das melhores práticas de assistência e educação à primeira infância, a Associação Nacional para a Educação de Crianças (NAEYC), dos EUA, adotou as Práticas Adequadas ao Desenvolvimento (PAD) em programas de DPI (ver Quadro 3.1.3). Este quadro foi concebido para orientar decisores políticos, administradores educadores/cuidadores a estabelecer metas para o desenvolvimento das crianças e a tomar decisões informadas sobre o currículo, levando em consideração a idade da criança (ou seja, as características específicas da idade que indicam como a criança aprende), as diferenças individuais no desenvolvimento, e os contextos sociais e culturais a que pertencem (NAEYC 2009). Uma declaração conjunta da NAEYC e da Associação Nacional de Especialistas em Educação Infantil dos Departamentos de Educação do Estado enumera os indicadores de eficácia do currículo da seguinte forma: "(1) as crianças são ativas e comprometidas; (2) os objetivos curriculares são claros, conhecidos por todos os interessados (3) e baseados em evidências; (4) o conteúdo é aprendido por meio do aprendizado investigativo, lúdico, focado e intencional; (5) é construído sobre o conhecimento e a experiência anteriores; e (6) é global (ou seja, envolve desenvolvimento físico, social, emocional e cognitivo)", entre outros critérios (NAEYC e NAECSSDE 2003). Embora as PAD não estejam livres de críticas, mesmo nos Estados Unidos, são um instrumento útil, e vários estudos transculturais constataram que seus princípios fundamentais são seguidos por muitos profissionais de DPI fora dos Estados Unidos (Hoot et al. 1996; McMullen et al. 2005).

As evidências da eficácia da abordagem das PAD foram constatadas principalmente a partir da experiência nos Estados Unidos entre crianças desfavorecidas, onde alguns estudos sugerem que a experiência mais ativa da criança que iniciou a aprendizagem precocemente está associada a um melhor desempenho entre as crianças, em comparação com os programas acadêmicos em foco (Marcon 2002; Huffman e Speer 2000). A experiência internacional também sugere que os currículos que estão centrados na criança são mais propensos a promover resultados positivos entre as crianças participantes. O projeto de Pré-Escola da Associação Internacional para Avaliação do Rendimento Escolar (IEA), um estudo comparativo longitudinal do desempenho cognitivo e linguístico das crianças e suas experiências na primeira infância, aos 7 anos, coletou dados da Finlândia, Grécia, Hong Kong, China, Indonésia, Irlanda, Polônia, Espanha, Tailândia e Estados Unidos. O estudo descobriu que os programas em que as crianças passam a maior parte do tempo em atividades em grupo lideradas pelos professores, onde todas as crianças desenvolvem a mesma atividade selecionada pelo professor (como a leitura de histórias para as crianças, orientando as crianças a cantarem ou dançarem juntas) tendem a ser menos eficazes do que aquelas em que as crianças podem escolher entre algumas opções de atividades estruturadas (Montie, Xiang e Schweinhart 2006). O estudo qualitativo elaborado pelo projeto EPPE sobre os centros de alto desempenho, já mencionado, também descobriu que os ambientes de aprendizagem mais eficazes são aqueles em que tanto os adultos quanto o grupo de trabalho podem escolher livremente as opções de brincadeiras (Siraj-Blatchford et al. 2003).

Por fim, a variedade e a quantidade dos materiais de aprendizagem disponíveis no centro de DPI também demonstraram estar positivamente correlacionadas com o desenvolvimento cognitivo das crianças (Montie, Xiang e Schweinhart 2006). Em contextos de baixa renda, onde materiais didáticos e brinquedos educativos podem não estar facilmente disponíveis, educadores de DPI pode ser treinados para fazer uso criativo dos recursos naturais e dos materiais recicláveis disponíveis no ambiente.

Tamanho das turmas e proporção adulto-crianças. O tamanho da turma parece ser mais importante entre as crianças menores (Montie, Xiang e Schweinhart 2006). Por exemplo, um estudo realizado nos Estados Unidos revelou que cumprir as normas estaduais relativas ao tamanho dos grupos e à proporção adulto-crianças é mais importante para a qualidade global da assistência nas turmas de recém-nascidos do que nas creches e na pré-escola (Phillips et al. 2000). Da mesma forma, outro estudo sobre creches e pré-escola nos Estados Unidos descobriu que, quanto maior a proporção de adultos em relação às crianças, melhor a qualidade global do programa, e os cuidadores passavam mais tempo interagindo com as crianças (NICHD 2002). Em grupos de assistência familiar – serviços de DPI prestados a um grupo de crianças de 0-6 anos por um cuidador treinado em seu domicílio –, alguns estudos indicam que os programas com menor proporção de recém-nascidos e bebês (em relação ao tamanho do grupo total) tendem a proporcionar um atendimento de melhor qualidade (Phillipsen et al. 1997). O Projeto Pré-primário da IEA não encontrou correlação entre o tamanho das classes e o desenvolvimento cognitivo das crianças, e concluiu que a relação entre variáveis como o tamanho das turmas ou a proporção adulto-crianças e os resultados obtidos pelas crianças é específica para cada país (Montie, Xiang e Schweinhart 2006).

Em última análise, o tamanho ideal de classe e a proporção adulto-crianças em um dado local depende de vários fatores, incluindo (1) a idade das crianças, (2) se os serviços de DPI são fornecidos para grupos de diferentes idades, e (3) o contexto cultural e as expectativas de comportamento para as crianças de uma determinada faixa etária. Por exemplo, a primeira fase do Projeto Pré-primário da IEA estudou várias situações de ensino pré-primário em 15 países[1] e descobriu que o tamanho médio do grupo de turmas pré-escolares de 4 anos de idade variou de 11 a 30 e tendia a ser maior na Ásia e na África.[2] O projeto PIDI (Proyecto Integral de Desarrollo Infantil), da Bolívia, previa assistência domiciliar para 15 crianças por centro, com um adulto para cada cinco crianças, e o projeto tinha uma disponibilidade de pessoal adicional nos centros com maior proporção de recém-nascidos. A Pré-escola Madrasa, na África Oriental (Quênia, Uganda e Zanzibar), tinha 40 a 60 crianças matriculadas por escola, em média, com uma proporção de um professor para cada 12 a 17 crianças, dependendo do país (Issa e Evans 2008).

A maioria dos países desenvolvidos tem normas específicas para cada idade sobre a proporção nas turmas entre adultos e crianças. Todas elas especificam grupos de dimensões menores ou proporções mais elevadas de adultos nas turmas com crianças menores (OCDE 2006). No entanto, essas regras podem ser difíceis de aplicar em países de baixa renda, onde a disponibilidade de professores qualificados é frequentemente limitada.

Garantia de qualidade global. Garantir a qualidade dos serviços de DPI prestados tanto pelo setor público quanto pelo setor privado pode ser um desafio, principalmente quando os poucos recursos também são utilizados para aumentar a oferta (quantidade) de tais serviços. De modo geral, os sistemas que garantam a qualidade do DPI devem ser concebidos dentro dos marcos legais e arranjos institucionais e de financiamento vigentes (ver Notas 2.1 e 4.2), lembrando que não há um tipo único de abordagem. No entanto, os sistemas existentes tendem a se basear em uma das seguintes abordagens: (1) credenciamento voluntário (como, por exemplo, o sistema de acreditação NAEYC, nos Estados Unidos)[3] ou (2) uma combinação de regulação pública, licenciamento/alvará, certificação e controle ligados ao custeio público (com, por exemplo, na Nova Zelândia[4] e na Austrália[5]).

Valor Agregado da Inclusão de um Componente Educativo para os Pais

Muitas crianças que participam de serviços baseados em centros de DPI são inscritas aos 3 anos de idade ou mais. No entanto, como discutido na introdução deste guia, os dois primeiros anos de vida da criança são particularmente importantes em termos de desenvolvimento físico e global (ou seja, a falta de alimentação adequada e de estimulação precoce durante esse período leva à desnutrição e a um reduzido desenvolvimento do cérebro).

Os pais têm, portanto, papel fundamental no fornecimento de uma base sólida para o desenvolvimento futuro das crianças. De fato, mesmo depois de controlar a qualidade e a quantidade de cuidados que as crianças recebem fora de casa, as variáveis do histórico familiar, especialmente o nível de escolaridade da mãe, continuam sendo os mais fortes indicadores do desenvolvimento cognitivo e socioemocional das crianças e de seu desempenho acadêmico no ensino primário (Montie, Xiang e Schweinhart 2006; Downer e Pianta 2006). Quase todas as intervenções baseadas em centros de DPI que foram rigorosamente avaliadas (isto é, por meio de distribuição aleatória ou projeto quasi-experimental) e que foram consideradas eficazes nos Estados Unidos incluíram alguma educação dos pais ou componente de visita domiciliar, juntamente com os cuidados promovidos pelo centro de DPI (Karoly, Kilburn e Canon 2005). E, na prática, vários programas de DPI em países de baixa e média renda, adicionaram um componente familiar às intervenções promovidas pelo centro de DPI.[6]

Quadro 3.1.4

Exemplos de Programas Promissores Baseados em Centros nos Países em Desenvolvimento

Argentina. O sistema escolar público da Argentina prevê três anos de educação pré-escolar, dos 3 aos 5 anos de idade. Os objetivos do programa pré-escolar são: (1) melhorar o desempenho escolar nas tarefas realizadas em casa e desenvolver novas competências apropriadas a essa idade, e (2) fornecer acesso rápido aos conhecimentos e habilidades que melhoram o desempenho nos primeiros anos do ensino primário. O currículo é focado no desenvolvimento de uma gama de habilidades, inclusive comunicativas, de autonomia pessoal e comportamentais, sociais, lógico-matemáticas e emocionais. As crianças costumam frequentar as aulas da pré-escola três horas e meia por dia, cinco dias por semana, durante o ano letivo de nove meses. As turmas têm em média 25 crianças.

Após a introdução de uma nova lei em 1993 visando ampliar o ensino obrigatório e incluir o último ano da educação pré-escolar, o governo investiu na construção de mais de 3.500 novas turmas pré-escolares. Como resultado, a taxa de matrícula no ensino pré-escolar aumentou de 49 por cento em 1991 para 64 por cento em 2001. A análise de notas em testes padronizados administrados nacionalmente e pesquisas entre educadores estima que um ano de educação pré-escolar aumentou em 8 por cento em média, ou 23 por cento do desvio-padrão, os resultados nos testes padronizados da terceira série em espanhol e matemática. Também se constataram efeitos positivos da educação pré-escolar nas áreas de atenção, esforço, disciplina e participação nas aulas, entre alunos da terceira série (Berlinski, Galiani e Gertler 2009).

Bolívia. O PIDI (*Proyecto de Desarrollo Integral Infantil*) prevê serviços integrados em domicílio (em tempo integral, cuidados baseados na família, nutrição e atividades educativas) para crianças de 6 meses a 6 anos de idade de famílias carentes das áreas urbanas. Os objetivos do PIDI são melhorar a saúde e o desenvolvimento cognitivo/social precoce, proporcionando às crianças melhor

(continua)

Quadro 3.1.4 *(continuação)*

alimentação, supervisão adequada e ambientes estimulantes. As crianças do programa são atendidas em grupos de 15 por dois ou três cuidadores na casa de uma mulher do local escolhida pela comunidade. Durante o programa, as crianças recebem diariamente duas refeições e um lanche, que corresponde a cerca de 70 por cento das suas necessidades calóricas, e participam de brincadeiras e jogos estimulantes e estruturados, adequados à sua faixa etária. Também recebem serviços básicos de saúde, incluindo vacinação de rotina e acompanhamento do crescimento. O projeto fornece às provedoras de creche formação em desenvolvimento infantil, bem como empréstimos ou doações para reformar as casas. Os resultados da avaliação de impacto utilizando dados de quasi-experimentais[7] mostram os efeitos positivos do programa sobre as habilidades motoras grosseiras e finas, as habilidades psicossociais e a aquisição de linguagem, especialmente entre as crianças que participaram do programa por pelo menos sete meses (Behrman, Cheng e Todd 2004; Van der Gaag e Tan 1997).

Índia. O programa do Serviço Integrado de Desenvolvimento Infantil (ICDS) da Índia é um dos maiores programas de DPI do mundo. Cada comunidade no âmbito do programa estabelece uma *anganwadi*, uma creche comunitária e centro de cuidados maternos, composta por um trabalhador da comunidade treinado e um assistente que é recrutado na comunidade e que recebe um salário do governo. O programa atende crianças menores de 6 anos, mulheres grávidas e lactentes com serviços integrados que incluem vacinação, acompanhamento do crescimento, nutrição suplementar, bem como educação pré-escolar para crianças de 3 a 6 anos. O objetivo do componente pré-escolar é proporcionar um ambiente natural, alegre e estimulante, com ênfase nos elementos necessários para otimizar o crescimento e o desenvolvimento. Em média, 37 crianças são matriculadas em cada programa pré-escolar, onde se envolvem em atividades organizadas, como cantar e contar histórias. Também recebem nutrição suplementar durante as sessões pré-escolares (Department of Woman and Child Development s.d.).

Embora esse programa ainda não tenha sido rigorosamente avaliado, alguns estudos não experimentais mostram resultados promissores. Por exemplo, em um levantamento com 16.000 crianças, descobriu-se que as que participaram do ICDS mostraram menos propensão a desnutrição severa e maior probabilidade de frequentar a escola do que aquelas que não participaram desse programa.[8] Outro estudo nos três estados mais ricos descobriu que as crianças de 3 a 5 anos que participaram do ICDS tiveram melhor desempenho em testes de desenvolvimento infantil (habilidades motoras e cognitivas) do que as que não participaram do programa (Vazir e Kashinath 1999).

Os resultados do estudo do NICHD, que incluiu a observação das interações entre mães e filhos, indicam que crianças que receberam mais atenção, estimulação e cuidados maternos de apoio e que participaram de jogos semiestruturados em casa apresentaram melhores resultados acadêmicos, cognitivos e sociais. O impacto da qualidade do ambiente familiar neste e em outros estudos (Pianta e Harbers 1996) é grande, pois leva em conta tanto as influências genéticas quanto ambientais, e porque os efeitos cumulativos de um bom ambiente familiar (quando comparado a alguns anos de pré-escola ou creche) superam o impacto dos cuidado fora de casa (NICHD 2002).

Com efeito, as sessões educativas para os pais podem ser um poderoso complemento aos programas baseados em centros. Por exemplo, o projeto de Enriquecimento Precoce da Turquia promoveu um programa educativo de dois anos para as mães de três tipos de crianças: crianças que frequentavam a pré-escola; crianças que frequentavam creches; e crianças que ficavam em casa. Embora as crianças que frequentavam a pré-escola tivessem maior QI e maiores ganhos de curto prazo em diversas medidas cognitivas e socioemocionais do que aquelas que ficavam em creches ou em casa, sua vantagem precoce no desempenho acadêmico havia se dissipado por volta da 5.ª série da escola primária. Por outro lado, independentemente do atendimento baseado em centros, os efeitos do programa educativo oferecido às mães sobre o desempenho escolar e o desenvolvimento socioemocional e o ajustamento social das crianças se mantiveram durante toda a infância (Kagitçibasi, Sunar e Bekman 2001).

Portanto, recomenda-se fortemente que os programas baseados em centros de DPI sejam complementados por melhorias na educação dos pais e do ambientes doméstico, tanto por meio de iniciativas integradas ou paralelas (ver Nota 3.2 para obter mais informações sobre os programas que focam na mudança de comportamento dos pais e outros cuidadores).

Programas Baseados em Centros em DPI: Resumo e Avanços

Considerações Importantes sobre sua Implementação

- Devem iniciar cedo, de preferência aos 2 ou 3 anos de idade, e certificar-se de que o currículo seja apropriado para a idade.
- Devem visar crianças em situação de risco, ou seja, de famílias de baixa renda ou desfavorecidas.
- Devem disponibilizar 15 horas ou mais por semana de serviços baseados em centros de DPI, por pelo menos nove meses por ano.
- Devem recrutar educadores que estejam comprometidos com o DPI e proporcionar-lhes formação continuada (antes e durante o programa), salário compatível e oportunidades de crescimento profissional e *networking*.
- Devem manter a proporção entre adultos e crianças dentro do esperado para cada faixa etária infantil e pelo contexto cultural global.
- Devem ter um currículo centrado no desenvolvimento não só de habilidades cognitivas e de linguagem, mas também de competências socioemocionais.
- Devem incorporar atividades centradas na criança, nas quais estas possam escolher livremente entre diversos jogos estruturados/tópicos de aprendizagem, e os professores possam se adaptar ao fluxo de escolhas das crianças.
- Devem capacitar professores a usar uma variedade de materiais de aprendizagem.
- Devem complementar as atividades baseadas em centros de DPI com um programa de extensão que vise oferecer aos pais informações relevantes sobre como estimular e promover o desenvolvimento de seus filhos, inclusive por meio de uma alimentação adequada e atividades de estimulação precoce.

Novas Áreas de Pesquisa

- Avaliar a eficácia relativa e o custo-efetividade dos modelos formais *vs.* programas baseados na comunidade *vs.* modelos centrados na família nos países em desenvolvimento.
- Avaliar os efeitos de vários modelos baseados em centros nas crianças com idade inferior a 2 anos.
- Avaliar os efeitos dos modelos baseados em centros no desenvolvimento socioemocional das crianças dos países em desenvolvimento.
- Estabelecer a intensidade e a duração ideal dos programas baseados em centros para crianças de baixa renda dos países em desenvolvimento.
- Estudar a relação entre a qualidade do programa (incluindo a dimensão do grupo e a proporção adulto-crianças, a qualificação do pessoal e o currículo) e os resultados das crianças nos países em desenvolvimento.
- Medir o valor agregado do componente familiar nas intervenções que combinam serviços baseados em centros para crianças e educação dos pais.

Notas

1. Esses países são: Bélgica (áreas de língua francesa), China, Finlândia, Grécia, Hong Kong, Indonésia, Irlanda, Itália, Nigéria, Polônia, Romênia, Eslovênia, Espanha, Tailândia e Estados Unidos.
2. HighScope IEA Preprimary Project Website; acesso em: 10 maio 2010; disponível em: http://www.iea.nl/ppp.html.
3. Informações sobre a acreditação dos programas para a primeira infância são fornecidas pela NAEYC em: http://www.naeyc.org/academy/.
4. Os regulamentos, critérios de licenciamento e critérios de certificação estão disponíveis no site do Ministério da Educação: http://www.lead.ece.govt.nz/ManagementInformation/RegulatoryFrameworkForECEServices/2008RegulatoryFramework.aspx.
5. A Austrália introduziu recentemente o Padrão de Qualidade Nacional; detalhes dessa política estão disponíveis no site do Departamento de Educação, Emprego e Relações do Trabalho: http://www.deewr.gov.au/EarlyChildhood/ Policy Agenda/Qualidade/Pages/home.aspx.
6. Para um exemplo de como isso tem sido feito no Chile, consulte Rolla et al. (2009).
7. A atribuição do tratamento não foi aleatória: crianças do grupo controle foram selecionadas entre aquelas com histórico semelhante ao das crianças participantes do programa usando escores de propensão correspondentes.
8. Segundo a avaliação nacional NIPCCD do ICDS, Nova Dhéli 1992, como citado em Engle et al. (2007).

Bibliografia Fundamental

Engle P.L., M. M. Black, J. R. Behrman, M. C. de Mello, P. J. Gertler, L. Kapiriri, R. Martorell, M. E. Young, e International Child Development Steering Group. 2007. "Strategies to Avoid the Loss of Developmental Potential in More Than 200 Million Children in the Developing World." *The Lancet* 369 (9557): 229–42.

Garcia, M., A. Pence e J. Evans (ed.). 2008. *Africa's Future, Africa's Challenge: Early Childhood Care and Development in Sub-Saharan Africa*. Washington, DC: World Bank.

Karoly, L. A., M. R. Kilburn e J. S. Canon. 2005. *Early Childhood Interventions: Proven Results, Future Promise*. Santa Monica, CA: RAND Corporation.

Vegas, E. e L. Santibáñez. 2009. *The Promise of Early Childhood Development in Latin America and the Caribbean*. Washington, DC: World Bank.

Referências

Aboud, F. E. 2006. "Evaluation of an Early Childhood Preschool Program in Rural Bangladesh." *Early Childhood Research Quarterly* 21 (1): 46–60.

Anzalone, S. e A. Bosch. 2005. *Improving Educational Quality through Interactive Radio Instruction: A Toolkit for Policymakers and Planners.* Africa Region Human Development Working Paper Series. Washington, DC: World Bank.

Armecin, G., J. R. Behrman, P. Duazo, S. Ghuman, S. Gultiano, E. M. King e N. Lee. 2006. "Early Childhood Development Through an Integrated Program: Evidence from the Philippines." *Policy Research Working Paper* 3922. Washington DC: World Bank.

Behrman, J., Y. Cheng e P. Todd. 2004. "Evaluating Pre-school Programs when Length of Exposure to the Program Varies: A Nonparametric Approach." *Review of Economics and Statistics* 86 (1): 108–32.

Berlinski, S., S. Galiani e P. Gertler. 2009. "The Effect of Pre-primary Education on Primary School Performance." *Journal of Public Economics* 93 (1–2): 219–34.

Berlinski, S., S. Galiani e M. Manacorda. 2008. "Giving Children a Better Start: Preschool Attendance and School-Age Profiles." *Journal of Public Economics* 92 (5-6): 1416–40.

Burchinal, M., C. Howes e S. Kontos. 2002. "Structural Predictors of Child Care Quality in Child Care Homes." *Early Childhood Research Quarterly* 17 (1): 87–105.

Campbell, F. A., C. T. Ramey, E. P. Pungello, S. Miller-Johnson e J. J. Sparling. 2002. Early childhood education: Young adult outcomes from the Abecedarian Project. *Applied Developmental Science* 6(1), 42–57.

Department of Woman and Child Development. s.d. *Three Decades of ICDS – An Appraisal.* Department of Woman and Child Development, Government of India. Disponível em: http://www.wcd.nic.in/. Acesso em: 13 nov. 2009.

Doherty, G., B. Forer, D. Lero, H. Goelman e A. LaGrange. 2006. "Predictors of Quality in Family Child Care." *Early Childhood Research Quarterly* 21 (3): 296–312.

Downer, J. T. e R. C. Pianta. 2006. "Academic and Cognitive Functioning in First Grade: Associations with Earlier Home and Child Care Predictors and with Concurrent Home and Classroom Experiences." *School Psychology Review* 35 (1): 11–30.

Early, D. M., K. L. Maxwell, M. Burchinal, S. Alva, R. H. Bender, D. Bryant, K. Cai, R. M. Clifford, C. Ebanks, J. A. Griffin, G. T. Henry, C. Howes, J. Iriondo-Perez, H. Jeon, A. J. Mashburn, E. Peisner-Feinberg, R. C. Pianta, N. Vandergrift e N. Zill. 2007. "Teachers' Education, Classroom Quality, and Young Children's Academic Skills: Results from Seven Studies of Preschool Programs." *Child Development* 78 (2): 558–80.

Educational Development Center. 2009. *Radio Instruction to Strengthen Education in Zanzibar*. Disponível em: http://idd.edc.org/resources/publications. Acesso em: 7 jun. 2010.

Engle P. L., M. M. Black, J. R. Behrman, M. C. de Mello, P. J. Gertler, L. Kapiriri, R. Martorell, and M. E. Young e International Child Development Steering Group. 2007. "Strategies to Avoid the Loss of Developmental Potential in More Than 200 Million Children in the Developing World." *The Lancet* 369 (9557): 229–42.

Filmer, D. e N. Schady. 2009. *School Enrollment, Selection and Test Scores*. Policy Research Working Paper 4998. Washington, DC: World Bank.

Flood, M., D. Weinstein, T. Halle, L. Martin, K. Tout, L. Wandner, J. Vick, J. Sherman e E. Hair. 2007. *Quality in Early Childhood Care and Education Settings: A Compendium of Measures*. Disponível em: www.childtrends.org/Files//Child_Trends2007_12_10_FR_CompleteCompendium.pdf. Acesso em: 4 nov. 2009.

Garcia, M., A. Pence e J. Evans (ed.). 2008. *Africa's Future, Africa's Challenge: Early Childhood Care and Development in Sub-Saharan Africa*. Washington, DC: World Bank.

Goelman, H., B. Forer e P. Kershaw. 2006. "Toward a Predictive Model of Child Care Quality in Canada." *Early Childhood Research Quarterly* 21 (3): 280–329.

Grantham-McGregor, S., Y. Bun Cheung, S. Cueto, P. Glewwe, L. Richer, B. Trupp e International Child Development Steering Group. 2007. "Developmental Potential in the First 5 Years for Children in Developing Countries. *The Lancet* 369 (9555): 60–70.

Heckman, J. J. 2008. "Schools, Skills, and Synapses." *Economic Inquiry* 46 (3): 289–324.

HighScope. s.d.. *IEA Preprimary Project*. Disponível em: http://www.iea.nl/ppp.html. Acesso em: 10 maio 2010.

Ho, J. e H. Thukral. 2009. *Tuning in to Student Success: Assessing the Impact of Interactive Radio Instruction for the Hardest-to-Reach*. Washington, DC: Educational Development Center.

Hoot, J. L., R. S. Parmar, E. Hujala-Huttunen, Q. Cao e A. M. Chacon. 1996. "Cross-National Perspectives on Developmentally Appropriate Practices for Early Childhood Programs." *Journal of Research in Childhood Education* 10 (2): 160–69.

Huffman, L. R. e P. W. Speer. 2000. "Academic Performance among At-Risk Children: The Role of Developmentally Appropriate Practices." *Early Childhood Research Quarterly* 15 (2): 167–84.

Issa, S. S. e J. L. Evans. 2008. "Going to Scale with Effective ECD Interventions: What Is Involved? A Costing Model of the Madrasa ECD Programme in East Africa. *Coordinator's Notebook* 30. Toronto, Canada: Consultative Group on Early Childhood Care and Development.

Kagitçibasi, C., D. Sunar e S. Bekman. 2001. "Long-Term Effects of Early Intervention: Turkish Low-Income Mothers and Children." *Journal of Applied Developmental Psychology* 22 (4): 333–61.

Karoly, L. A., M. R. Kilburn e J. S. Canon. 2005. *Early Childhood Interventions: Proven Results, Future Promise*. Santa Monica, CA: RAND Corporation.

Loeb, S., M. Bridges, D. Bassok, B. Fuller e R. W. Rumberger. 2007. "How Much Is Too Much? The Influence of Preschool Centres on Children's Social and Cognitive Development." *Economics of Education Review* 26 (1): 52–66.

Malmberg, L. E., P. Mwaura e K. Sylva. No prelo. "Effects of a Preschool Intervention on Cognitive Development among East-African Preschool Children: A Flexibly Time-Coded Growth Model." *Early Childhood Research Quarterly*.

Marcon, R. 2002. "Moving Up the Grades: Relationship between Preschool Model and Later School Success." *Early Childhood Research and Practice* 4 (1). Disponível em: http://ecrp.uiuc.edu/v4n1/marcon.html. Acesso em: 22 set. 2009.

McKay, H., L. Sinisterra, A. McKay, H. Gomez e P. Lloreda. 1978. "Improving Cognitive Ability in Chronically Deprived Children". *Science* 200 (4339): 270–78.

McMullen, M., J. Elicker, J. Wang, Z. Erdiller, S. Lee, C. Lin e P. Sun. 2005. "Comparing Beliefs about Appropriate Practice among Early Childhood Education and Care Professionals from the U.S., China, Taiwan, Korea and Turkey." *Early Childhood Research Quarterly* 20 (4): 451–64.

Montie, J. E., Z. Xiang e L. J. Schweinhart. 2006. "Preschool Experience in 10 Countries: Cognitive and Language Performance at Age 7." *Early Childhood Research Quarterly* 21 (3): 313–31.

Mwaura, P. e B. T. Mohamed. 2008. "Madrasa Early Childhood Development Program: Making a Difference." In Garcia, M., A. Pence e J. Evans (ed.). *Africa's Future, Africa's Challenge: Early Childhood Care and Development in Sub-Saharan Africa*. Washington, DC: World Bank.

NAEYC. (National Association for the Education of Young Children). 2009. *Developmentally Appropriate Practice in Early Childhood Programs Serving Children from Birth through Age 8*. Disponível em: http://www.naeyc.org/DAP. Acesso em: 22 set. 2009.

______. 2008. *Overview of the NAEYC Early Childhood Program Standards*. Disponível em: http://www.naeyc.org/files/academy/file/OverviewStandards.pdf. Acesso em: 10 maio 2010.

______. 2009. *Position Statement on Developmentally Appropriate Practice*. Disponível em: http://www.naeyc.org/DAP. Acesso em: 10 maio 2010.

______. s.d. *Accreditation of Programs for Young Children*. Disponível em: http://www.naeyc.org/academy/. Acesso em: 24 jun. 2010.

______. s.d. *The Core of DAP*. Disponível em: http://www.naeyc.org/dap/core. Acesso em: 10 maio 2010.

NAEYC e NAECSSDE. (National Association for the Education of Young Children e National Association of Early Childhood Specialists in State Center-Based ECD Programs with a Focus on School Readiness 101 Departments of Education). 2003. *Early Childhood Curriculum, Assessment and Program Evaluation: Building an Effective, Accountable System in Programs for Children Birth through Age 8*. Disponível em: http://www.naeyc.org/DAP/resources. Acesso em: 22 set. 2009.

NICHD (Early Child Care Research Network). 1996. "Characteristics of Infant Child Care: Factors Contributing to Positive Caregiving." *Early Childhood Research Quarterly* 11 (3): 269–306.

______. 2003. "Does Amount of Time Spent in Child Care Predict Socioemotional Adjustment During the Transition to Kindergarten?" *Child Development* 74 (4): 976–1005.

______. 2002. "Early Child Care and Children's Development Prior to School Entry: Results from the NICHD Study of Early Child Care." *American Educational Research Journal* 39 (1): 133–64.

OECD (Organisation for Economic Co-operation and Development). 2006. *Starting Strong II: Early Childhood Education and Care*. Paris: OECD Publications.

Paxson, C. e N. Schady. 2007. "Cognitive Development among Young Children in Ecuador: The Roles of Wealth, Health, and Parenting." *Journal of Human Resources* 42 (1): 49–84.

Peisner-Feinberg, E. S., M. R. Burchinal, R. M. Clifford, M. L. Culkin, C. Howes, S. L. Kagan e N. Yazegian. 2001. "The Relation of Preschool Child-Care Quality to Children's Cognitive and Social Development Trajectories through Second Grade." *Child Development* 72 (5):1534–53.

Phillips, D., D. Mekos, S. Scarr, K. McCartney e M. Abbott-Shim. 2000. "Within and Beyond the Classroom Door: Assessing Quality in Child Care Centers." *Early Childhood Research Quarterly* 15 (4): 475–96.

Phillipsen, L. C., M. R. Burchinal, C. Howes e D. Cryer 1997. "The Prediction of Process Quality from Structural Features of Child Care." *Early Childhood Research Quarterly* 12 (3): 281–303.

Pianta, R. C. e K. L. Harbers. 1996. "Observing Mother and Child Behavior in a Problem-Solving Situation at School Entry: Relations with Academic Achievement." *Journal of School Psychology* 34 (3): 307–22.

Rolla, A., M. Rivadeneira, D. Leyva, I. Gamboa, M. C. Barata, C. Melo, G. Barra, M. C. Arbour, P. Fernández e C. Snow. 2009. *Integrated Work with Families in Chile: Parents' Perceptions and Their Interactions with Their Children*. Apresentado no Encontro Anual da American Educational Research Association, San Diego, abr. 13–17.

Schweinhart, L. J., J. Montie, Z. Xiang, W. S. Barnett, C. R. Belfield e M. Nores. 2005. *Lifetime Effects: The High/Scope Perry Preschool Study through Age 40*. Ypsilanti, MI: High/Scope Educational Research Foundation.

Siraj-Blatchford, I., K. Sylva, B. Taggart, P. Sammons, E. Melhuish e K. Elliot. 2003. *The Effective Provision of Pre-school Education (EPPE) Project: Intensive Case Studies of Practice Across the Foundation Stage*. Technical Paper 10, Institute of Education, University of London.

Sylva, K., E. C. Melhuish, P. Sammons, I. Siraj-Blatchford e B. Taggart. 2003. *The Effective Provision of Pre-school Education (EPPE) Project: Findings from the Pre-school Period: Summary of Findings*. London: University of London, Institute of Education. Disponível em: http://eppe.ioe.ac.uk/eppe/eppepdfs/RB%20summary%20findings%20from%20Preschool.pdf. Acesso em: 7 ago. 2010.

Van der Gaag, J. e J.-P. Tan. 1997. *The Benefits of Early Child Development Programs: An Economic Analysis*. Washington, DC: World Bank, Human Development Network.

Vazir, S. e K. Kashinath. 1999. "Influence of the ICDS on Psychosocial Development of Rural Children in Southern India." *Journal of the Indian Academy of Applied Psychology* 25 (2): 11–24.

Vegas, E. e L. Santibáñez. 2009. *The Promise of Early Childhood Development in Latin America and the Caribbean*. Washington, DC: World Bank.

NOTA 3.2

Programas Domiciliares de DPI para a Mudança de Comportamento em Saúde, Nutrição e na Família

A capacidade de a criança pensar, criar relacionamentos e viver o seu pleno potencial está diretamente relacionada ao efeito sinérgico da boa saúde, da boa nutrição e da estimulação e interação adequadas com os outros durante os primeiros anos de vida. A boa saúde e nutrição são pré-requisitos para as crianças sobreviverem nos primeiros anos de vida e atingirem seu pleno potencial de desenvolvimento. A desnutrição materna e infantil não só aumentam a mortalidade e os riscos de morbidade entre as crianças, mas também põem em risco suas perspectivas de desenvolvimento no longo prazo. Na verdade, a desnutrição pode prejudicar o desenvolvimento cognitivo das crianças, causando danos estruturais diretos ao cérebro tanto no útero quanto durante os primeiros cinco anos de vida e pode atrapalhar o desenvolvimento motor e o comportamento exploratório em lactentes (Victora et al. 2008). Por outro lado, as evidências mostram que a estimulação adequada na primeira infância (isto é, proporcionando à criança constantes oportunidades de interagir com pessoas atenciosas e conhecer seu ambiente desde a mais tenra idade) não só promove o desenvolvimento socioemocional e cognitivo, mas também melhora a saúde e a nutrição da criança (Naudeau 2009).

Programas de DPI voltados à saúde, nutrição e estimulação precoce na primeira infância são em geral dirigidos diretamente às mães (como pré-natal, parto seguro e cuidados pós-parto) e às crianças (como cuidados pós-natais, serviços de prevenção e intervenções para tratamento), ou indiretamente, promovendo a melhoria nas práticas de cuidados e na capacitação dos pais por meio de programas de informação e educação. Embora esses serviços de informação e educação às vezes sejam prestados fora de casa (por exemplo, em um centro comunitário ou de saúde), eles são considerados intervenções domiciliares de DPI, pois visam promover a mudança de comportamento no ambiente doméstico, onde as crianças mais novas costumam passar a maior parte do tempo. Essas intervenções são vitais para garantir a sobrevivência da criança e melhorar os resultados no DPI, pois muitas das estratégias mais eficazes para promover a saúde, o crescimento e o desenvolvimento global das crianças pequenas são baseadas na família, e as evidências apontam que há uma grande contribuição dos pais no desenvolvimento global das crianças e na prontidão escolar.

Esta nota analisa: diferentes aspectos do comportamento familiar que garantem a saúde, o crescimento e o desenvolvimento global das crianças; diferentes tipos de programas de educação para a mudança de comportamento familiar; e possíveis dificuldades na implementação desses programas.

As Práticas de Cuidados Parentais Auxiliam a Saúde, o Crescimento e o Desenvolvimento Global das Crianças

A primeira infância é ao mesmo tempo o período mais vulnerável da vida humana e o mais apropriado para as famílias investirem em seus filhos, proporcionando-lhes bons cuidados e apoio familiar. Embora os termos "cuidados" e "apoio familiar" sejam intercambiáveis em alguns casos, os "cuidados" frequentemente se referem aos comportamentos dos pais que suprem as necessidades físicas e emocionais da criança, enquanto o "apoio familiar" normalmente se refere aos comportamentos dos pais que moldam as competências socioemocionais e cognitivas e o comportamento da criança. Engle e Lhotska (1999) definem cuidados como "os comportamentos e práticas dos cuidadores (mães, irmãos, pai e cuidadores infantis) para fornecer alimentação, saúde, estimulação e o apoio emocional necessário para um bom crescimento e desenvolvimento da criança". O apoio familiar envolve o ambiente doméstico que os pais proporcionam aos filhos, o que fazem com os filhos quando estão juntos, bem como as formas como se comunicam e interagem com as crianças.

Conhecer o ciclo de vida da criança é um instrumento útil para avaliar as necessidades do público-alvo e tomar decisões sobre as ações prioritárias. Esse quadro ajuda a entender as vulnerabilidades e as oportunidades de cada idade durante a sua trajetória de vida, a identificar as necessidades do público-alvo nos diversos setores e áreas de intervenção (ver Tabela 3.2.1).

Tabela 3.2.1 Identificação das Opções de Projeto Usando a Abordagem do Ciclo de Vida

Grupo etário	*Vulnerabilidades*	*Comportamento desejável dos pais/ família e ambiente doméstico*	*Exemplos de serviços relevantes para a saúde, nutrição e educação dos pais*
Desde a concepção até o nascimento	• Exposição a infecções maternas, deficiência nutricional, resultando em mortalidade, nascimento prematuro, defeitos de nascimento e baixo peso ao nascer	• Dieta equilibrada durante a gravidez • Evitar álcool, tabaco e outros agentes teratogênicos (drogas, poluição etc.) durante a gravidez • Saneamento básico e higiene; manipulação segura dos alimentos	• Pré-natal • Suplementação de micronutrientes • Imunização • Parto assistido
0 a 2 anos	• Morte ou invalidez permanente devido a doenças ou acidentes • Nutrição inadequada e episódios repetidos de doenças, levando à desnutrição e ao raquitismo • O estresse causado por abuso ou negligência pode influenciar o comportamento posterior, o desenvolvimento socioemocional e a saúde da criança • A estimulação sensorial inadequada (visão, audição, olfato e tato) pode limitar o desenvolvimento da capacidade cerebral de controlar a linguagem e as respostas intelectuais, emocionais, psicológicas e físicas • A falta de exposição à linguagem pode resultar em atrasos de linguagem	• Boas práticas de alimentação neonatal e infantil (aleitamento exclusivo por 6 meses, continuação do aleitamento com a oportuna introdução de alimentos complementares adequados após os 6 meses) • Gestão de doenças da infância, incluindo alimentação contínua durante a doença e aumento da alimentação para a retomada do crescimento após a doença • Estimulação precoce e práticas de cuidados responsivos e afetuosos • Falar e brincar com as crianças • Saneamento básico e higiene; manipulação segura dos alimentos	• Cuidados pós-parto • Cuidados neonatais • Triagem neonatal • Monitoramento e promoção do crescimento • Suplementação de micronutrientes • Imunização • Vermifugação das crianças com mais de 12 meses • Triagem para identificação de atraso no desenvolvimento e encaminhamento • Campanhas educativas e apoio para os pais
3 a 6 anos	• A iniciação inadequada às primeiras letras e números poderia limitar o desenvolvimento cognitivo e o desempenho acadêmico • A falta de interação social com outras crianças poderia influenciar as habilidades socioemocionais das crianças e a prontidão escolar	• Falar e brincar com as crianças • Ler para as crianças e ensinar conceitos básicos, tais como números, formas e cores • Fazer as crianças brincarem em grupo e criar oportunidades de interação com outras crianças • Saneamento básico e higiene; manipulação segura dos alimentos	• Campanhas educativas e apoio para os pais • Imunização e suplementação com micronutrientes, seguindo o calendário nacional • Triagem para identificação de atraso no desenvolvimento e encaminhamento • Vermifugação

Fonte: Autores.

Nutrição Adequada e Estimulação Precoce são Elementos Essenciais das Práticas de Cuidados que Auxiliam o Desenvolvimento da Criança nos Dois Primeiros Anos de Vida

Os dois primeiros anos de vida são o período mais importante para a sobrevivência, a saúde, o crescimento e o desenvolvimento do cérebro da criança. É nesse período que as crianças são mais vulneráveis à falta de cuidados adequados. Em particular, uma grande parte da mortalidade infantil ocorre no período neonatal, nos primeiros 28 dias de vida (Black, Morris e Bryce 2003). O atraso no crescimento ocorre em geral nos primeiros 2 anos de vida e é difícil de reverter depois dos 36 meses. Também há uma crescente evidência epidemiológica de que as crianças que sofrem de subnutrição durante os dois primeiros anos de vida e que ganham peso rapidamente mais tarde durante a infância, podem ter consequências negativas a longo prazo, tais como a aquisição massa gordurosa em vez de massa muscular, que está associada a uma série de problemas de saúde na vida adulta (Bhutta et al. 2008).

Esses dois primeiros anos são também um período crucial para o desenvolvimento do cérebro: a deficiência grave de estimulação e de interação humana pode ter efeitos devastadores sobre a biologia e a psicologia do cérebro em formação (Nelson 2007).

Práticas de alimentação infantil. As práticas de alimentação e nutrição infantil são algumas das práticas de cuidados mais importantes para crianças nessa faixa etária. A promoção do aleitamento materno exclusivo foi considerada a estratégia de intervenção mais promissora para melhorar a sobrevivência da criança nos primeiros 6 meses de vida.

O aleitamento materno exclusivo nos primeiros 6 meses, seguido pela amamentação concomitante com a introdução de alimentos complementares em torno de 6 meses e até 2 anos, não só reduz o risco de infecção e desnutrição, mas também contribui para a saúde da criança a longo prazo e o desenvolvimento do cérebro tanto devido à alimentação rica em nutrientes quando por causa da interação socioemocional positiva entre mãe e filho (Nelson 2007).

As crianças estão particularmente sujeitas à desnutrição após o período recomendado de aleitamento materno exclusivo (ou seja, após os 6 meses de idade), pois muitas vezes não recebem os nutrientes adequados devido à baixa de qualidade da alimentação complementar (Black et al. 2008). Há evidências da eficácia de intervenções comportamentais na prevenção da desnutrição e na melhoria dos resultados de desenvolvimento, por meio do incentivo às mães para a introdução de alimentos complementares adequados às crianças de 6 meses ou mais. Por exemplo, a Pesquisa Demográfica e de Sáude Materno-Infantil do Equador (ENDEMAIN) sugere que as orientações sobre a duração apropriada do aleitamento exclusivo e sobre o momento ideal para a introdução de alimentos complementares levou a uma redução da desnutrição (cerca de 10 por cento) entre os beneficiários (World Bank 2007).

Uma publicação com os resultados das intervenções de alimentação complementar mostra que os programas de educação que dão destaque à alimentação rica em nutrientes e a alimentos de origem animal parecem promissores, juntamente com outras informações sobre horários, quantidades, higiene dos alimentos, e assim por diante (Dewey e Abu-Afarwuah 2008). As duas intervenções que proporcionaram às crianças ganhos significativos de altura e peso incluíam mensagens para alimentar as crianças regularmente com alimentos de origem animal disponíveis localmente e a preços acessíveis; por exemplo, no Peru, fígado de frango, ovo ou peixe; na China, ovo. O estudo também recomenda "um pequeno número de informações-chaves cuidadosamente selecionadas, sobre as práticas que possam ser facilmente adotadas pelo público-alvo" e integrar as mensagens sobre a amamentação e higiene. No Equador, um estudo indicou que as famílias com níveis semelhantes de renda e gastos com alimentação poderiam tanto ter crianças subnutridas como de tamanho normal, dependendo da percentagem de proteína animal consumida pelas crianças (que foi relativamente baixa nas residências em altitudes tão elevadas) (World Bank 2007).

A alimentação responsiva (ou ativa) – que combina alimentação com estimulação e apoio emocional – é crucial para atender às necessidades nutricionais das crianças na primeira infância. A alimentação responsiva refere-se a comportamentos positivos por parte dos cuidadores durante a alimentação (por exemplo, incentivando as crianças a comer, oferecendo mais porções, sorrindo e conversando com as crianças) e às práticas de alimentação que estão sintonizadas com as habilidades psicomotoras da criança (por exemplo, a habilidade de pegar comida com os dedos ou de segurar uma colher ou um copo). A alimentação responsiva tem sido associada a um aumento na aceitação de alimentos no Vietnã (Dearden et al. 2009) e a uma maior autoalimentação em Bangladesh (Aboud, Shafique e Akhter 2009). Embora os efeitos da alimentação responsiva no crescimento e no desenvolvimento socioemocional e cognitivo não tenham sido extensamente avaliados, este é um potencial ponto de entrada para introduzir a estimulação precoce nas intervenções existentes que têm como foco principal a nutrição.

Estimulação precoce. Um ambiente estimulante e de carinho, onde a criança possa manter uma relação forte com pelo menos um cuidador é outro elemento crucial para o DPI. Por exemplo, uma série de estudos sobre crianças órfãs e institucionalizadas na Europa Oriental e na Rússia observou que a excessiva falta de estímulos sensoriais, cognitivos, linguísticos e emocionais durante a infância resulta em uma gama de problemas de desenvolvimento, incluindo problemas físicos e de saúde graves, deficiências no crescimento do cérebro, problemas cognitivos, atrasos no desenvolvimento da fala e da linguagem, e problemas emocionais e sociais (Nelson 2007). Estudos com crianças de famílias de baixa e média renda nos países desenvolvidos também mostram, consistentemente, o profundo efeito da relação mãe-criança e do ambiente familiar nos resultados cognitivos e na adaptação social da criança (NICHD 2002). Uma intervenção direcionada à estimulação precoce pode ser concebida para crianças bem pequenas. Por exemplo, a avaliação de um programa jamaicano semanal de visitas domiciliares nas primeiras 8 semanas de vida mostrou que as crianças participantes do programa mostraram mais capacidade de solucionar problemas aos 7 meses do que aquelas do grupo controle (ver Quadro 3.2.1). Durante as visitas domiciliares, foi mostrado aos pais como se comunicar com os filhos, respondendo às suas solicitações e demonstrando afeição (Meeks-Gardner et al. 2003).

O Bom Ambiente Familiar e a Educação Precoce Melhora a Prontidão Escolar em Crianças de 2 Anos ou Mais

Após os 2 anos de idade, a boa nutrição continua a desempenhar um papel importante no crescimento e desenvolvimento da criança. Crianças a partir de 2 anos de idade que ingressam na escola também fazem grandes progressos no desenvolvimento cognitivo (compreensão de conceitos), na aquisição da linguagem (compreensão e utilização de vocabulário mais amplo, frases mais longas e complexas), e no desenvolvimento socioemocional (gostam de brincar com os colegas), bem como em habilidades pré-escolares (segurar um lápis, reconhecer letras e números). Os pais podem incentivar esse processo, proporcionando às crianças um ambiente estimulante.

O ambiente familiar deve ser propício à aprendizagem. As práticas familiares que auxiliam na aprendizagem são particularmente importantes para as crianças de 2 a 6 anos de idade. Por exemplo, um estudo longitudinal em larga escala no Reino Unido constatou que as atividades domésticas que visivelmente proporcionavam oportunidades de aprendizado para as crianças (por exemplo, ouvir histórias, brincar com números, pintar e desenhar, aprender letras e números) tiveram efeitos positivos significativos sobre o nível de aprendizagem das letras e números aos 5 anos (Sylva et al. 2008). Da mesma forma, estudos realizados nos Estados Unidos mostraram uma relação significativa entre as oportunidades de aprendizagem em casa (por exemplo, a frequência com que se liam histórias, número de visitas a bibliotecas ou museus e número

Quadro 3.2.1

Estudos de Intervenção em Estimulação Precoce na Jamaica

Crianças com baixo peso ao nascer muitas vezes enfrentam múltiplos fatores de risco. Estudos identificaram o baixo peso como fator de risco para o desenvolvimento cognitivo das crianças (Matte et al. 2001; Richards et al. 2001), especialmente quando combinado com pobreza e baixa escolaridade das mães.

Um estudo controlado aleatório, em Kingston, na Jamaica, de um programa de visita domiciliar com foco na estimulação precoce foi concebido para crianças com baixo peso ao nascer (Meeks-Gardner et al. 2003). Cento e quarenta crianças com baixo peso ao nascer foram divididas aleatoriamente em grupos controle ou e tratamento. O estudo também acompanhou 94 crianças com peso normal. A intervenção visava aumentar a quantidade de interação entre as mães e os bebês por meio de visitas domiciliares semanais de 1 hora por agentes comunitários de saúde nas primeiras oito semanas de vida das crianças. Os agentes também utilizaram brinquedos feitos em casa e os deixaram na residência.

Ao completarem 7 meses, as crianças foram avaliadas quanto à capacidade de resolver problemas usando testes de "apoio" e de "cobertura",[1] e quanto ao comportamento. Os resultados do teste mostraram que os bebês no grupo de tratamento tiveram resultados significativamente superiores aos do grupo controle e eram mais cooperativos durante a sessão. Em comparação com os bebês de peso normal, as crianças com baixo peso ao nascer do grupo de tratamento tiveram resultados significativamente inferiores apenas no teste de apoio e apresentaram resultados similares no teste de abrangência, bem como em várias avaliações de comportamento, enquanto as crianças do grupo controle (também com baixo peso ao nascer) tiveram pontuações inferiores em ambos os testes, vocalizavam menos, e eram menos cooperativas, felizes e ativas do que os recém-nascidos com peso normal.

de livros em casa) e várias medidas de desenvolvimento da criança durante a primeira infância, como desenvolvimento motor e social precoce, vocabulário, bons resultados na pré-escola e menos problemas de comportamento (Bradley et al. 2001; National Institute of Child Health and Human Development Early Child Care Research Network 2005).

A forma como os pais se comunicam com os filhos, bem como as atividades de que participam com as crianças, têm efeitos positivos em toda a situação socioeconômica. Por exemplo, a pobreza durante a infância está fortemente associada a piores resultados no desenvolvimento infantil nos Estados Unidos, mas tal associação parece em parte neutralizada por boas práticas de cuidados dos pais, como ser caloroso e receptivo às crianças e proporcionar estímulo para a alfabetização (Mistry et al. no prelo; NICHD 2002). A aprendizagem precoce baseada na família também pode ser uma opção de programa viável em alguns países. Por exemplo, o Projeto de Enriquecimento Precoce, da Turquia, treinou mães de crianças de 3 a 5 anos para trabalharem com seus filhos com materiais educativos durante dois anos. As crianças que participaram desse projeto não só mostraram melhorias significativas nas habilidades cognitivas e em sua adaptação social ao final do programa do que crianças do grupo controle, mas sete anos depois, já adolescentes, também estavam mais propensas a permanecer na escola e ter melhor desempenho acadêmico e a serem mais ajustadas à família e à sociedade (Kagitçibasi, Sunar e Bekman 2001).

Oportunidades de interagir com outras crianças. Estudos sobre crianças em ambiente pré-escolar nos países desenvolvidos sugerem que as crianças que obtiveram mais benefícios cognitivos foram aquelas que entraram em um programa baseado em centro entre os 2 e 3 anos de idade (Loeb et al. 2007). Isso pode indicar que as crianças nessa faixa etária aprendem não só com os membros da família mas também com as outras crianças. Embora o acesso à pré-escola possa não estar amplamente disponível entre as faixas de baixa renda, os pais podem criar oportunidades para as crianças brincarem juntas ou participar de atividades de aprendizagem em grupo.

O Comportamento Sensível e Positivo dos Pais e o Empenho de Ambos Aumentam as Chances de Sucesso Acadêmico da Criança e Ajudam a Desenvolver Suas Habilidades Cognitivas e Socioemocionais

Um bom ambiente familiar é um fator chave para o desenvolvimento durante toda a infância. As regras e práticas familiares variam consideravelmente entre as culturas, mesmo dentro de um mesmo país, e a experiência das crianças em casa varia muito, dependendo de sua etnia, idade e grau de pobreza (Bradley et al. 2001). Assim, torna-se difícil determinar qual o conjunto de comportamentos dos pais, ou estilo particular de educação, que mais auxilia o desenvolvimento da criança. No entanto, estudos em países desenvolvidos encontraram associações positivas entre os resultados cognitivos e/ou socioemocionais da criança e alguns aspectos familiares, inclusive o carinho e a disponibilidade, o que proporcionou oportunidades de aprendizagem adequadas à idade (ou seja, brincadeiras e experiências), incentivando a autonomia, a exploração e a aprendizagem (Bradley 2002).

Relacionamento adulto-criança. Alguns aspectos do relacionamento pais-filho, em especial a sensibilidade e responsividade da mãe, têm sido associados ao desenvolvimento cognitivo e socioemocional das crianças. Por exemplo, uma relação mais íntima e afetuosa entre a mãe e o bebê durante brincadeiras foi associada a habilidades sociais e funções executivas superiores (hábitos de trabalho e tolerância à frustração), transição mais tranquila para a escolarização formal e ausência de problemas de comportamento relatados pelos educadores no jardim de infância (Pianta, Nimetz e Bennett 1997). Além disso, outro estudo verificou que quando as mães são carinhosas e sensíveis aos sentimentos das crianças, e oferecem incentivo, apoio e instruções adequadas quando necessário, as crianças tendem a ter melhor desempenho acadêmico da 2.ª à 4.ª série (Pianta e Harbers 1996).

Envolvimento do pai. Alguns estudos das relações pai-filho sugerem a importância do relacionamento pai-filho no desenvolvimento da linguagem e competências acadêmicas precoces (Pancsofar, Vernon-Feagans e Family Life Project Investigators, no prelo; Martin, Ryan e Brooks-Gunn 2007). Um estudo realizado nos Estados Unidos verificou que o envolvimento do pai na vida das crianças influencia a satisfação e o sofrimento psíquicos no início da idade adulta (Amato 1994). Outro estudo feito no Reino Unido descobriu que quando pais e mães se envolviam na vida de seus filhos de 7 anos de idade, um independentemente do outro, as crianças permaneceram na escola até os 20 anos (Flouri e Buchanan 2004).

Também ficou provado que os programas educativos para os pais podem melhorar suas habilidades como pais. Por exemplo, uma avaliação do programa U.S. Early Head Start mostra que entre os pais que participaram do programa havia significativamente menos relatos de surras nos filhos do que entre os pais do grupo controle. Os pais do Early Head Start também mostraram ser menos intrusivos e mais atentos durante brincadeiras, enquanto as crianças participantes foram mais capazes de envolver os pais em diversas atividades (Love et al. 2002). Assim, vários programas procuram envolver os pais em programas educativos, de forma a atender às necessidades e expectativas específicas dos pais. Na Jordânia, por exemplo, o Programa Paternidade Responsável começou a ter efeito sobre os pais depois que imãs foram treinados para ensinar a esses pais as técnicas positivas de criação dos filhos nas mesquitas, logo após as orações de sexta-feira (UNICEF 2009).

Estratégias para Mudar o Comportamento da Família

Aconselhamento e Aprendizagem Baseada em um Currículo são as Estratégias Mais Utilizadas em Programas Educativos para os Pais que Visam Mudar o Comportamento Familiar, e Muitos Programas Combinam as Duas Técnicas

Informações sobre cuidados infantis voltadas aos pais podem ser divulgadas por vários canais em várias localidades. O modo de implementar o programa pode variar de reuniões regulares na comunidade, em que todos os pais participantes se reúnem e discutem suas necessidades como um grupo; de contatos com a família no contexto das atividades relacionadas à saúde, como maternidades (hospitais amigos da criança), campanhas de vacinação, ou acompanhamento do crescimento; até visitas domiciliares, onde profissionais ou paraprofissionais visitam cada família individualmente. As abordagens mais comuns e mais promissoras são analisadas a seguir.

Aconselhamento. É uma das estratégias mais utilizadas na educação dos pais. Parece ser eficaz em promover o aleitamento materno e melhorar a alimentação complementar (Bhutta et al. 2008; Penny et al. 2005). Por exemplo, uma meta-análise de intervenções visando ao aleitamento concluiu que tanto o aconselhamento individual quanto em grupo aumentaram as chances de aleitamento materno exclusivo no período neonatal e até os 6 meses de idade (Bhutta et al. 2008). O estudo de Cochrane de 34 estudos sobre aleitamento materno também identificou a eficácia do aconselhamento face a face (em comparação ao por telefone) (Britton et al. 2007). O estudo também verificou que os cursos de aconselhamento em aleitamento oferecidos pela Organização Mundial da Saúde e pelo Fundo das Nações Unidas para a Infância (OMS/UNICEF) são uma ferramenta eficaz para a formação de profissionais.

Por outro lado, os resultados são mistos para os programas de aconselhamento que se concentram na estimulação/aprendizagem na primeira infância. Enquanto uma série de estudos rigorosos dos programas, que incluem orientação ou componentes de gestão de casos tem mostrado resultados positivos para as crianças e os pais (Gomby, Culross e Behman 1999), algumas avaliações não encontraram nenhum efeito significativo dos programas nos resultados infantis (Goodson et al. 2000); outros estudos verificaram que esses programas tiveram resultados positivos em apenas duas situações: quando combinados com atividades para as crianças baseadas em centros (Wasik et al. 1990; Love et al. 2005) ou entre grupos específicos de beneficiários ou localizações geográficas.

A qualidade da equipe do programa, ou seja, dos conselheiros, visitantes domiciliares e educadores dos pais, é um dos elementos mais importantes de qualquer programa educativo para os pais. Parece que tanto a equipe de profissionais quanto seus colegas conselheiros são eficazes na promoção do aleitamento materno (Britton et al. 2007). No entanto, ao analisar os programas de aconselhamento com foco na estimulação/aprendizagem precoce, há apenas evidências limitadas e mistas sobre as qualidades do pessoal necessárias para que os programas sejam eficazes. Os resultados de uma meta-análise de programas de visita domiciliar nos Estados Unidos indicam que as visitas domiciliares dos profissionais têm mais impacto sobre o desenvolvimento cognitivo das crianças, mas as os *paraprofissionais* foram mais eficazes na redução do abuso infantil (Sweet e Appelbaum 2004). Por sua vez, os resultados de um ensaio clínico aleatório do Programa de Parceria Enfermeira-Família, obtidos em diferentes tipos de visita domiciliar (enfermeiras e paraprofissionais) voltados a famílias de baixa renda nos Estados Unidos, indicaram que o modelo de visita de enfermeiras teve maiores efeitos sobre uma ampla gama de comportamentos maternos, e os efeitos significativos se mantiveram apenas entre crianças que receberam visitas domiciliares profissionais (Olds et al. 2002; 2004).

Aprendizagem baseada no currículo tem sido frequentemente utilizada em programas educativos para os pais para melhorar o desenvolvimento cognitivo e socioemocional das crianças e resolver problemas comportamentais. Esses programas podem ser oferecidos durante visitas domiciliares, em salas de aula ou workshops, ou uma combinação destes. Por exemplo, o Projeto de Enriquecimento Precoce, da Turquia, mencionado anteriormente, utilizou visitas domiciliares quinzenais e reuniões em grupo quinzenais em semanas alternadas. Utilizando um currículo baseado no programa HIPPY (Programa de Instrução Domiciliar para Crianças em Idade Pré-Escolar), as mães receberam material pedagógico semanalmente e instruções sobre como usar o material com os filhos. As reuniões em grupo consistiram de discussões orientadas sobre vários temas, como nutrição, saúde infantil, atividades lúdicas, disciplina e comunicação entre pais e filhos. Outros modelos promissores baseados no currículo foram testados em vários locais, inclusive o programa Incredible Years (com evidências nos resultados da criança em sua maioria advindas dos estudos sobre crianças de alto risco e com problemas comportamentais), DARE to be You e Parents as Teachers; alguns desses programas também têm sido implementados nos países em desenvolvimento (ver Tabela 3.2.2) (Karoly, Kilburn e Cannon 2005).

O currículo baseado em oportunidades de aprendizagem também tem sido frequentemente oferecido a gestantes dos países desenvolvidos, especialmente entre as populações de alto risco, como adolescentes e mulheres de baixa condição socioeconômica, com variados graus de sucesso, sendo que o objetivo da intervenção é, em geral, um melhor acompanhamento da gravidez e dos cuidados com os bebês, incluindo iniciação ao aleitamento (Clewell, Brooks-Gunn e Benasich 1989).

Adaptar os modelos educativos para os pais a grupos de baixa renda. Adaptar esses modelos a grupos de baixa renda representa um importante desafio, mas isso pode ser resolvido por meio de uma avaliação cuidadosa das necessidades, crenças e práticas educativas das mães, assim como seu método preferido de aprendizagem (Nota 3.3). Por exemplo, na Tailândia, há evidências de que os videoclipes são úteis no trabalho de aumentar a conscientização de pais analfabetos sobre a capacidade de percepção precoce da criança como indivíduo, e a importância da interação mãe-filho, das brincadeiras e da alimentação suplementar (Kotchabhakdi 1988).

A combinação de aconselhamento e aprendizagem baseada no currículo. A maioria dos programas educativos para os pais com foco nos resultados cognitivos, socioemocionais e comportamentais da criança envolve aconselhamento, em que os pais educadores/visitantes domiciliares atendem às necessidades individuais de cada família e criança, e aprendizagem baseada no currículo, por meio da qual os pais recebem informações-chaves sobre os cuidados infantis e parentais. Em tais programas o foco no DPI é associado a mudanças no comportamento da família. Por exemplo, o *Early Head Start Study*, nos Estados Unidos, descobriu que mais visitas domiciliares focadas na criança (ou seja, visitas que visam o desenvolvimento da criança em vez de abordar questões familiares) resultaram em maior impacto sobre o desenvolvimento cognitivo das crianças e da linguagem (Raikes et al. 2006). Um estudo qualitativo em profundidade do projeto *Parents as Teachers*, nos Estados Unidos, identificou vários desafios à implementação de programas de qualidade, incluindo a ênfase no papel educativo dos pais como provedores de informação e educação, além de fornecer apoio social e fornecer informações e demonstrações explícitas sobre os comportamentos desejados (Hebbeler e Gerlach-Downie 2002).

A Aprendizagem Centrada na Comunidade também Pode ser Eficaz em Alguns Contextos

A aprendizagem centrada na comunidade oferecida por grupos de mulheres pode ser uma opção viável e sustentável em países com tradições de ações populares. Por exemplo, um ensaio de abordagem baseada na comunidade, no Nepal, facilitou as discussões nas aldeias entre as mulheres do projeto sobre vários assuntos, como parto e cuidados infantis; assim, esses grupos formularam e implementaram estratégias para resolver os problemas em comum (como recursos destinados pela comunidade à saúde materna ou aos cuidados infantis, visitas domiciliares por um membro do grupo às mulheres no início da gravidez). No processo, os participantes do programa pediram e receberam informações sobre saúde e cuidados materno-infantis. A avaliação do impacto do programa encontrou menores taxas de mortalidade neonatal, melhor utilização dos serviços pré-natal e de parto, e melhores práticas de cuidados domésticos nas comunidades que participaram do programa do que nas comunidades controle (Manandhar et al. 2004). Resultados semelhantes foram encontrados no estudo original dessa abordagem do Projeto Warmi, na Bolívia (O'Rourke, Howard-Grabman e Seoane 1998).

Tabela 3.2.2 Modelos Educativos para os Pais

Modelo	*Objetivos*	*Idade de ingresso e saída*	*Principais conteúdos, intensidade e duração*
DARE to Be You	Melhorar as competências parentais e o desenvolvimento infantil de forma a contribuir para a que a criança não se torne dependente de drogas mais tarde na vida	Ingresso e saída: 2-5 anos	*Workshops* para pais e filhos com foco em competências parentais e atividades adequadas ao desenvolvimento infantil. Duração: 15-18 horas de *workshops* de treinamento para os pais e simultaneamente programas para as crianças, de preferência em um período de 10-12 semanas
HIPPY (Programa de Instrução Domiciliar para Crianças em Idade Pré-Escolar)	Ajudar os pais com escolaridade limitada a preparar os filhos para ingressar na escola	Ingresso: 3 a 4 anos Saída: 5 anos	Aulas e livros para os pais com atividades a serem desenvolvidas com as crianças. Visitas quinzenais domiciliares por paraprofissionais durante 45-60 minutos; os pais usam os materiais HIPPY com as crianças pelo menos por 15 minutos diários; os pais participam de reuniões quinzenais. Duração: 30 semanas por ano durante 2 anos
Incredible Years	Promover a competência social e emocional da criança e tratar seus problemas comportamentais e emocionais	Ingresso e saída: 2-8 anos	Aulas para os pais e programas infantis. Duração: pais 12-14 semanas, 2 horas por semana; crianças 18-20 semanas, 2 horas por semana.
Parents as Teachers	Capacitar os pais a dar aos filhos um bom começo de vida, preparar as crianças para ingressar na escola e prevenir e reduzir o abuso infantil	Ingresso: pré-natal ou criança com menos de 8 meses Saída: 3-6 anos	Visitas domiciliares por pais educadores; reuniões em grupo com os pais; triagem para o desenvolvimento da saúde, visão e audição; e criação de redes para atender às necessidades da família. Duração: visitas domiciliares semanais ou mensais/reuniões em grupo, 60 a 90 minutos.

Fonte: Karoly, Kilburn e Cannon (2005).

Desafios da Implementação de Programas Educativos para os Pais

Um dos problemas mais comuns na implementação de programas educativos para os pais é o baixo nível de participação dos pais. Em alguns casos, as informações podem não ser suficientes para mudar comportamentos familiares, porque os pais não são capazes de transformar seus conhecimentos em ação. Em especial, programas educativos para os pais não costumam ter efeitos significativos sobre os resultados da criança quando a participação é baixa ou quando a informação isolada não é suficiente.

Quando a Participação é Insuficiente

Ao conceber um programa educativo para os pais, pode-se constatar que a frequência e a duração planejada do programa não refletem o valor real dos serviços prestados à família, uma vez que o nível de envolvimento dos pais é baixo. Uma revisão de vários modelos de programas educativos para os pais nos Estados Unidos descobriu que um dos problemas de execução mais comuns é o elevado nível de atrito e baixo nível de envolvimento dos pais no programa. Segundo esse estudo, cerca de 40 por cento das famílias convidadas a se inscrever em um programa de visitas domiciliares se recusaram a participar, e apenas 50 por cento daquelas que se inscreveram completaram efetivamente o programa (Gomby 2005).

É importante considerar também a qualidade da participação dos pais. Um exame atento feito por Raikes et al. (2006) do *Early Head Start Research and Evaluation Project Data*, nos Estados Unidos, mostrou que o nível de envolvimento dos pais no programa (conforme medido por avaliações globais de envolvimento da equipe e medições de envolvimento em cada visita domiciliar) estava correlacionado ao melhor desenvolvimento cognitivo e linguístico da criança, ao maior apoio dos pais à aquisição e aprendizagem da linguagem e a um melhor ambiente doméstico global. A baixa adesão ao programa e as altas taxas de atrito, bem como a baixa qualidade da participação, podem ser resultado da desconexão que às vezes ocorre entre os conteúdos programáticos e as expectativas e necessidades dos pais, ou de outras razões mais práticas, tais como horário ou localização inconvenientes.

Quando a Informação Apenas Não Basta

Em certas circunstâncias, os pais podem não ser capazes de mudar suas práticas parentais. Em particular, as informações sobre nutrição podem não ser suficientes para prevenir ou reverter o raquitismo entre as crianças pequenas, e os tipos de intervenções mais promissoras podem variar dependendo do público-alvo. Uma meta-análise de 10 programas visando à melhoria das práticas de alimentação complementar por meio da educação dos pais descobriu que apenas três dos programas realizados com populações com práticas de alimentação saudável (levando em conta uma renda média de mais de US$ 1 por pessoa por dia) produziu efeitos positivos sobre a altura para a idade das crianças (Bhutta et al. 2008). Além disso, uma análise conjunta de sete avaliações de programas dirigidos a populações com práticas alimentares não saudáveis (conforme definidas acima) descobriu que a altura para a idade aumentou apenas entre aqueles que receberam suplementação alimentar (além ou em vez de educação dos pais) (Bhutta et al. 2008). Portanto, uma combinação de educação sobre nutrição e saúde com suplementos alimentares ou programas de geração de renda, incluindo as Transferências Condicionadas de Renda (ver Nota 3.4), pode ser mais relevante para determinadas populações.

Da mesma forma, as informações sobre a estimulação precoce podem não ser suficientes para promover mudanças de comportamento dos pais se o tempo de que dispõem é limitado (isto é, se estão tão envolvidos em atividades geradoras de renda que não podem se envolver em atividades estimulantes com seus filhos). Outras estratégias, como treinar outros membros da família para brincar e interagir com as crianças pequenas, podem ser úteis em tais situações.

Programas de DPI para a Mudança de Comportamento em Saúde, Nutrição e Cuidados Parentais: Resumo e Avanços

Considerações Importantes sobre sua Implementação

- Deve-se promover abordagens integradas, que incluam saúde, nutrição e estimulação para a aprendizagem precoce.
- Deve-se identificar as principais intervenções por meio do mapeamento de vulnerabilidades e de oportunidades para a população-alvo.
- Deve-se focar as crianças-alvo mais vulneráveis a riscos específicos (por exemplo, crianças com menos de 2 anos, no caso de desnutrição, as meninas e as crianças carentes).
- Deve-se contratar pessoal profissional quando disponível e assegurar sua formação adequada para melhorar o desempenho da equipe e a qualidade global do serviço.
- Deve-se transmitir mensagens por escrito e de forma direta durante as sessões; e demonstrar e incentivar explicitamente os comportamentos desejáveis.
- É preciso se certificar de que ambos os pais participem do maior número de sessões possível e que se envolvam totalmente durante as sessões.

Novas Áreas de Pesquisa

- Estudar formas práticas para que a estimulação precoce e mensagens de aprendizado possam ser adicionadas aos serviços de saúde e nutrição para a primeira infância e suas famílias.
- Estudar a combinação ideal entre informações sobre nutrição, saúde, higiene e informação e aconselhamento sobre estimulação e aprendizagem precoce.
- Avaliar a eficácia dos programas educativos para pais apenas (isto é, não combinados com programas baseados em centros) sobre os resultados cognitivos, acadêmicos e socioemocionais das crianças de diversos grupos etários.
- Medir os efeitos no longo prazo dos programas educativos para os pais sobre os resultados do desenvolvimento da criança.
- Avaliar em que medida a escolaridade da mãe e outras variáveis no âmbito da família e da comunidade desempenham um papel mediador sobre o impacto na saúde e nutrição ou em programas educativos para os pais, particularmente as intervenções comportamentais.
- Estudar as formas ideais de ampliar os pequenos programas bem-sucedidos.

- Avaliar as interações entre o componente baseado em centros e a educação dos pais no componente dos programas de práticas de cuidados parentais usando uma abordagem mista que inclua tanto os serviços baseados em centros quanto os dirigidos aos pais.
- Avaliar as relações entre os detalhes dos programas educativos para os pais (inclusive currículo, qualificação do pessoal, intensidade, duração e local de prestação de serviços) e os resultados das crianças nos países em desenvolvimento.
- Medir a relação custo-efetividade de diferentes estratégias de aprendizagem.

Nota

1. Durante o teste de apoio, os observadores testaram se a criança poderia recuperar um brinquedo colocado sobre um pano, puxando o pano. No teste de cobertura, as crianças eram obrigadas a encontrar um brinquedo coberto com um pano, removendo o pano. As sessões foram filmadas para análise.

Bibliografia Fundamental

Bhutta, Z. A., T. Ahmed, R. E. Black, S. Cousens, K. Dewey, E. Giugliani, B. A. Haider, B. Kirkwood, S. S. Morris, H. P. Sachdev, M. Shekar e Maternal and Child Undernutrition Study Group. 2008. "What Works? Interventions for Maternal and Child Undernutrition and Survival." *The Lancet* 371 (9610): 417–440.

Bradley, R. 2002. "Environment and Parenting." In *Handbook of Parenting*, 2nd ed., ed. M. Bornstein. Hillsdale, NJ: Lawrence Erlbaum.

Evans, J. 2006. "Parenting Programmes: an Important ECD Intervention Strategy." Paper commissioned for the *Education for All Global Monitoring Report 2007: Strong Foundations: Early Childhood Care And Education.* Paris: United Nations Educational, Scientific and Cultural Organization.

Referências

Aboud, F. E., S. Shafique e S. Akhter. 2009. "A Responsive Feeding Intervention Increases Children's Self-Feeding and Maternal Responsiveness but Not Weight Gain." *Journal of Nutrition* 139 (9): 1738–43.

Amato, P. R. 1994. "Father-Offspring Relations, Mother-Child Relations, and Offspring Psychological Well-Being in Early Adulthood." *Journal of Marriage and the Family* 56 (4): 1031–42.

Bhutta, Z. A., T. Ahmed, R. E. Black, S. Cousens, K. Dewey, E. Giugliani, B. A. Haider, B. Kirkwood, S. S. Morris, H. P. Sachdev, M. Shekar e The Maternal and Child Undernutrition Study Group. 2008. "What Works? Interventions for Maternal and Child Undernutrition and Survival." *The Lancet* 371 (9610): 417–40.

Black, R. E., L. H. Allen, Z. Z. Bhutta, L. E. Caulfield, M. de Onis, M. Ezzati, C. Mathers e J. Rivera. 2008. "Maternal and Child Undernutrition: Global and Regional Exposures and Health Consequences." *The Lancet* 371 (9376): 243–60.

Black, R. E., S. S. Morris e J. Bryce. 2003. "Where and Why Are 10 Million Children Dying Every Year?" *The Lancet* 361 (9608): 2226–34.

Bradley, R. 2002. "Environment and Parenting." In: Bornstein, M. *Handbook of Parenting.* 2. ed. Hillsdale, NJ: Lawrence Erlbaum.

Bradley, R. H., R. F. Corwyn, M. Burchinal, H. P. McAdoo e C. G. Coll. 2001. "The Home Environments of Children in the United States Part II: Relations with Behavioral Development through Age Thirteen." *Child Development* 72 (6): 1868–86.

Britton, C., F. M. McCormick, M. J. Renfrew, A. Wade e S. E. King. 2007. "Support for Breastfeeding Mothers." *Cochrane Database of Systematic Reviews* Issue 1. Art. n.: CD001141.

Clewell, B. C., J. Brooks-Gunn e A. Benasich. 1989. "Evaluating Child-Related Outcomes of Teenage Parenting Programs." *Family Relations* 38 (2): 201–09.

Dearden, K. A., S. Hilton, M. E. Bentley, L. E. Caulfield, C. Wilde, P. B. Ha e D. Marsh. 2009. "Caregiver Verbal Encouragement Increases Food Acceptance among Vietnamese Toddlers." *Journal of Nutrition* 139 (7): 1387–92.

Dewey, K. G. e S. Abu-Afarwuah. 2008. "Systematic Review of the Efficacy and Effectiveness of Complementary Feeding Interventions in Developing Countries." Web appendix in Bhutta et al. 2008.

Engle, P. e L. Lhotska. 1999. "The Role of Care in Programmatic Actions for Nutrition: Designing Programmes Involving Care." *Food and Nutrition Bulletin* 20 (1): 121–35.

Evans, J. 2006. "Parenting Programmes: an Important ECD Intervention Strategy." Paper commissioned for the *Education for All Global Monitoring Report 2007: Strong Foundations: Early Childhood Care and Education*. Paris: United Nations Educational, Scientific and Cultural Organization.

Flouri, E. e A. Buchanan. 2004. "Early Father's and Mother's Involvement and Child's Later Educational Outcomes." *British Journal of Educational Psychology* 74 (jun.): 141–53.

Gomby, D. 2005. *Home Visitation in 2005: Outcomes for Children and Parents*. Washington, DC: Committee for Economic Development, Invest in Kids Working Group.

Gomby, D., P. Culross e R. Behman. 1999. "Home Visiting: Recent Program Evaluations—Analysis and Recommendations." *The Future of Children* 9 (1) (primavera/verão).

Goodson, B. D., J. I. Layzer, R. G. St. Pierre, L. S. Bernstein e M. Lopez. 2000. "Effectiveness of a Comprehensive, Five-Year Family Support 120 Investing in Young Children Program For Low-income Children and Their Families: Findings from the Comprehensive Child Development Program." *Early Childhood Research Quarterly* 15 (1): 5–39.

Guldan, G. S., H. C. Fan, X. Ma, Z. Z. Ni, X. Xiang e M. Z. Tang. 2000. "Culturally Appropriate Nutrition Education Improves Infant Feeding and Growth in Rural Sichuan, China." *Journal of Nutrition* 130 (5): 1204–11.

Hebbeler, K. M. e S. G. Gerlach-Downie. 2002. "Inside the Black Box of Home Visiting: A Qualitative Analysis of Why Intended Outcomes Were Not Achieved." *Early Childhood Research Quarterly* 17 (1): 28–51.

Kagitçibasi, C., D. Sunar e S. Bekman. 2001. "Long-Term Effects of Early Intervention: Turkish Low-Income Mothers and Children." *Journal of Applied Developmental Psychology* 22 (4): 333–61.

Karoly, L. A., M. R. Kilburn e J. S. Canon. 2005. "Early Childhood Interventions: Proven Results, Future Promise." Santa Monica, CA: RAND Corporation.

Kotchabhakdi, N. 1988. *A Case Study: The Integration of Psychosocial Components of Early Childhood Development into a Nutrition Education Programme of Northeast Thailand*. Paper preparado para o Third Inter-Agency Meeting of the Consultative Group on Early Childhood Care and Development, Jan. 12–14, Washington, DC, como citado em Evans, J. 2006.

Loeb, S., M. Bridges, D. Bassok, B. Fuller e R.W. Rumberger. 2007. "How Much Is Too Much? The Influence of Preschool Centers on Children's Social and Cognitive Development." *Economics of Education Review* 26 (1): 52–66.

Love, J. M., E. E. Kisker, C. M. Ross, P. Z. Schochet, J. Brooks-Gunn, D. Paulsell, K. Boller, J. Constantine, C. Vogel, A. S. Fuligni e C. Brady-Smith. 2002. *Making a Difference in the Lives of Infants and Toddlers and Their Families:*

The Impacts of Early Head Start. Publication 2002-06-00. Washington, DC: U.S. Department of Health and Human Services.

______. 2005. "The Effectiveness of Early Head Start for 3-Year-Old Children and Their Parents." *Developmental Psychology* 41 (6): 885–901.

Manandhar, D. S., D. Osrin, B. P. Shrestha, N. Mesko, J. Morrison, K. M. Tumbahangphe, S. Tamang, S. Thapa, D. Shrestha, B. Thapa, J. R. Shrestha, A. Wade, J. Borghi, H. Standing, M. Manandhar, A. M. del Costello e membros do MIRA Makwanpur trial team. 2004. "Effect of a Participatory Intervention with Women's Groups on Birth Outcomes in Nepal: Cluster-Randomised Controlled Trial." *The Lancet* 364 (9438): 970–79.

Martin, A., R. M. Ryan e J. Brooks-Gunn. 2007. "The Joint Influence of Mother and Father Parenting on Child Cognitive Outcomes at Age 5." *Early Childhood Research Quarterly* 22 (4): 423–39.

Matte T. D., M. Bresnahan, M. D. Begg e E. Susser. 2001. "Influence of Variation in Birth Weight Within Normal Range and Within Sibships on IQ at Age 7 Years: Cohort Study." *British Medical Journal* 323 (7308): 310–14.

Meeks-Gardner, J., S. P. Walker, C. A. Powell e S. Grantham-McGregor. 2003. "A Randomized Controlled Trial of a Home-Visiting Intervention on Cognition and Behavior in Term Low Birth Weight Infants." *Journal of Pediatrics* 143 (5): 634–39.

Mistry, R. S., A. D. Benner, J. Biesanz, S. Clark, C. Howes. No prelo. "Family and Social Risk, and Parental Investments During the Early Childhood Years as Predictors of Low-Income Children's School Readiness Outcomes." *Early Childhood Research Quarterly*.

National Institute of Child Health and Human Development Early Child Care Research Network. 2005. "Duration and Developmental Timing of Poverty and Children's Cognitive and Social Development from Birth through Third Grade." *Child Development* 76 (4): 795–810.

Naudeau, S. 2009. "Supplementing Nutrition in the Early Years: The Role of Early Childhood Stimulation to Maximize Nutritional Inputs." *Child and Youth Development Notes* 3 (1) (mar.). Washington, DC: World Bank.

Nelson, C. 2007. "A Neurobiological Perspective on Early Human Deprivation." *Child Development Perspectives* 1 (1): 13–18.

NICHD (Early Child Care Research Network). 2002. "Early Child Care and Children's Development Prior to School Entry: Results from the NICHD Study of Early Child Care." *American Educational Research Journal* 39: 133–164.

Olds, D., H. Kitzman, R. Cole, J. Robinson, K. Sidora, D. W. Luckey, C. R. Henderson, Jr., C. Hanks, J. Bondy e J. Holmberg. 2004. "Effects of Nurse Home-Visiting on Maternal Life Course and Child Development: Age 6 Follow-Up Results of a Randomized Trial." *Pediatrics* 114: 1550–59.

Olds, D. L., J. Robinson, R. O'Brien, D. W. Luckey, L. M. Pettitt, C. R. Henderson Jr., R. K. Ng, K. L. Sheff, J. Korfmacher, S. Hiatt e A. Talmi. 2002. "Home Visiting by Paraprofessionals and by Nurses: A Randomized, Controlled Trial." *Pediatrics* 110 (3): 486–96.

O'Rourke, K., L. Howard-Grabman e G. Seoane. 1998. "Impact of Community Organization of women on Perinatal Outcomes in Rural Bolivia." *Pan American Journal of Public Health* 3 (1): 9–14.

Pancsofar, N., L. Vernon-Feagans e Family Life Project investigators. No prelo. "Fathers' Early Contributions to Children's Language Development in Families from Low-Income Rural Communities." *Early Childhood Research Quarterly.*

Penny, M. E., H. M. Creed-Kanashiro, R. C. Robert, M. R. Narro, L. E. Caulfield e R. E. Black. 2005. "Effectiveness of an Educational Intervention Delivered through the Health Services to Improve Nutrition in Young Children: A Cluster-randomised Controlled Trial." *The Lancet* 365 (9474): 1863–72.

Pianta, R. C. e K. L. Harbers. 1996. "Observing Mother and Child Behavior in a Problem-Solving Situation at School Entry: Relations with Academic Achievement." *Journal of School Psychology* 34 (3): 307–22.

Pianta, R. C., S. L. Nimetz e E. Bennett. 1997. "Mother-Child Relationships, Teacher-Child Relationships, and School Outcomes in Preschool and Kindergarten." *Early Childhood Research Quarterly* 12 (3): 263–80.

Raikes, H., B. Green, J. Atwater, E. Kisker, J. Constantine e R. Chazan--Cohen. 2006. "Involvement in Early Head Start Home Visiting Services: Demographic Predictors and Relations to Child and Parent Outcomes. *Early Childhood Research Quarterly* 21 (1): 2–24.

Richards, M., R. Hardy, D. Kuh e M. E. Wadsworth. 2001. "Birth Weight and Cognitive Function in the British 1946 Birth Cohort: Longitudinal Population Based Study." *British Medical Journal* 322 (7280): 199–203.

Sweet, M. A. e M. I. Appelbaum. 2004. "Is Home Visiting an Effective Strategy? A Meta-analytic Review of Home Visiting Programs for Families with Young Children." *Child Development* 75 (5): 1435–56.

Sylva, K., E. C. Melhuish, P. Sammons, I. Siraj-Blatchford e B. Taggart. 2008. *Effective Pre-school and Primary Education 3–11 Project: Final Report from the Primary Phase: Pre-school School and Family Influence on Children's Development during Key Stage 2 (Age 7–11).* Research Report DCSFRR061. London: University of London, Institute of Education.

UNICEF (United Nations Children's Fund). 2009. "Jordan's Early Childhood Development Initiative: Making Jordan Fit for Children." *UNICEF MENARO Learning Series*, vol. 2.

Victora, C. G., L. Adair, C. Fall, P. C. Hallal, R. Martorell, L. Richter e H. S. Sachdev 2008. "Maternal and Child Undernutrition: Consequences for Adult Health and Human Capital." *The Lancet* 371 (9609): 340–57.

Wasik, B. H., C. T. Ramey, D. M. Bryant e J. J. Sparling. 1990. "A Longitudinal Study of Two Early Intervention Strategies: Project CARE." *Child Development* 61 (6): 1682–96.

World Bank. 2007. *Nutritional Failure in Ecuador: Causes, Consequences, and Solutions.* World Bank Country Study. Washington, DC: World Bank.

NOTA 3.3

Campanhas de Comunicação e Mídia Destinadas a Famílias com Crianças Pequenas

Muitos estudos de casos e avaliações formativas[1] sugerem que as campanhas de comunicação sobre saúde infantil, nutrição e desenvolvimento global são eficazes. No entanto, em apenas um estudo utilizou-se um projeto experimental para avaliar o impacto das campanhas de comunicação sobre os resultados relevantes para a criança e a família (Alderman 2007). Realizar avaliações de impacto rigorosas das campanhas de comunicação é um desafio por duas razões. Em primeiro lugar, porque as campanhas de comunicação são em geral acompanhadas de outras intervenções, tais como a introdução de novos bens ou serviços (por exemplo, a distribuição de mosquiteiros tratados com inseticida), ou o reforço dos serviços existentes, tornando assim difícil separar o impacto da campanha em si. Em segundo lugar, é difícil construir contrafatuais[2] na avaliação de campanhas de comunicação que usam meios de comunicação em massa (TV, rádio e jornais), seja porque toda a população está exposta a elas, seja porque a exposição está relacionada com a propriedade ou o acesso aos canais de comunicação utilizados (isto é, a propriedade da mídia), que não é aleatória.

Dada a limitada evidência sobre o impacto das campanhas de comunicação voltadas às famílias com crianças pequenas, esta nota procura (1) discutir conceitos gerais em campanhas de comunicação e como elas se aplicam ao DPI, (2) fornecer exemplos e estudos de caso sobre como as campanhas de comunicação têm sido concebidas para famílias com crianças pequenas e implementadas em vários países, e (3) resumir as lições aprendidas com essas experiências.

Princípios Gerais de Planejamento de Campanhas de Comunicação

Vários Tipos de Campanhas de Comunicação podem ser Implementados para Promover o DPI

As campanhas de comunicação utilizam os meios de comunicação e mensagem disponíveis, e um conjunto organizado de atividades de comunicação para gerar resultados específicos junto a grande número de indivíduos em um período de tempo determinado. Elas são uma tentativa de mudar os comportamentos das pessoas para obter resultados sociais desejáveis (Coffman 2002). Existem dois tipos principais de campanhas de comunicação. A *campanha a jusante* visa a populações específicas cujos comportamentos e práticas são considerados inadequados ou mesmo prejudiciais. As campanhas de comunicação para as famílias com crianças pequenas podem incluir mensagens sobre saúde infantil e desenvolvimento global. Elas geralmente têm como objetivo melhorar a atitude, o conhecimento e as práticas dos cuidadores e demais membros relevantes da comunidade, a fim de promover o desenvolvimento global das crianças. Na prática, tais campanhas podem visar ao aumento da duração do aleitamento materno, melhorar a higiene da família (práticas seguras de preparo dos alimentos, lavar as mãos etc.), alertar os pais sobre a importância e a disponibilidade de serviços específicos dentro de sua comunidade (vacinação, suplementação de vitamina A, sal fortificado com iodo), reduzir a incidência de castigos corporais e de abuso infantil e negligência, informar os pais sobre as principais fases de desenvolvimento pelas quais as crianças devem passar (por exemplo, as crianças devem começar a andar entre 8 e 18 meses), e fornecer aos pais dicas rápidas para garantir a segurança e estimular o desenvolvimento global de seus filhos (por exemplo, "nunca deixe a criança sozinha em uma superfície elevada", "fale/cante para seus filhos").

O segundo tipo é uma *campanha a montante*, que em geral visa a um público mais vasto e procura ganhar apoio público e político para as políticas e o custeio e para a construção de interesses comuns e de uma comunidade em prol de uma causa específica (Coffman 2002). Na prática, as campanhas de comunicação *a montante* incluem atividades destinadas a influenciar o governo e os políticos eleitos diretamente por meio de apoio, ou indiretamente, por meio da mudança da vontade política, para convencê-los a tomar medidas políticas.

Campanhas de Comunicação para o DPI Normalmente Têm Vários Públicos-Alvos e Utilizam Múltiplos Canais de Transmissão de Mensagens

A maioria das campanhas de comunicação é criada para vários públicos e tem estratégias globais para abranger tanto as comunicações *a montante* e como *a jusante*. Elas podem usar uma variedade de meios de comunicação, dependendo da tecnologia disponível e das condições de vida ou características específicas dos públicos-alvos. As opções de mídia incluem televisão (anúncios de serviços públicos, telenovelas, documentários), rádio (programação temática e entrevistas); publicações impressas (jornais, revistas, folhetos/panfletos, cartões de vacinação); cartazes, grafites, pôsteres; eventos especiais (feiras, peças teatrais, shows, mostras de vídeo); e tecnologia da informação e comunicação (internet, serviços de mensagens curtas [SMS] ou mensagens via celular).

Os programas de comunicação para o DPI geralmente têm como público-alvo os pais, os avós e outros cuidadores, mas alguns se destinam às crianças diretamente. Por exemplo, programas educativos, como *Vila Sésamo* (Fisch e Truglio 2000), e mensagens dirigidas a crianças pequenas foram transmitidas em programas de TV, anúncios de TV, quadrinhos, jingles e programas de rádio, e livros ilustrados em muitos países desenvolvidos, e cada vez mais nos países em desenvolvimento. Em alguns casos, as estratégias de comunicação se dirigem diretamente às crianças como agentes de mudança em sua comunidade. No modelo criança para criança, por exemplo, as crianças transmitem mensagens umas às outras no contexto de atividades escolares ou eventos culturais organizados dentro da comunidade (por exemplo, peças de teatro/músicas promovendo o saneamento e a educação em saúde). Essas estratégias de comunicação parecem promissoras, e as provas estão começando a surgir nos projetos voltados para adolescentes (ver, por exemplo, Sikkema et al. 2005); no entanto, não têm sido sistematicamente avaliadas nos projetos voltados à primeira infância.

O Setor Privado Pode ser um Parceiro Importante na Promoção de Mudanças de Comportamento; No entanto, Podem Existir Conflitos de Interesses

As campanhas de comunicação do setor privado para vender produtos específicos para famílias com filhos pequenos são muitas vezes chamadas de "marketing social". Elas usam conceitos e técnicas de marketing, incluindo publicidade e distribuição e venda de bens e serviços. Em alguns casos, os respectivos interesses dos setores empresarial e social em mudar comportamentos específicos entre a população-alvo estão alinhados. Por exemplo, lavar as mãos com sabão é uma das maneiras mais importantes de reduzir doenças diarreicas, e há benefícios óbvios para os setores público e privado na promoção dessa prática. De fato, lavar as mãos com mais frequência permitirá à indústria expandir seu mercado e vender mais sabão, e o governo pode se beneficiar da experiência do setor privado na elaboração de campanhas eficazes de comunicação para melhorar a saúde pública. Vários países têm experimentado parcerias público-privadas em campanhas de comunicação voltadas às famílias com crianças pequenas (World Bank 2002). Embora a eficácia e a eficiência dessas parcerias, em comparação com as campanhas tradicionais públicas de comunicação, não tenham sido documentadas, elas parecem promissoras.

Em outros casos, podem existir conflitos de interesses entre o governo e um setor da indústria específico quando se trata de promover o uso de produtos específicos para as famílias com filhos pequenos. Um exemplo clássico é a controvérsia em torno da comercialização de fórmulas infantis nos países em desenvolvimento, onde o acesso à água potável é limitado e nível de instrução das mulheres é baixo, o que pode expor as crianças aos perigos de usar água contaminada ou fórmulas diluídas. Em 1981, o Código Internacional de Comercialização dos Substitutos do Leite Materno foi adotado pela Assembleia Mundial de Saúde, e 65 países desde então têm promulgado leis implementando todas ou muitas de suas disposições. O código estabelece: que não deve haver absolutamente nenhuma promoção de substitutos ao leite materno ao público em geral; que nem os estabelecimentos de saúde, nem os profissionais de saúde devem promover substitutos ao leite materno; e que amostras grátis não devem ser fornecidas a mulheres grávidas, mães ou famílias. Este exemplo demonstra que tanto os governos individualmente quanto a comunidade internacional precisam estar particularmente vigilantes quando indústrias específicas se envolvem em campanhas de comunicação que vão contra os melhores interesses das crianças, e necessitam ser pró-ativos na tomada de medidas contra essa comercialização.

Estudos de Casos Selecionados

Como discutido anteriormente, o impacto das campanhas de comunicação é difícil de medir e raramente avaliado. No entanto, têm havido várias iniciativas promissoras em comunicar mensagens para promover o DPI. Os três exemplos seguintes ilustram como as mensagens para melhorar as práticas de cuidados da família com as crianças podem ser desenvolvidas e comunicadas por meio de mecanismos de difusão que estão em geral disponíveis em países em desenvolvimento.[3]

Uganda – Projeto de Nutrição e Desenvolvimento da Primeira Infância

A comunicação estratégica foi uma parte importante deste Projeto de Nutrição e Desenvolvimento da Primeira Infância em Uganda, financiado pelo Banco Mundial em 1995-2005 (Cabañero-Verzosa 2005), e seus componentes principais foram as seguintes:

- Um pacote integrado de cuidados infantis que mobilizou grupos de pais e cuidadores ao nível da comunidade. Feiras da Criança facilitadas por "animadores" (trabalhadores locais) foram realizadas a cada seis meses e serviram como uma prestação de serviços importantes e um canal de comunicação através do qual as comunidades podiam ter acesso a serviços de saúde e nutrição integrados para seus filhos;
- A comunidade forneceu subsídios e recursos para a inovação, que previam uma ajuda financeira a projetos de desenvolvimento da criança com a correspondente contribuição da comunidade em dinheiro ou em espécie; e
- Um programa de apoio nacional para o desenvolvimento infantil, que visava ao apoio a atividades de nível nacional, como: o monitoramento e a avaliação participativas; um programa de micronutrientes; o desenvolvimento de um currículo de DPI; informação, educação e comunicação (IEC) e a defesa dos direitos das crianças.

Esses componentes foram implementados utilizando a comunicação pública como uma estratégia integral. As atividades de comunicação centradas em (1) alimentação infantil, definida como o aleitamento materno até os 18 meses e a introdução da alimentação complementar não antes dos 6 meses de idade, (2) vermifugação de crianças, e (3) desenvolvimento precoce para crianças menores de 6 anos, com foco nas interações positivas com os pais e participação dos pais no cuidado das crianças. O projeto do programa utilizou uma combinação de mídias, e mensagens específicas foram criadas para diferentes públicos. Por exemplo, as mães de primeira viagem, grávidas e avós receberam mensagens, destinadas a cada grupo específico, sobre o momento ideal para iniciar a alimentação complementar por meio de aconselhamento, rádio, teatro, material impresso e cartazes. Diferentes mensagens e às vezes meios de comunicação diversos foram utilizados para diferentes públicos, como mães de crianças de 6 meses ou mais. Da mesma forma, as mensagens sobre as causas e consequências dos vermes e estratégias de prevenção foram comunicadas aos pais e responsáveis das crianças por meio de visitas domiciliares, reuniões, apresentações de vídeo nas áreas rurais, dia da criança e rádio. As atividades de comunicação foram realizadas em duas fases: a primeira fase (sensibilização) aumentou a consciência sobre os efeitos negativos a longo prazo da desnutrição e subnutrição, enquanto a segunda fase (motivação/aprovação) promoveu e incentivou a adoção de comportamentos positivos entre as famílias e comunidades.

A pesquisa formativa, que precedeu o projeto, incluiu (1) uma avaliação rápida para documentar as práticas locais de criação dos filhos e explorar as razões específicas para determinados comportamentos, (2) três estudos qualitativos em alimentação complementar, tratamento de vermes, e pesquisa de comunicação sobre o desenvolvimento da primeira infância, visando orientar uma dada audiência, os objetivos de mudança de comportamento, o desenvolvimento da mensagem, e o acompanhamento e implementação na fase de concepção do projeto; e (3) uma avaliação do ambiente de comunicação existente e sua capacidade.

A estratégia de comunicação tinha diferentes públicos-alvos, e a equipe produziu diferentes materiais de comunicação para cada um. Estes incluíam (1) a construção de uma rede de parlamentares que apoiavam a causa, a organização visitas de estudo e visitas de campo e a produção de fitas de áudio para defender e promover a conscientização das partes interessadas a montante (por exemplo, os parlamentares); e a realização de um curso à distância de seis semanas de aprendizagem em estratégias de comunicação para sensibilizar os meios de comunicação; (2) folhetos, encartes em jornais, oficinas locais, *spots* de rádio, shows itinerantes de entretenimento e educação para sensibilizar ainda mais a população; e (3) cartazes, anúncios em jornais, folhetos, *spots* de rádio, eventos na comunidade (ou seja, dia da criança e shows de entretenimento e educação), e serviços interpessoais, tais como aconselhamento nutricional e visitas domiciliares, para promover a mudança de comportamento dos pais de crianças pequenas.

Uma série de avaliações de impacto revelou que esse projeto resultou em crianças com maior peso para a idade entre as crianças participantes com menos de 12 meses, em comparação com as crianças das comunidades controle selecionadas aleatoriamente (Alderman 2007), e em melhoria nas práticas de aleitamento materno e alimentação complementar (ibid.). Além disso, as mães na área do projeto relataram mais atitudes e comportamentos positivos de apoio ao desenvolvimento das crianças,[4] e os pais relataram ter aumentado seu nível de envolvimento (avaliado por meio de quatro perguntas aos pais sobre as suas atividades com as crianças no dia anterior, e duas questões sobre sua atitude na criação das crianças) em comparação ao grupo controle (Britto, Engle e Alderman 2007).

Camboja – Campanha de Saúde Materno-Infantil

A Campanha de Saúde Materno-Infantil (SMI) do Camboja, implementada a partir de 2003 pela BBC World Service Trust, utilizou-se de múltiplos canais de mídia para oferecer uma grande variedade de mensagens para famílias com crianças pequenas, incluindo informações sobre saúde materno-infantil, HIV/AIDS, além de saúde sexual e reprodutiva. A campanha consistiu nas seguintes intervenções: 100 episódios da primeira novela de tevê do Camboja, que se passa em ambiente hospitalar ("Sabor da Vida"), uma fotonovela do programa de TV; três tipos de programas de rádio-telefone dirigidos a jovens, casais jovens e pais com crianças pequenas; e 23 anúncios de televisão e 22 *spots* de rádio. Essa campanha multimídia tinha como objetivo melhorar a saúde sexual, aumentando o uso de preservativos, e mudar as atitudes em relação às pessoas portadoras de HIV e AIDS. Também abordava a saúde dos bebês, incentivando a amamentação, aumentando o nível de conscientização sobre as infecções respiratórias agudas, e incentivando lavar as mãos para evitar a diarreia. Os programas tiveram grande alcance, sendo que 83 por cento dos telespectadores assistiram a "Sabor da Vida" pelo menos uma vez (BBC World Service Trust [c]), 27 por cento dos ouvintes de rádio sintonizaram o programa de rádio para os homens, 32 por cento o programa para os jovens (BBC World Service Trust [a]), e 19 por cento o programa de saúde materno-infantil (BBC World Service Trust [b]).

Uma avaliação comparou a diferença de conhecimento e atitude entre os telespectadores/ouvintes de qualquer programa de TV, rádio ou propaganda e os não telespectadores/ouvintes, e descobriu que os telespectadores/ouvintes estavam bem informados sobre as doenças da infância, como infecção respiratória aguda e tratamento da diarreia usando o sal de reidratação oral (Power 2005).

Programa Primeiro Passos nas Maldivas

Este programa de um ano de duração, iniciado pelo UNICEF em 1999, envolveu a capacitação para alimentar a mídia impressa, o rádio e a tevê para e sobre o DPI. Por meio de um estudo de base sobre conhecimentos, atitudes e práticas e uma série de workshops e visitas de campo, as seguintes 12 mensagens principais foram formuladas:

> (1) Os bebês comunicam-se desde o dia em que nascem. Eles nascem com a capacidade básica de aprender, ver, tocar, cheirar e provar; (2) O que o bebê mais precisa é de amor e atenção das pessoas importantes da família; (3) É importante que ambos os pais alimentem seus bebês e participem das práticas de cuidados. Há muitas maneiras simples de

> um pai que trabalha fora poder mostrar ao filho o quanto o ama; (4) As rotinas diárias podem ser experiências de aprendizagem para uma criança, (5) O hábito de olhar e ler livros pode beneficiar até mesmo as crianças mais novas; (6) A autoestima em geral se refere ao senso de valor e de dignidade de uma criança ou um adulto como ser humano. A melhor maneira de ajudar a construir a autoestima das crianças é fazê-las se sentirem amadas, desafiadas e competentes; (7) Tanto as meninas quanto os meninos nascem com o mesmo potencial para desenvolver suas habilidades em linguagem, música, artes, esportes, ciências etc. Meninas e meninos merecem igual tratamento, incentivos e oportunidades; (8) As crianças aprendem melhor brincando. Obrigar as crianças a aprender a ler ou a escrever antes de ingressarem na primeira série pode impedir seu desejo natural de aprender; (9) crianças deficientes podem aprender e ser uma alegria para a família. Crianças e adultos deficientes têm o direito de participar de cada aspecto da vida familiar e comunitária; (10) Irmãs e irmãos mais velhos podem ajudar os menores de muitas formas; (11) A maioria dos acidentes com bebês e crianças pequenas são evitáveis; e (12) As crianças aprendem melhor quando recebem bons exemplos (UNICEF 2006, Communication Initiative Nework s.d.).

Uma campanha multimídia incluiu anúncios de rádio e televisão semanais sobre questões relacionadas a cuidados e desenvolvimento na primeira infância. O programa ajudou a formar profissionais de mídia e educadores locais, incluindo professores para a pré-escola, para comunicar essas mensagens aos pais (UNICEF 2006; Communication Initiative Network s.d.). Nenhuma avaliação publicada está disponível, mas as evidências indicam melhorias nas práticas de cuidado infantil, em particular o aumento da leitura para crianças e melhorias na atitude do pai em no que diz respeito à criação dos filhos.

Lições Aprendidas

Como referido, o conhecimento baseado em evidências não consta das campanhas de comunicação voltadas às famílias com crianças pequenas. No entanto, tendo em mente o objetivo de estratégias de comunicação, que é a mudança de comportamento, podemos tirar várias lições de projetos passados e atualmente em curso.

Desenvolver Mensagens e Estratégias de Comunicação por Meio de um Processo Participativo para Assegurar a Relevância Local

A pesquisa formativa foi parte integrante da fase de preparação de todos os projetos descritos aqui. Tais estudos, muitas vezes realizados por meio de um processo participativo, fornecem informações à equipe do projeto sobre o contexto cultural, social e religioso local, e sobre as crenças e conhecimentos dos pais e suas práticas na criação dos filhos. Também ajudam a identificar o nível de alfabetização linguística e visual do público-alvo, bem como os canais de informação que estão mais propensos a utilizar – inclusive meios de comunicação em massa e redes sociais. Todas essas informações são fundamentais para o desenvolvimento de mensagens relevantes e realistas e para decidir como a campanha de informação deve ser conduzida. Além disso, os materiais de comunicação projetados deverão ser testados em campo em uma amostra do público-alvo. O *feedback* dos participantes pode ajudar a equipe do projeto a avaliar qual o grau de aceitação dos materiais projetados e fazer ajustes de acordo com essas observações.

Reforçar as Mensagens por Meio de Comunicações Interpessoais

Tanto o Projeto de Nutrição e Desenvolvimento da Primeira Infância de Uganda quanto o Programa Primeiros Passos das Maldivas usaram uma combinação de meios de comunicação e contatos pessoais como canais de comunicação. Embora o valor agregado dos contatos pessoais e dos mecanismos de *feedback* embutidos não tenha sido avaliado em nenhum desses projetos, a comunicação interpessoal por meio de feiras da criança pareceu ser mais eficiente do que a produção e distribuição de materiais impressos e manuais em Uganda (Cabañero-Verzosa 2005).

Estabelecer Relações Fortes entre os Resultados dos Projetos e Atividades Operacionais e de Comunicação

Para demonstrar a eficácia do projeto, seus resultados devem ser explicitados e estar relacionados às mensagens veiculadas pela campanha. O projeto deve ser sequenciado, de modo que tanto as atividades de comunicação quanto as operacionais atendam às necessidades específicas do público de forma célere. Por exemplo, ao promover o uso o sal iodado, as famílias precisam não apenas de informações sobre os benefícios do consumo de iodo, mas também do acesso ao sal iodado em si. Portanto, as atividades operacionais destinadas a estabelecer redes de distribuição devem preceder ou ocorrer simultaneamente ao desenvolvimento das atividades de comunicação.

Envolver Todos os Parceiros-Chaves Relevantes

Os três projetos discutidos anteriormente foram bem-sucedidos na utilização da comunicação *a montante* com vistas a obter o apoio de vários setores governamentais (Ministérios da Saúde, da Educação, e da Informação), bem como de membros do Poder Legislativo (deputados) e dos meios de comunicação (jornalistas e radialistas). Essa comunicação *a montante* tomou a forma de apoio em nível central e local, desde as primeiras fases de concepção e de implementação do projeto.

Escolher os Canais de Comunicação mais Relevantes (Isto é, Acessíveis e Populares) para o Público-Alvo

Escolher os meios de comunicação mais adequados e avaliar a capacidade dos canais locais de produzir e distribuir materiais de comunicação para as famílias com crianças é essencial para garantir o correto planejamento, orçamento e cronograma do projeto. Em alguns casos, a mídia pode ter experiência em campanhas de comunicação, mas pode não saber muito sobre o desenvolvimento infantil. Em outras circunstâncias, os próprios especialistas locais que produzem materiais de comunicação podem ter muitas limitações. Por exemplo, nenhuma das equipes locais contratadas para produzir a telenovela "Sabor da Vida" na campanha de SMI do Camboja tinha experiência significativa em televisão antes do início do projeto. Assim, a BBC treinou toda a equipe de roteiristas, produtores, técnicos e elenco (BBC World Service Trust s.d.). No Projeto de Nutrição e Desenvolvimento da Primeira Infância de Uganda, o governo subsidiou a mídia/patrocinador de um programa de rádio sobre questões de saúde, de modo que a equipe de mídia reduzida e malpaga pudesse pesquisar os problemas.

Campanhas de Comunicação/Mídia Destinadas a Famílias com Crianças Pequenas: Resumo e Avanços

Considerações Importantes sobre sua Implementação

- É preciso estudar e conhecer o público, incluindo suas crenças e práticas educativas, bem como os seus meios de comunicação preferidos.
- Deve-se transmitir mensagens que sejam local e cientificamente relevantes, e usar materiais que foram testados pelo público-alvo.
- Deve-se utilizar meios de comunicação de massa acessíveis e populares.
- É preciso reforçar as mensagens dos meios de comunicação de massa por meio da comunicação interpessoal.
- Deve-se envolver uma ampla gama de interessados; e incluir a comunicação *a montante* como parte da estratégia global.
- Deve-se avaliar a capacidade do próprio meio de comunicação de proporcionar apoio quando necessário.
- É preciso considerar a possibilidade e as vantagens e desvantagens da participação do setor privado em campanhas de comunicação.

Novas Áreas de Pesquisa

- Avaliar o impacto das campanhas de comunicação sobre o comportamento dos pais na criação dos filhos
- Estudar a importância relativa das campanhas de comunicação que utilizam diferentes canais
- Fazer análise do custo-benefício das campanhas de comunicação
- Medir o valor agregado de campanhas de comunicação, quando aplicadas em conjunto com outros serviços (mais diretos) de DPI
- Estabelecer uma tipologia das mensagens/mudanças de comportamento esperados/público
- Avaliar o impacto dos modelos de difusão em rede, tais como as estratégias de comunicação pai-mãe, filho-filho e criança-família

Notas

1. Avaliações formativas (ou do processo) visam reforçar ou melhorar o programa a ser avaliado, em oposição à avaliação somativa, que avalia os efeitos dos programas.
2. Ou seja, um grupo de pessoas que são tão similares quanto possível em ambas as dimensões observáveis e não observáveis para aqueles que participaram da intervenção.

3. Esta seleção de estudos de caso não é de forma alguma exaustiva. Projetos baseados na comunicação incluídos aqui foram selecionados devido a seu foco sobre vários aspectos do desenvolvimento da primeira infância em contextos de baixa renda e à utilização de múltiplos canais de comunicação.
4. *Spots* de rádio foram difundidos também nas comunidades controle.

Bibliografia Fundamental

Britto, P. R., P. Engle e H. Alderman. 2007. "Early Intervention and Caregiving: Evidence from Uganda Nutrition and Early Childhood Development Program." *Child Health and Development* 1 (2): 112–33.

Cabañero-Verzosa, C. 2005. *Counting on Communication: The Uganda Nutrition and Early Childhood Development Project.* Washington, DC: World Bank.

UNICEF (United Nations Children's Fund). 2006. *Programme Communication for Early Child Development.* New York: UNICEF.

Referências

Alderman, H. 2007. "Improving Nutrition through Community Growth Promotion: Longitudinal Study of the Nutrition and Early Child Development Program in Uganda." *World Development* 35 (8): 1376–89.

BBC World Service Trust (a). s.d. *Encouraging Cambodians to Talk about Taboo Subjects.* Disponível em: http://www.bbc.co.uk/worldservice/trust/whatwedo/where/asia/cambodia/2008/03/080225_cambodia_hivaids_mch_project_real_men.shtml.

BBC World Service Trust (b). s.d. *First Steps: Improving Child and Maternal Health.* Disponível em: http://www.bbc.co.uk/worldservice/trust/hatwedo/where/asia/cambodia/2008/03/080225_cambodia_hivaids_ mch_project_first_steps.shtml. Acesso em: 9 dez. 2008.

BBC World Service Trust (c). s.d. *Hospital Soap Changes Attitudes and Behaviour around HIV and AIDS.* Disponível em: http://www.bbc.co.uk/worldservice/trust/whatwedo/where/asia/cambodia/2008/03/080225_cambodia_hivaids_mch_project_taste_of_life .shtml. Acesso em: 9 dez. 2008.

Britto, P. R., P. Engle e H. Alderman. 2007. "Early Intervention and Caregiving: Evidence from Uganda Nutrition and Early Childhood Development Program." *Child Health and Development* 1 (2): 112–33.

Cabañero-Verzosa, C. 2005. *Counting on Communication: The Uganda Nutrition and Early Childhood Development Project*. Washington, DC: World Bank.

Coffman, J. 2002. *Public Communication Campaign Evaluation: An Environmental Scan of Challenges, Criticisms, Practice, and Opportunities*. Cambridge, MA: Harvard Family Research Project.

Communication Initiative Network. s.d. *First Steps—Maldives*. Disponível em: http://www.comminit.com/en/node/119005/303. Acesso em: 22 jan. 2009.

Fisch, S. M. e R. T. Truglio (ed.). 2000. *G is for Growing: Thirty Years of Research on Children and* Sesame Street. Mahwah, NJ: Lawrence Erlbaum Associates.

Power, G. 2005. *Preliminary Findings from Cambodia Maternal and Child Health Campaign*. Apresentação em um encontro do The Communication Initiative Partners, Research and Learning Group, na BBC World Service Trust. Dec. 1. Disponível em: http://www.comminit.com/pdf/ Thursday_BBC_MCHFinal.pdf. Acesso em: 9 dez. 2008.

Sikkema, K. J., E. S. Anderson, J. A. Kelly, R. A. Winett, C. Gore-Felton, R. A. Roffman, T. G. Heckman, K. Graves, R. G. Hoffmann e M. J. Brondino. 2005. "Outcomes of a Randomized, Controlled Community-Level HIV Prevention Intervention for Adolescents in Low-Income Housing Developments." *AIDS* 19 (14): 1509–16.

UNICEF (United Nations Children's Fund). 2006. *Programme Communication for Early Child Development*. New York: UNICEF.

World Bank. 2002. "Lessons from Building Public-Private Partnerships for Washing Hands with Soap". *Water and Sanitation Program*. Washington, DC: World Bank.

NOTA 3.4

Transferências Condicionadas de Renda (TCRs) para Famílias com Crianças Pequenas

Os Programas de Transferência Condicionada de Renda (TCR) fornecem dinheiro às famílias pertencentes ao público-alvo, geralmente famílias carentes, sob a condição de empreenderem certas ações específicas, como enviar as crianças à escola ou utilizar serviços de saúde preventivos. O objetivo é promover a acumulação de capital humano das crianças como meio para romper o ciclo intergeracional da pobreza. Desde que Brasil e México iniciaram seus primeiros programas de TCR em meados dos anos 1990 (Bolsa Escola em 1995, e PROGRESA em 1997, respectivamente), os programas de TCR foram introduzidos rapidamente em quase todos os países da América Latina, África (África do Sul e Malawi), Leste da Ásia (Indonésia), Sul da Ásia (Bangladesh), Oriente Médio e Norte da África (República do Iêmen e Marrocos), e na Europa e Ásia Central (Turquia e ex-República Iugoslava da Macedônia).

Enquanto a maioria das TCRs voltadas a famílias com crianças de 0 a 6 anos centraram-se na melhoria da saúde, a nota explica que os programas de TCR podem ser importantes na melhoria de uma ampla gama de resultados nessa população. A nota analisa as frágeis mas promissoras evidências disponíveis, e cautelosamente indica que TCRs para famílias com crianças pequenas têm o potencial não só de melhorar os resultados de desenvolvimento entre crianças pequenas (incluindo o desenvolvimento cognitivo), mas também de maximizar o efeito da TCR junto às crianças maiores. Pensando no futuro, a nota identifica uma série de áreas específicas que poderiam ser beneficiadas por novas experiências e avaliações.

Como as TCRs São Relevantes na Promoção do DPI

Em muitos países em desenvolvimento, há disparidades socioeconômicas muito grandes no desenvolvimento cognitivo e global, isto é, crianças das famílias mais carentes apresentam resultados significativamente piores desde cedo. No Equador, por exemplo, as diferenças no vocabulário adequado à idade entre as crianças de 3 anos são geralmente pequenas. Por volta dos 6 anos de idade, no entanto, as crianças de famílias menos abastadas e aquelas cujas mães têm baixa escolaridade têm ficado muito atrás de seus colegas mais ricos ou de famílias com maior escolaridade (ver Notas 1.1 e 1.3) (Paxson e Schady 2007). Tendências semelhantes têm sido notadas em vários estudos apoiados pelo Banco Mundial, que mediram os mesmos resultados no desenvolvimento infantil em países como Camboja, Moçambique e Nicarágua.[1]

Essas tendências negativas de desenvolvimento entre as crianças carentes no início da vida podem ocorrer por diversos motivos. Em primeiro lugar, as pesquisas cada vez mais demonstram que o desenvolvimento das crianças e suas habilidades são fortemente afetados tanto pela qualidade global do ambiente e da nutrição e estimulação precoce[2] que recebem quanto pela genética, sendo que as influências genéticas respondem por apenas metade da variância nas habilidades cognitivas, por exemplo (Fernald et al. 2009).[3]

Em segundo lugar, fatores de risco ambientais,[4] como desnutrição, má saúde, ambientes domésticos desestimulantes, e maus-tratos na infância tendem a estar mais concentrados entre as famílias carentes cujos pais têm menor escolaridade (Irwin, Siddiqi e Hertzman 2007), em parte por causa restrições pelo lado da demanda (por exemplo: falta de recursos financeiros para adquirir alimentos nutritivos para as crianças; falhas de informação, como a falta de conhecimento dos pais sobre a importância de apoiar o crescimento e desenvolvimento infantil desde o nascimento, e assim por diante), e em parte por causa das restrições pelo lado da oferta (por exemplo, desigualdade na distribuição e na qualidade dos recursos e serviços destinados à primeira infância).

Dadas as limitações desse tipo de ambiente, apesar do fato de que os programas de TCR não são intervenções de DPI por si sós, as TCRs costumam fazer duas coisas que podem melhorar os resultados em DPI entre as crianças carentes:

1. **Transferem dinheiro para as famílias carentes - em alguns casos, uma grande quantidade de dinheiro.** Se o dinheiro ajuda a aliviar alguns dos riscos identificados acima (por exemplo, se os pais usam o dinheiro para comprar alimentos nutritivos e material didático e brinquedos para as crianças, ou se os pais aumentam a qualidade e a quantidade de tempo que passam interagindo com os filhos), então se pode esperar que as transferências de renda produzam resultados positivos no desenvolvimento dos filhos.

2. **A transferência de renda normalmente está condicionada à participação em serviços específicos.** Até agora, a maioria das TCRs voltadas às famílias com crianças pequenas concentrou-se em impor exigências relativas à saúde (por exemplo, comparecer a exames médicos regulares e a sessões de acompanhamento do crescimento), mas, em teoria, as transferências de renda também pode ficar condicionadas à participação em uma ampla gama de serviços (na medida em que esses serviços estejam disponíveis), incluindo os programas baseados em centros DPI (ver Nota 3.1) e programas que promovam a mudança de comportamento em saúde, nutrição e cuidados parentais (ver Nota 3.2). Conforme documentado nessas duas notas, a participação em tais serviços muitas vezes leva a melhores resultados de desenvolvimento entre as crianças participantes quando a qualidade, a intensidade e as estratégias utilizadas são adequadas.

Alguns programas de TCR tentaram expor os pais a novos conceitos e práticas de criação dos filhos, especialmente nas áreas de saúde e nutrição, condicionando as transferências de renda à participação em sessões informativas, denominadas *pláticas* em alguns países latino-americanos. No México, por exemplo, as evidências sugerem que tais sessões informativas têm contribuído para melhorar os resultados na saúde por meio de uma melhor alimentação das crianças ou dos pais participantes (ver Hoddinott e Skoufias 2004), aumentando o conhecimento sobre uma série de problemas de saúde (Duarte Gomez 2004). No entanto, ainda há muito a aprender sobre o conteúdo ideal, inclusive sobre como discutir não apenas a saúde e a nutrição, mas também a estimulação precoce, e mecanismos para pôr em prática tais sessões informativas.

As Evidências sobre os Efeitos da TCR sobre os Resultados no DPI são Frágeis mas Promissoras

De modo geral, os programas de TCR focados em crianças mais velhas (ou seja, em idade de ingressar na escola primária ou maiores) têm normalmente impacto sobre a utilização dos serviços de educação e saúde. No entanto, as evidências sobre os efeitos desses programas sobre a aprendizagem e os resultados finais de saúde é mais decepcionante, o que pode indicar que a qualidade desses serviços pode ser inferior e/ou que os atrasos de desenvolvimento precoce entre as crianças são difíceis de reverter no futuro. Fiszbein e Schady (2009) fornecem uma análise abrangente dos resultados do programa de TCR, que é aqui resumida.

Até certo ponto, as evidências que documentam os efeitos da TCR na saúde das crianças, do nascimento até aos 6 anos de idade, seguem um padrão semelhante. Diversas avaliações constataram que os programas de TCR levaram a maior utilização dos serviços de saúde entre as famílias com crianças pequenas. Por exemplo, as crianças participaram mais frequentemente das visitas de monitoramento do crescimento na Colômbia e na Nicarágua, tiveram maior participação nos exames de saúde em Honduras, Jamaica e México. No entanto, a saúde e o estado nutricional em geral não melhoraram entre essas crianças. Se isso ocorreu, os ganhos no curto prazo já não eram mais visíveis no médio prazo.

Os dados disponíveis sobre o impacto dos programas de TCR sobre a cobertura vacinal entre crianças e bebês também são confusos. Impactos significativos foram encontrados em vários países (por exemplo, a imunização completa, na Turquia, o aumento da cobertura de DTP em crianças menores de 24 meses na Colômbia e menores de 3 anos em Honduras). Por outro lado, os programas de TCR não têm o impacto esperado em outros cenários (por exemplo, a cobertura de DTP entre crianças de 24 a 48 meses de idade não aumentou significativamente na Colômbia; a cobertura contra tétano e sarampo entre menores de 3 anos não aumentou significativamente em Honduras; a vacinação contra a tuberculose em crianças com idade inferior a 12 meses, e a imunização contra o sarampo entre crianças de 12 a 23 meses de idade não aumentaram significativamente no México).

Ao mesmo tempo, um novo conjunto de provas veio à luz – principalmente a partir de estudos no Equador, México e Nicarágua –, e indica que os programas de TCR podem ter impacto positivo nos resultados de DPI (com exceção da saúde) entre as crianças, inclusive com efeitos sobre o desenvolvimento cognitivo, linguístico, motor fino e socioemocional. Por exemplo, crianças de 0 a 7 anos cujas famílias foram divididas aleatoriamente para participar do programa *Atención a Crisis*, da Nicarágua, por um período de nove meses apresentaram melhor desenvolvimento socioemocional e de linguagem que as crianças do grupo controle.[5] O programa não teve efeitos sobre o desenvolvimento motor ou a incidência de problemas de comportamento (Macours, Schady e Vakis 2008). O estudo também mediu os resultados intermediários, incluindo mudanças no comportamento e atitude dos pais, que podem ser vistos como fatores positivos para o desenvolvimento infantil saudável, e descobriram que as crianças participantes receberam alimentos mais ricos em nutrientes, mais estimulação precoce em casa e mais cuidados preventivos de saúde. Tais resultados são particularmente interessantes, uma vez que esse programa de TCR foi implementado sem a condicionante que houvesse resultados na saúde das crianças nessa faixa etária (devido aos desafios administrativos). Macours, Schady e Vakis (2008) explicam que essas mudanças nos resultados intermediários são maiores do que poderia ser esperado pelo aumento da renda nos domicílios que recebem a TCR. Eles também especulam que as informações e a campanha de "marketing social" lançada pelo programa (sobre a importância de investir em DPI) podem ter sido importantes. (Ver Nota 3.3 para obter mais informações sobre o papel que a comunicação e as campanhas da mídia podem desempenhar na melhoria dos resultados de DPI).

Uma avaliação do programa BDH (*Bono de Desarrollo Humano*) (Paxson e Schady 2010) no Equador, que também foi implementado sem a condicionante de que houvesse resultados na saúde das crianças, não encontrou qualquer efeito do tratamento para toda a amostra, mas encontrou um efeito modesto na coordenação motora fina e na memória de longo prazo entre os participantes do quartil mais pobre da amostra (isto é, crianças de 3 a 7 anos de idade que tinham participado do programa por 17 meses em média). Os autores também relatam efeitos positivos do programa sobre os cuidados com a saúde (p. ex., sobre a probabilidade de terem recebido medicação antiparasitária), a situação da hemoglobina materna e infantil, e a qualidade dos cuidados no ambiente familiar. A Tabela 3.4.1 resume os resultados dos estudos da Nicarágua e do Equador.

Por fim, uma avaliação não experimental do programa mexicano *Oportunidades* comparou uma série de resultados indicativos do desenvolvimento da criança entre os vários grupos de beneficiários que receberam transferências de diferentes quantias de dinheiro. Os autores descobriram que, ao dobrar o valor da quantia transferida às famílias, isso resultava em melhor: desempenho motor, melhor memória de longo e curto prazo, e maior integração visual e desenvolvimento da linguagem entre as crianças de 36 a 68 meses (Fernald, Gertler e Neufeld 2006).

Tomados em conjunto, esses três estudos fornecem evidências promissoras de que os programas de TCR ajudam a melhorar os resultados no DPI. Além disso, os resultados sugerem que os programas de TCR voltados a famílias com crianças pequenas também podem maximizar os efeitos dos programas de TCR dirigidos a essas mesmas crianças quando ficam mais velhas (ou seja, quando entram na escola primária e secundária). De fato, como mencionado anteriormente, as TCR que se concentraram em crianças em idade escolar normalmente tiveram como resultado o aumento na frequência escolar, mas não levaram a melhores resultados de aprendizagem (por exemplo, no México [Behrman, Parker e Todd 2005] e no Camboja [Filmer e Schady 2009]). Esses resultados decepcionantes são provavelmente fruto de uma combinação de fatores, entre eles a frequente baixa qualidade da educação que essas crianças recebem, e o fato de que os atrasos no desenvolvimento da primeira infância são difíceis de reverter mais tarde na vida (ver Nota 1.3). Portanto, na medida em que as TCR podem prevenir ou reverter os atrasos no desenvolvimento da primeira infância, como documentado nos três estudos aqui discutidos, também podem favorecer a melhoria da aprendizagem e os resultados comportamentais dessas crianças à medida que crescem.

Tabela 3.4.1 Efeito das TCRs no DPI: Dados do Equador (2004-05) e da Nicarágua (2005-06)

Indicador	*Equador (40% mais pobres)*	*Equador (10% mais pobres)*	*Nicarágua*
Linguagem (TVIP)	0,005 (0,098)	0,137 (0,129)	0,228*** (0,084)
Linguagem (Denver)	n.d.	n.d.	0,189*** (0,065)
Memória de curto prazo	-0,019 (0,100)	0,079 (0,143)	0,070 (0,058)
Memória de longo prazo	0,141 (0,092)	0,173* (0,097)	n.d.
Integração visual – função executiva	0,054 (0,095)	0,256 (0,160)	n.d.
Indicadores de problemas comportamentais	0,066 (0,091)	0,240 (0,147)	0,037 (0,064)
Habilidades comportamentais pessoais	n.d.	n.d.	0,135** (0,066)
Efeito médio sobre os resultados cognitivos	**0,049 (0,066)**	**0,177* (0,094)**	**0,132*** (0,040)**

Fonte: Ver Fiszbein e Schady (2009), que basearam seus cálculos em Paxson e Schady (2007), para o Equador; e Macours, Schady e Vakis (2008) para a Nicarágua.
Notas: n.d. = não disponível; TVIP = Test de Vocabulario en Imágenes Peabody. Coeficientes da variável de tratamento da TCR e erros-padrão estão entre parênteses. Regressões foram feitas separadamente para cada uma das variáveis dependentes apresentadas na coluna da esquerda (isto é, TVIP, Denver etc.) Todas as regressões foram ajustadas para o grupo ao nível da aldeia. Efeitos médios são calculados pelas regressões aparentemente não relacionadas. Todas as medidas foram padronizados para que tenham média 0 e desvio-padrão 1. Os coeficientes, portanto, podem ser interpretados como mudanças em unidades de desvio-padrão. Todas as regressões incluem uma variável *dummy* para um mês de vida e uma variável *dummy* para sexo. Em ambos os países, a amostra é limitada a crianças com idades entre 36 e 83 meses, a título de comparação.
* significativo ao nível de 10 por cento.
** significativo ao nível de 5 por cento.
*** significativo ao nível de 1 por cento.

Finalmente, evidências recentes mostram que as TCRs voltadas a famílias com crianças pequenas também podem ter efeito positivo sobre a participação escolar dos irmãos mais velhos, especialmente as meninas. Por exemplo, um estudo aleatório, que analisou o impacto do programa de TCR mexicano *Oportunidades* sobre o tempo que as mães e irmãs mais velhas gastam cuidando de crianças com menos de 3 anos de idade revelou que as meninas adolescentes das famílias participantes do programa dedicavam mais tempo à escola e menos tempo ao cuidado dos irmãos mais novos (Dubois e Rubio-Codina

2010). O estudo também descobriu que o tempo total dedicado aos cuidados infantis aumentou, indicando que as crianças das famílias participantes do programa receberam mais potencialmente melhores cuidados (da mãe mais do que dos irmãos).

Lacunas de Conhecimento e Opções Políticas para Avançar

Embora haja evidências que sugerem que os programas de TCR têm o potencial de promover o desenvolvimento a longo prazo das crianças, permanecem ainda lacunas de conhecimento em relação às seguintes questões:

1. **Qual(is) aspecto(s) do pacote de TCR (ou seja, o dinheiro, as informações recebidas pelos pais, ou a combinação dos dois) explicam melhor os resultados positivos?** O estudo da Nicarágua discutido acima (Macours, Schady e Vakis 2008) faz alguns progressos nessa área, mas novas contribuições seriam úteis.

2. **Quais públicos-alvos se beneficiam mais?** De modo geral, as intervenções destinadas a prevenir ou reverter o raquitismo são provavelmente mais eficazes do nascimento até os 2 anos de idade (ver Notas 1.2 e 3.2), enquanto as intervenções destinadas a melhorar o desenvolvimento cognitivo e socioemocional das crianças podem beneficiar também as crianças maiores (ver Notas 1.3 e 3.1). Os estudos atuais de DPI, conforme documentado ao longo deste guia, também indicam que os maiores efeitos podem ser esperados entre os subgrupos do estrato inferior, como as crianças mais carentes e as meninas. Contudo, mais pesquisas são necessárias para determinar se os efeitos das TCRs seguem padrões semelhantes.

3. **Qual o montante de transferência mais adequado para promover resultados significativos em DPI?** A maioria dos programas de TCR dão os recursos às mulheres mais do que aos homens, em parte porque se verificou que as mulheres investem uma parcela maior da renda que elas controlam no bem-estar de seus filhos (Lundberg, Pollak e Wales 1997; Thomas 1990). Mas qual a quantia suficiente? Em teoria, o nível de transferência deve refletir o custo direto dos insumos (por exemplo, alimentos ricos em nutrientes, livros infantis, outros materiais didáticos, transporte para os centros de saúde e outros serviços de DPI) e o custos de oportunidade associados a uma dada mudança comportamental (por exemplo, o tempo necessário para que os pais levem os filhos aos centros prestadores de serviços ou para envolver as crianças em atividades estimulantes em casa). Na prática, porém, o montante de recursos que as famílias recebem via TCR varia muito, e pouco se sabe sobre qual seria quantia ideal para melhorar os resultados de DPI em um dado contexto.

4. **A transferência de recursos deve ser condicionada? Em caso afirmativo, em que medida?** Tanto no estudo do Equador quanto no da Nicarágua, a condição de comparecer aos serviços de saúde foi comunicada mas não aplicada. No entanto, em ambos os programas houve resultados positivos no desenvolvimento infantil, bem como mudanças positivas no comportamento dos pais. Esses resultados podem indicar que a disponibilidade de dinheiro extra, juntamente com informações sobre como promover o melhor desenvolvimento da criança, podem ser mais importantes do que cumprir a condição em si. Outros estudos centrados nos efeitos das transferências de dinheiro sobre os filhos mais velhos também descobriram que os resultados não variam com base no cumprimento das condições (Baird, McIntosh e Ozler 2010). Visto que pode ser caro acompanhar o cumprimento das condições, seria interessante saber se esses investimentos são de fato garantidos.

Essas questões poderiam ser tratadas por meio da experimentação adicional dos programas e da pesquisa em vários contextos, o que ajudaria a ampliar o alcance da frágil base de dados atualmente disponível.

Além disso, opções políticas importantes para dar continuidade a esses programas incluem experiências com várias intervenções pelo lado da oferta, incluindo as seguintes:

1. **Intervenções para ampliar o *alcance* dos serviços de DPI à disposição dos beneficiários de TCR.** Embora as TCRs voltadas a famílias com filhos pequenos até agora tenham visado o cumprimento de condições relativas à saúde, a participação em outros tipos de serviços de DPI (por exemplo, programas baseados em centros (ver Nota 3.1) ou programas que promovam a mudança de comportamento dos pais/cuidadores (ver Nota 3.2) poderiam ser incentivados sempre que esses programas estejam disponíveis localmente.

2. **Intervenções para melhorar a *qualidade* dos serviços de DPI à disposição dos beneficiários de TCR.** Conforme documentado tanto nos estudos de TCR quanto de DPI, a qualidade é importante quando se avalia se um determinado serviço pode ou não produzir efeitos positivos. Vários programas de TCR destinados a crianças mais velhas (em idade escolar) têm tentado abordar questões de qualidade pelo lado da oferta nos setores de educação e saúde por meio de uma série de táticas, incluindo o fornecimento de subsídios às escolas com melhor desempenho, transferindo renda aos professores ou às associações de pais e mestres, e oferecendo sessões educativas sobre saúde em resposta ao baixo comparecimento aos centros de saúde (Fiszbein e Schady 2009). Estratégias semelhantes poderiam ser utilizadas (e avaliadas) num esforço para promover maior participação das crianças pequenas e suas famílias em uma série de serviços de DPI de qualidade.

Transferências Condicionadas de Renda para Famílias com Crianças Pequenas: Resumo e Avanços

Considerações Importantes sobre sua Implementação

- É necessário focar os grupos etários relevantes, dependendo das metas do programa e dos resultados esperados (por exemplo, programas que visam melhorar os resultados de nutrição devem centrar-se em crianças menores de 2 anos, enquanto os programas que visam melhorar os resultados de desenvolvimento infantil mais amplos, incluindo o desenvolvimento cognitivo e social, pode se concentrar na faixa etária de 0 a 6 anos).
- Deve-se ter como público-alvo as famílias mais carentes e garantir que as meninas participem e se beneficiem do programa.
- Deve-se proporcionar transferência de renda para as mulheres no ambiente doméstico.
- É preciso passar de forma clara informações sobre como se espera que o dinheiro seja utilizado.
- Deve-se resolver o problema pelo lado da oferta incentivando a prestação de serviços de DPI de qualidade (incluindo serviços de monitoramento do crescimento, programas dirigidos aos pais e de creche/pré-escola) e melhorando a qualidade dos já existentes.

Novas Áreas de Pesquisa

- Avaliar o impacto das TCRs sobre os resultados do desenvolvimento de crianças de tenra idade (inclusive físico, cognitivo e socioemocional), especialmente fora da América Latina e do Caribe
- Calcular o potencial valor agregado de fornecer informações aos pais sobre a criação dos filhos (por exemplo, em matéria de higiene, alimentação adequada e estimulação precoce), além de transferir-lhes dinheiro
- Estabelecer as estratégias ideais par cada público-alvo
- Estabelecer o montante de transferência ideal para atingir os resultados esperados
- Avaliar a relação (ou a falta dela) entre a condição imposta e os resultados do programa
- Criar estratégias criativas para aliviar as restrições do lado da oferta por meio de TCRs (tanto em termos de quantidade quanto de qualidade dos serviços de DPI)

Notas

1. Esses dados ainda não foram publicados, mas devem estar disponíveis em dezembro de 2010.
2. A estimulação precoce da infância é definida como o oferecimento às crianças de constantes oportunidades de interagir com pessoas atenciosas e aprender sobre seu ambiente desde a mais tenra idade. Na prática, a estimulação diz respeito a pais e outros cuidadores serem sensíveis às necessidades emocionais e físicas das crianças desde o nascimento, brincando e conversando com elas (mesmo antes que as crianças tenham capacidade de responder verbalmente), e expô-las a palavras, números e conceitos simples enquanto participam de tarefas rotineiras.
3. Evidências que fazem distinção entre fatores genéticos e ambientais vêm principalmente de países industrializados. Para uma revisão, ver Plomin (1994).
4. Os fatores de risco são definidos como "Características pessoais ou circunstâncias ambientais que aumentam a probabilidade de resultados negativos entre as crianças" (Cole e Cole 2000).
5. O tamanho desses impactos foi de 0,17-0,22 desvios-padrão em linguagem, e 0,13 desvios-padrão em competências socioemocionais.

Bibliografia Fundamental

Fiszbein, A. e N. Schady. 2009. "Conditional Cash Transfers: Reducing Present and Future Poverty." *World Bank Policy Research Report*. Washington DC: World Bank.

Macours, K., N. Schady e R. Vakis. 2008. "Cash Transfers, Behavioral Changes, and Cognitive Development in Early Childhood: Evidence from a Randomized Experiment." *World Bank Policy Research Working Paper 4759*. Washington, DC: World Bank.

Paxson, C. e N. Schady. 2010. "Does Money Matter? The Effects of Cash Transfers on Child Health and Development in Rural Ecuador." *EDCC* (2010), 59 (1): 187–229.

Referências

Baird, S., C. McIntosh e B. Ozler. 2010. *Cash or Condition? Evidence from a Randomized Cash Transfer Program in Malawi*. Washington DC: World Bank.

Behrman, J., S. Parker e P. Todd. 2005. *Long-Term Impacts of the Opportunidades Conditional Cash Transfer Program on Rural Youth in Mexico*. Discussion

Paper 122. Göttingen, Germany: Ibero America Institute for Economic Research.

Cole, M. e S. R. Cole. 2000. *The Development of Children* (4. ed.). New York: Worth.

Duarte Gomez, M. B., Sonia Morales Miranda, Alvaro Javier Ihovó Velandia, Sandra Catalina Ochoa Marin, Siemon Bult van der Wal, Marta Caballero Garcia e Mauricio Hernandez Avila. 2004. "Impact of Oportunidades on Knowledge and Practices of Beneficiary Mothers and Young Scholarship Recipients: An Evaluation of the Educational Health Sessions." In: Hernandez Prado, Bernardo e Mauricio Hernandez Avila (ed.). 2004. *External Evaluation of the Impact of the Human Development Program Oportunidades.* Cuernavaca, Morales, México: National Institute of Public Health.

Dubois, P. e M. Rubio-Codina. 2010. *Child Care Provision: Semiparametric Evidence from a Randomized Experiment in Mexico.* IDEI Working Paper Series 542. Toulouse, France: Institut d'Économie Industrielle (IDEI).

Fernald, L. C., P. J. Gertler e L. M. Neufeld. 2006. "Role of Cash in Conditional Cash Transfer Programmes for Child Health, Growth, and Development: An Analysis of Mexico's Oportunidades." *The Lancet* 371 (9615): 828–37.

Fernald, L., P. Kariger, P. Engle e A. Raikes. 2009. *Examining Early Child Development in Low-Income Countries: A Toolkit for the Assessment of Children in the First Five Years of Life.* Washington, DC: World Bank.

Filmer, D. e N. Schady. 2009. *In School but Not Learning: The Impact of a Scholarship Program on School Enrollment and Achievement.* Manuscrito não publicado. Washington, DC: World Bank.

Fiszbein , A. e N. Schady. 2009. "Conditional Cash Transfers: Reducing Present and Future Poverty." *World Bank Policy Research Report.* Washington, DC: World Bank.

Hoddinott, J. e E. Skoufias. 2004. "The Impact of Progressa on Food Consumption. *Economic Development and Cultural Change* 53(1): 37–61.

Irwin, L., A. Siddiqi e C. Hertzman. 2007. *Early Child Development: A Powerful Equalizer: Final Report for the World Health Organization's Commission on the Social Determinants of Health.* WHO, Geneva. Disponível em: http://www.who.int/social_determinants/resources/ecd_kn_report_07_2007.pdf.

Lundberg, S. J., R. A. Pollak e T. J. Wales. 1997. "Do Husbands and Wives Pool Their Resources? Evidence from the United Kingdom Child Benefit." *The Journal of Human Resources* 32 (3): 463–80.

Macours, K., N. Schady e R. Vakis. 2008. *Cash Transfers, Behavioral Changes, and Cognitive Development in Early Childhood: Evidence from a Randomized Experiment*. World Bank Policy Research Working Paper 4759. Washington, DC: World Bank.

Paxson, C. e N. Schady. 2010. "Does Money Matter? The Effects of Cash Transfers on Child Health and Development in Rural Ecuador." *EDCC* (2010), 59 (1): 187–229.

Plomin, R. 1994. *Genetics and Experience: The Interplay between Nature and Nurture*. Thousand Oaks, CA: Sage Publications.

Thomas, D. 1990. "Intra-Household Resource Allocation: An Inferential Approach." *The Journal of Human Resources* 25 (4): 635–64.

SEÇÃO 4

Custeio e Financiamento

NOTA 4.1

Custeio de Projetos de DPI

Esta nota identifica os desafios de analisar e comparar as estruturas de custeio dos programas do DPI. Também fornece informações sobre os custos financeiros e econômicos que devem ser considerados no planejamento e custeio de um programa de DPI. Uma introdução aos objetivos de custo-efetividade e análise do custo-benefício é apresentada, juntamente com exemplos de estudos e ferramentas práticas que têm sido desenvolvidos para custear os programas e simular cenários alternativos de prestação de serviços. Finalmente, a nota fornece exemplos de custos unitários de programas pré-escolares em vários países.

O Desafio de Comparar Custos Unitários

Programas de DPI são Multifacetados e têm uma Definição Mais Ampla do que os Programas de Educação Primária

Na educação primária, há um conjunto de elementos programáticos essenciais e padrões de intensidade dos serviços, um grupo definido de beneficiários, e protocolos internacionais para a coleta de dados e relatórios. No entanto, em programas de DPI – que vão desde serviços de promoção à saúde de recém-nascidos e bebês, programas voltados aos pais e cuidadores para promover o desenvolvimento e a estimulação precoce, creches e pré-escolas –, as intervenções variam amplamente em conteúdo e intensidade. Beneficiários do programa podem incluir recém-nascidos, bebês, ou pais/cuidadores; e existem poucos protocolos de dados criados para permitir a comparação de programas entre os países. A Tabela 4.1.1 mostra a gama de programas multinível e multifacetados de DPI em comparação aos de ensino primário, que são bastante simples e, portanto, mais fáceis de comparar.

As comparações diretas dos programas de DPI, entre si e em relação a programas de educação primária, devem ser calibradas para compensar as diferenças de objetivos, projeto, qualidade e intensidade do programa (Levin e Schwartz 2006). Dada a complexidade dos programas de DPI, não é raro encontrar por todo o país informações focadas em programas pré-escolares, deixando de fora as intervenções igualmente essenciais destinadas a crianças com menos de 2 anos de idade.

Determinantes dos Custos do Programa são os Custos Financeiros e Econômicos

Os custos financeiros e econômicos são duas grandes categorias de custos a considerar ao estimar o custo de um projeto de DPI. Os custos financeiros incluem as despesas monetárias associadas a um programa, enquanto os custos econômicos incluem o valor dos insumos que são fornecidos em espécie, incluindo o tempo de voluntários, o espaço cedido, ou materiais beneficiados adquiridos (ver Tabela 4.1.2) (Myers 2008b). Ambos os tipos devem ser levados em conta na determinação do custo total dos programas de DPI para evitar vieses nas estimativas que possam resultar em déficits orçamentários ou na distribuição incompleta de pacotes de intervenção.

Os Custos Financeiros de Programas de DPI podem ser Subdivididos em Duas Categorias: Custos de Investimento e Custos Operacionais

Os custos financeiros incluem custos de *investimento*, geralmente um tempo de investimento de capital (por exemplo, uma nova construção ou reforma das instalações físicas), e os custos *operacionais*, que normalmente são recorrentes (ou seja, semanais, mensais ou anuais), pelo tempo que o projeto estiver operacional. A Tabela 4.1.2 fornece exemplos dos elementos do programa e o tipo de atividades tipicamente incluídas nessas subcategorias.

Salários e benefícios dos funcionários geralmente respondem pela maior parte dos custos operacionais. A maior parte dos gastos com programas de DPI tende a ser empregada em pessoal. Os níveis de qualificação da equipe necessários à execução do programa podem responder por 60 a 90 por cento do custo operacional, daí a necessidade de levar em consideração as vantagens e desvantagens dos níveis de qualificação para os diferentes tipos de tarefas, e suas implicações financeiras. Os tipos de funcionários que é necessário levar em conta na concepção e orçamento de um programa incluem: (1) o pessoal de serviço, que interage diretamente com as crianças, (2) os funcionários

Tabela 4.1.1 Comparação entre os Domínios da Educação Primária e dos Programas de DPI

Domínio	*Programas de desenvolvimento da primeira infância*	*Educação primária*
Público-alvo	Em geral, os programas ainda estão em expansão, muitos voltados a crianças vulneráveis e desfavorecidas. Diferentes interpretações de "expansão": mais crianças matriculadas, mais tempo gasto em programas por ano, mais anos etc.	Toda a população em idade escolar que frequenta a escola primária
Métodos de execução e entrega	Um conjunto de modalidades, desde apoio domiciliar até programas formais de educação pré-escolar	Predominantemente formal
Pessoal necessário	Profissionais, paraprofissionais, pais, irmãos, babás, empregadas. No entanto, os cuidadores não formados podem gradualmente atingir níveis mais altos de profissionalismo	Profissionais
Foco da intervenção	Crianças e/ou pais (por exemplo, mães que participam de programas de alfabetização destinados à educação dos filhos)	Crianças
Idade de início	Os programas de DPI mais precoces podem começar antes do nascimento (através de programas de pré-natal); e os mais tardios começam um ano antes do ingresso na escola primária.	Oficialmente aos 6 anos de idade na maioria dos países. Na prática, as crianças podem participar um ou mais anos mais tarde, e às vezes mais cedo
Frequência e duração	Muito diversas: de uma vez por semana a 5 dias por semana, de poucas horas a um dia inteiro. A duração também varia muito.	Normalmente, pelo menos 5 dias por semana, regularmente, durante alguns meses por ano e, em geral, com duração até os 6 anos
Número de crianças atendidas	Diferentes definições dependendo do tipo de programa; a maioria dos programas não informa se a matrícula é por tempo integral, tornando difícil estimar a amplitude da cobertura.	Bastante bem acordada a definição do programa; os programas são em tempo integral, com certo número de horas de instrução
Custos unitários	As estimativas são escassas.	Algumas estimativas estão disponíveis a partir de um amplo conjunto de pesquisas.

Fonte: Adaptado de Van Ravens e Aggio (2008).

Tabela 4.1.2 Custos Financeiros e Econômicos dos Programas de DPI

	Custos financeiros
Investimento (inicial)	• Desenvolvimento do projeto: criar/testar a abordagem, a infraestrutura e os materiais • Instalações: construção ou adaptação • Equipamento: transporte, escritório, mobiliário (mesas e cadeiras), armazenamento e preparo dos alimentos • Materiais: guias, livros e brinquedos reutilizáveis • Treinamento: formação inicial em todos os níveis (instrutores, local, ajuda de custo, transporte e suprimentos) • Consultores: taxas, honorários e despesas • Microempresa: empréstimos para os sistemas de financiamento de projetos
Operacional (recorrente)	• Salários de pessoal e benefícios: administradores de DPI, supervisores, diretores, trabalhadores em DPI, pessoal da saúde, cozinheiros, pessoal de apoio (motoristas e manutenção) • Alimentação: custo de aquisição • Saúde: suprimentos (salários incluídos na lista acima) e instalações (proporcional) • Administração: administração geral (sobrecarga) de custos • Treinamento: formação em serviço • Comunicação: telefone, fax, impressão e mídia • Suprimentos: itens não reutilizáveis • Transporte: gasolina e manutenção de veículos • Ajudas de custo: os custos associados à supervisão, treinamento e visitas de campo • Manutenção: custos de instalação, telefone, eletricidade e seguro • Avaliação: atividades de monitoramento e avaliação periódicas • Contingência: fundo para despesas imprevistas
	Custos econômicos
	• Contribuições em espécie • Espaço físico cedido • Contribuições voluntárias dos pais, cuidadores e membros da comunidade

Fonte: Evans, Myers e Ilfeld (2000).

administrativos, que dirigem o programa localmente ou em nível distrital ou nacional, (3) a equipe de supervisores, responsável pela supervisão e formação técnica, e (4) a equipe de suporte, situada no local onde o serviço está sendo prestado. As qualificações de cada tipo de pessoal variam significativamente dependendo: da posição fiscal de um dado país ou mesmo entre as jurisdições locais (por exemplo, a qualificação dos professores); do marco de políticas de DPI (ou seja, a prioridade que os governos dão aos programas pré-escolares); e do tipo de beneficiários visados (rurais, urbanos ou periurbanos), entre outros. Por exemplo, programas de DPI em países que exigem grau universitário ou equivalente para os educadores da infância têm estrutura de custos diferente se comparados aos países onde os serviços pré-escolares dependem de agentes contratuais (facilitadores) ou voluntários da comunidade. Dentro de um mesmo país também pode haver grandes variações entre os programas de DPI das áreas urbanas e aqueles desenvolvidos em regiões eminentemente rurais ou lugares isolados.

Os custos econômicos muitas vezes refletem o valor monetário das contribuições em espécie. Não é raro que os programas de DPI incluam uma variedade de contribuições em espécie como parte da prestação de serviços. No entanto, quando contribuições em espécie são fundamentais para a prestação de serviços, é importante atribuir-lhes um valor monetizado, para assegurar que também sejam incorporadas à estrutura de custos do programa. Saber o custo total de um programa é importante para sua efetiva implementação, especialmente em situações em que o programa deverá ser ajustado ou replicado em outros locais num nível e padrão de serviços semelhantes, mas em um local em que os serviços em espécie, tais como um espaço cedido ou tempo de serviço voluntário podem não estar disponíveis.

Estimativa de Custos do Programa

Duas abordagens comuns para estimar os custos do programa são: (1) inferir custos a partir dos orçamentos do programa oficial e dos registros de despesas e (2) construir modelos de simulação de custos no qual todos os possíveis ingredientes do projeto (custos financeiros e econômicos) sejam contabilizados em um modelo informatizado. Cada abordagem tem vantagens e desvantagens e, na prática, não é raro usar as duas abordagens para atribuir um custo unitário a um programa e avaliar a implicação financeira de expandir os programas de acordo com parâmetros diferentes de prestação de serviços. É importante notar que uma estimativa de custos unitários apenas com orçamentos oficiais e informações de despesas pode levar a subestimar esses custos, pois o tempo, o material, o espaço físico ou outro apoio cedido em espécie com frequência não são oficialmente registrados. Os modelos de simulação costumam ser de maior utilidade para a concepção de novos programas, e sua desvantagem é que tendem a fornecer informações sobre o custo total por unidade, que não leva em conta as diferenças de preços nas diferentes zonas urbanas, rurais, periurbanas, ou em outras áreas geográficas de um país, especialmente nas áreas de difícil acesso, que têm custos mais elevados do que a média dos custos unitários.

Exemplos recentes de modelos abrangentes de simulação desenvolvidos para estimar o custo da expansão dos serviços de DPI incluem Van Ravens e Aggio (2008) e Mingat (2006). Seus modelos estimam os custos unitários de programas de DPI, em termos de PIB per capita, numa tentativa de estimar o custo potencial de expansão dos serviços utilizando diferentes parâmetros de prestação de serviços. Os resultados de Van Ravens e Aggio indicam que a expansão da pré-escola custaria cerca de 20,8 por cento do PIB per capita na África subsaariana e 12,5 por cento nos países árabes. O custo da expansão de programas domiciliares nos países árabes foi estimado em 4,5 por cento do PIB per capita. As análises da simulação de Mingat na África subsaariana indicam um custo estimado de 17 por cento do PIB per capita para programas formais de pré-escola em tempo integral, e 4,2 por cento para os programas baseados na comunidade. Essas estimativas, embora agregadas, fornecem uma dimensão dos custos de expansão sob certos parâmetros, que são então usados para estimar o nível total de recursos públicos e privados que seriam necessários para alcançar um determinado nível de prestação de serviços.

Outros modelos de simulação de custeio incluem (1) a Calculadora de DPI, desenvolvida pelo Amsterdam Institute for International Development (AIID) (Van der Gaag e Tan 1998).[1] (2) o modelo CARICOM desenvolvido por Charles e Williams (2008) para estimar os custos da criação de programas de DPI de qualidade; (3) a Ferramenta para Estimar os Custos da Universalização da Pré-escola nos Estados Unidos, desenvolvido pelo Instituto de Estudos Políticos da Mulher (Golin, Mitchell e Gault 2004); (4) o documento de Karoly e Bigelow (2005) sobre como estimar os custos e benefícios da universalização da pré-escola no estado da Califórnia, e (5) o modelo Brandon (2004), desenvolvido para estimar o custo de acesso ao financiamento para educação precoce de crianças de 4 anos ou menos nos Estados Unidos. Esses modelos têm ampla aplicação porque fornecem informações sobre o número e tipos de categorias de custos, como também sobre os parâmetros para alcançar diferentes níveis de qualidade e prestação de serviços (Van der Gaag e Tan 1998).

Um Quadro Abrangente de Análise de Custos Poderá ser Útil para Orientar os Requisitos Dados e de Planejamento

Qualquer estudo de custeio deveria ser claro desde o início sobre os tipos de informações que precisa coletar. As seguintes áreas são comuns na maioria das análises de custos: (1) fontes de recursos para determinar quem está arcando com o custo do programa e de onde provêm esses recursos (ver Nota 4.2 para mais detalhes), (2) uma lista de investimentos e custos operacionais,

(3) a repartição dos custos operacionais para identificar a proporção de custos diretos e indiretos, bem como de custos fixos e variáveis, (4) a configuração do programa (rural/urbano), (5) custos relacionados às linhas de ação (materiais, insumos, alimentação e formação), (6) fase de projeto (piloto, semiestabelecido, ou programa estabelecido) e (7) intensidade dos serviços (período de tempo em que o serviço é oferecido, ou seja, se é em tempo integral ou parcial). Assim que as informações são obtidas, constroi-se uma tabela de custos, a partir da qual o custo unitário do programa pode ser calculado, dependendo do número total de beneficiários a serem atingidos.

Os custos unitários de programas pré-escolares variam amplamente. A despesa anual em instituições de ensino que oferecem serviços pré-escolares (públicas ou privadas) varia muito, de US$ 8.867 nos Estados Unidos a US$ 1.315 no Brasil (Figura 4.1.1). A média da Organização para a Cooperação e Desenvolvimento Econômico (OCDE) é US$ 5.260. Esses custos unitários devem ser interpretados com cautela, pois refletem as despesas das instituições pré-escolares (sobretudo formais, baseadas em centros) com base nas equivalências de matrículas em tempo integral. Uma análise dos programas em tempo parcial em ambientes informais ou não baseados em centros provavelmente revelaria uma estrutura de baixo custo, uma vez que esses programas costumam contar com equipes de diferentes níveis de qualificação e diferentes intensidades na prestação de serviços, especialmente para crianças com menos de 2 anos de idade.

O modelo de simulação de Van Ravens e Aggio (2008) calcula que o custo unitário de programas pré-escolares esteja na faixa de US$ 58 na Mauritânia, US$ 70 no Iêmen, US$ 145 no Egito, US$ 318 na Tunísia – até US$ 2.739 nos Emirados Árabes Unidos. Outros programas pré-escolares não formais, como o programa Madrasa de DPI na África Oriental (Quênia, Uganda e Zanzibar), tinham custo unitário estimado entre US$ 14 e US$ 24 ao mês por criança. Novamente, esses números devem ser interpretados com cautela, dado que os elementos do programa são específicos do projeto (Issa e Evans 2008; Myers 2008a). Da mesma forma, o custo unitário estimado para os programas direcionados à faixa etária de 3 a 6 anos, produzido pela Comisión Económica para América Latina y el Caribe (CEPAL) e a Organización de los Estados Iberoamericanos para la Educación, Ciencia y la Cultura (OEI) (CEPAL e OEI 2009) para todos os países da América Latina e do Caribe, indicam uma faixa que vai de US$ 74 na Nicarágua, US$ 145 na Bolívia, e US$ 161 na Colômbia – até US$ 1.078 no Uruguai, US$ 1.170 no México, e US$ 1.966 no Chile.[2]

Figura 4.1.1 Despesas Anuais com Educação Pré-primária por Estudante (a partir dos 3 anos) (2006)

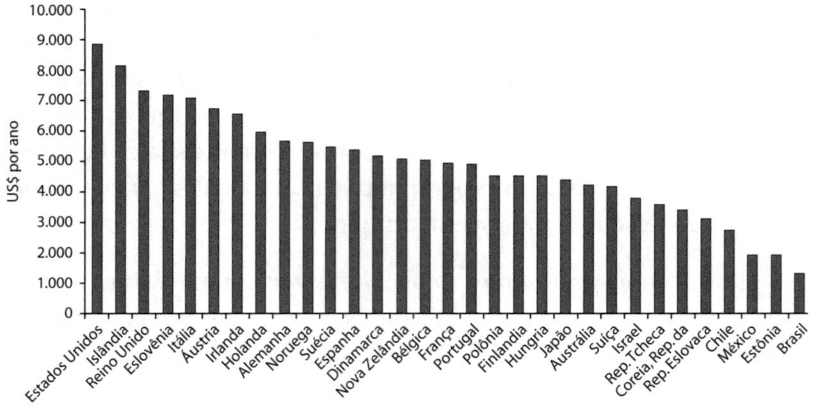

Fonte: OECD 2009.

As informações sobre os custos unitários de programas educativos para os pais, incluindo programas de visita domiciliar, são ainda mais limitadas. O Centro de Desenvolvimento da Criança do Caribe estimou o custo de um programa de visita domiciliar em US$ 312 anuais por criança na Jamaica (Myers 2008a), enquanto as estimativas de custo unitário de Van Ravens e Aggio (2008), segundo o modelo de simulação para programas domiciliares, chegou a uma série de custos unitários anuais de: US$ 13 na Mauritânia, US$ 23 no Djibuti, US$ 90 no Marrocos, US$ 203 na Tunísia, US$ 413 no Líbano, e US$ 1.252 dólares Nos Emirados Árabes Unidos.[3] Novamente, tais estimativas de custos devem ser interpretadas com cautela, uma vez que seu conteúdo técnico e a intensidade dos serviços podem variar substancialmente.

Devido à falta de informações sobre os custos unitários dos programas voltados às crianças de 0 a 3 anos de idade, a CEPAL e a OEI (2009) optaram por se basear nas informações de custo unitário dos programas voltados à faixa etária de 3 a 6 anos como estimativas orientadoras para o grupo de 0 a 3 anos.[4]

Análise de Custo-Efetividade e de Custo-Benefício

Embora haja ampla evidências empíricas sobre a importância dos programas de DPI na formação de capital humano (ver Notas 1.1 a 1.3), há uma série de exigências para os repasses de recursos públicos, que muitas vezes exigem que os decisores políticos ou gestores do programa façam pedidos com base em análises de custo-efetividade ou custo-benefício.

A Análise de Custo-Efetividade Compara Dois ou mais Programas de Acordo com a a Eficácia e os Custos para Cumprir um Objetivo Específico

A análise de Custo-Efetividade (CE) refere-se à avaliação das alternativas de acordo com os custos e efeitos no que diz respeito à produção de algum resultado ou conjunto de resultados. Na análise de CE, tanto os custos quanto os efeitos de diferentes alternativas são levados em consideração na avaliação de programas com objetivos similares. Supõe-se que (1) apenas programas com objetivos semelhantes ou idênticos possam ser comparados e (2) uma medida comum de eficácia possa ser usada para avaliá-los. Por exemplo, o CE pode ser usado para comparar modelos alternativos de prestação de serviços para melhorar a prontidão escolar usando as notas dos alunos como objetivo.

A combinação de informação sobre a eficácia e os custos fornece aos tomadores de decisão informações sobre um determinado nível de eficácia a um dado custo, ou o mais elevado nível de eficácia a um dado custo. Embora a análise de CE seja útil para selecionar duas ou mais alternativas em termos de eficácia, não fornece informações sobre qual a melhor alternativa em termos absolutos. A análise de CE é menos útil quando há muitos objetivos em análise e orientações limitadas sobre como decidir para selecionar as alternativas mais eficazes (Levin e McEwan 2002). A revista *The Lancet* (Engle et al. 2007) resumiu o impacto de uma série de estudos-pilotos de DPI sobre os resultados no desenvolvimento cognitivo das crianças; porém, dados sobre os custos não estavam disponíveis para comparar os efeitos (resultados) por dólar investido entre as alternativas.

Na Análise de Custo-Benefício, os Resultados de uma Alternativa são Expressos Diretamente em Termos Monetários

A análise de custo-benefício (CB) fornece um quadro dentro do qual sopesar as vantagens e desvantagens entre as alternativas de investimentos que melhorem o rendimento em termos de resultados específicos em relação a outros investimentos. A análise de CB baseia-se no princípio do "máximo ganho social", que parte do pressuposto de que os decisores procuram maximizar seu bem-estar social ou conforto; dessa forma, o princípio do máximo ganho social ditaria que os benefícios esperados devem exceder os custos previstos e, mais importante, que o excesso de benefícios sobre os custos deve ser maximizado. Métodos comumente usados para avaliar o valor de um investimento incluem o cálculo de um índice que representa o *valor presente* do total de benefícios do investimento ou programa para o valor atual do custo total de realização do investimento, ou seja, (1) $\text{Benefícios}_0 > \text{Custos}_0$ ou $\text{Benefícios}_0 - \text{Custos}_0 > 0$; (2) a *Taxa Interna de Retorno* (TIR), que é a taxa de desconto que faz que $\text{Benefícios}_0 - \text{Custos}_0 = 0$;

(3) e a *relação custo-benefício*, em que os projetos são selecionados quando a proporção entre o valor presente dos benefícios ao valor atual dos custos supera a unidade, onde os projetos $Benefícios_0$ / $Custos_0$ > 1. Todos os valores especificados na relação de custo-benefício devem ser benefícios econômicos e custos medidos em termos monetários (Cohn e Geske 1990).

Por exemplo, de acordo com resultados de Karoly e Bigelow (2005) sobre o custo de expansão de um programa pré-escolar para todas as crianças do estado da Califórnia, os investimentos em DPI têm CB positivo, gerando US$ 2,62 para cada dólar investido nos programas específicos analisados. Estima-se que o programa de um ano de universalização pré-escolar da Califórnia, que é de alta qualidade, gere cerca de US$ 7.000, em valores líquidos atuais, em benefícios por criança para a sociedade da Califórnia (setores público e privado), utilizando uma taxa de 3 por cento de desconto. Isso equivale a um retorno de US$ 2,62 para cada dólar investido, ou a uma taxa de retorno anual de cerca de 10 por cento num horizonte de 60 anos. O estudo também estima que, considerando uma taxa de 70 por cento de participação no programa de universalização da pré-escola, cada coorte anual de crianças californianas servidas gera US$ 2,7 bilhões em benefícios, em valores líquidos atuais, para a sociedade da Califórnia (usando uma taxa de desconto de 3 por cento).

Uma das falhas da análise de CB, no entanto, é que requer que os benefícios sejam mensuráveis e monetizados, o que se torna difícil de fazer no caso dos programas sociais, incluindo intervenções em DPI. Uma razão para isso é a existência de uma série de externalidades difíceis de medir com precisão, e mais ainda de monetizar. Estimar os benefícios totais dos programas de DPI é uma tarefa complexa que requer o desenvolvimento de um quadro multidimensional de análise para o qual séries históricas de dados são necessárias. A participação em programas de DPI resulta no curto, médio e longo prazo em benefícios em vários domínios, incluindo desempenho escolar, nível de educação, empregabilidade, ganhos provenientes do trabalho, competência social e emocional, além de resultados em saúde, bem-estar social e qualidade de vida.

Quando a análise de CB é factível, pode determinar se os benefícios superam os custos, o que permite a tomada de decisão em termos financeiros por si só e em absoluto. Outra vantagem da análise de CB é que fornece informações sobre a concepção e a execução do programa, inclusive sobre quais serviços ou combinações de serviços devem começar em qual idade, qual deve ser a extensão de cobertura, e como deve-se equipar, alocar e apoiar financeiramente os programas. Embora a análise de CB possa fornecer informações absolutas sobre as alternativas do programa, o método é normalmente intensivo de dados, requer maior tempo de observação e também que os benefícios possam ser monetizados, o que pode ser difícil nos setores social (Wolfe e Zuvekas 1997; Haveman e Wolfe 1984).

Nos Estados Unidos, vários programas de DPI foram analisados utilizando dados longitudinais sobre os impactos das intervenções em diferentes momentos (primeiros anos de escola, adolescência e idade adulta) (Campbell et al. 2002; Schweinhart et al. 2005; Reynolds et al. 2001) (ver Quadro 4.1.1). Os resultados desses estudos indicam uma relação custo/benefício positiva, variando de 3,78 no caso do Programa Abecedário da Carolina para 16,24 no projeto High/Scope Perry Preschool. Os estudos mostram que as intervenções em DPI geram benefícios ao longo da vida tanto para os beneficiários diretos quanto para a sociedade. No caso do projeto High/Scope Perry Preschool, o benefício total para cada US$ 1 investido (incluindo benefícios para os participantes individuais e o público) foi estimado em US$ 8,74 (aos 27 anos de idade) (Temple e Reynolds 2007).

Quadro 4.1.1

Intervenções em DPI com Estudos de Longo Prazo nos Estados Unidos

Nos Estados Unidos, vários estudos longitudinais têm contribuído para a compreensão do impacto de longo prazo de programas de desenvolvimento da primeira infância de alta qualidade, onde todos têm registrado taxas de retorno notável (como mostra a tabela abaixo) para o investimento em serviços para crianças de baixa renda durante os primeiros anos de vida (Committee for Economic Development 2006; Nores et al. 2005; Belfield et al. 2006; Masse e Barnett 2002; Karoly e Bigelow 2005; Aos et al. 2004; Reynolds et al. 2002).

Intervenção Abecedário para a Primeira Infância da Carolina: Entre 1972 e 1977, 111 crianças que foram consideradas com alto risco de fracassar na escola com base em uma série de fatores circunstanciais ligados aos pais e familiares foram inscritas no Programa Abecedário da Carolina. Os recém-nascidos, que eram principalmente afro-americanos, receberam cuidados e educação precoce a partir de 6 semanas de vida até os 5 anos ou foram designados ao grupo controle. Tanto nos componentes de creche quanto de pré-escola, os currículos especiais foram desenvolvidos com foco no desenvolvimento da linguagem, as salas de aula tinham baixa proporção de crianças para cada professor, e os professores tinham curso superior. Os participantes do programa foram acompanhados até a adolescência e, mais recentemente, até os 21 anos de idade. O Programa Abecedário da Carolina é oferecido bem no início do ciclo de vida, bem mais cedo do que outros programas pré-escolares, e a duração desse acompanhamento fornece informações valiosas sobre os efeitos a longo prazo das intervenções continuadas em educação pré-escolar.

Centros de Pais e Filhos de Chicago: Os Centros de Pais e Filhos de Chicago (CPFC) são centros pré-escolares financiados publicamente em bairros extremamente pobres que atendem crianças de baixa renda de 3 a 5 anos de idade, e que

(continua)

Quadro 4.1.1 *(continuação)*

começaram a funcionar em 1967 e continuam até hoje. As crianças frequentam a pré-escola três horas por dia durante o ano letivo, e aprendem leitura e matemática com professores bem qualificados de escolas públicas, em grupos pequenos. O Estudo semiexperimental Longitudinal de Chicago segue um grupo de 1.539 alunos (principalmente afro-americanos), que frequentaram o jardim de infância em 1985-86. Das crianças do grupo, 989 participaram de um centro de CPFC por um ou dois anos antes do jardim de infância, enquanto as outras 550 restantes não participaram de um programa de CPFC (e menos de um quarto desse grupo frequentou qualquer pré-escola). O estudo de acompanhamento mais recente dos alunos foi realizado quando as crianças tinham 20 ou 21 anos de idade.

Projeto High/Scope Perry Preschool: O Projeto Perry Preschool forneceu educação pré-escolar de alta qualidade para um número pequeno de crianças afro-americanas desfavorecidas de 3 a 4 anos de idade, em Ypsilanti, Michigan, entre 1962 e 1967. As 123 crianças do estudo nasceram em situação de pobreza e tinham alto risco de fracassar na escola. O grupo de tratamento recebeu educação pré-escolar de alta qualidade por 2,5 horas diárias durante o ano letivo, além de uma visita domiciliar de 1,5 hora por semana, enquanto ao grupo controle não foi prestado quaisquer serviço do programa. Todos os professores da Perry Preschool tinham bacharelado e ganhavam 10 por cento mais do que os professores do jardim de infância da mesma escola. Os participantes do programa foram acompanhados durante toda a juventude e idade adulta, sendo que o mais recente acompanhamento ocorreu aos 41 anos de idade.

	US$ por criança (com desconto de 3%)				
Programa	*Benefício total*	*Custo total*	*Benefício líquido*	*Relação custo/ benefício[a]*	*Taxa interna de retorno (%)*
Abecedário da Carolina (dólar de 2002)	135.546	35.864	99.682	3,78	7
CPC de Chicago (dólar de 1998)	47.759	6.692	41.067	7,14	10
Perry Preschool – acompanhamento até os 40 anos (dólar de 2000)	244.811	15.166	229.645	16,14	18

Fontes: Committee of Economic Development (2006); Nores et al. (2005); Belfield et al. (2006); Masse e Barnett (2002); Karoly e Bigelow (2005); Aos et al. (2004); Reynolds et al. (2002).

a. A relação varia muito por causa das diferenças nos tipos de medição dos benefícios e do tempo de acompanhamento.

Uma meta-análise de avaliações de programas de DPI nos Estados Unidos indica que os efeitos positivos dos programas para a primeira infância podem se traduzir em benefícios em dólares para o governo, como para os participantes e outros membros da sociedade. Dos programas analisados, o estudo de Karoly, Kilburn e Cannon (2005) encontrou sete com informações sobre a análise de CB, cinco dos quais demonstraram gerar uma série de benefícios por criança variando de US$ 1.400 até quase US$ 240.000, ou, dito de outra forma, o retorno para a sociedade, para cada dólar investido, ampliou-se de US$ 1,26 para US$ 17,07. Curiosamente, os retornos econômicos revelaram-se positivos nos programas baseados em visitas domiciliares ou na educação dos pais, bem como naqueles que combinaram esses serviços com educação infantil. O impacto maior foi nos programas que tiveram um longo prazo de acompanhamento em relação aos programas que tiveram menor tempo de acompanhamento (ou seja, até o ingresso na escola primária).

Uma ferramenta custo-benefício desenvolvida especificamente para o desenvolvimento da primeira infância é a Calculadora de Desenvolvimento da Primeira Infância (DPI) de Van der Gaag e Tan (1998), que calcula os benefícios econômicos dos programas de DPI ao monetizar coisas, tais como a melhoria na capacidade da criança de tirar vantagem do sistema de ensino (ou seja, ela têm mais probabilidade de ingressar na escola na idade certa e progredir até a escola secundária, e menos probabilidade de repetir de ano ou de abandonar a escola). A aplicação mede o aumento da produtividade (ou seja, o valor líquido atual do aumento da produtividade na vida) que pode ser esperado em um grupo de DPI de 1.000 recém-nascidos. Essa ferramenta tem sido usada em projetos financiados pelo Banco Mundial no Egito, Indonésia e Jamaica.[5]

Notas

1. Para fazer o *download* da calculadora de DPI, vá para www.worldbank.org/children e clique em Cost and Financing. Informações do AIID disponíveis em: http://www.aiid.org/index.php?ap=feature.
2. Os custos unitários podem variar conforme as diferenças de intensidade e a modalidade de execução dos programas.
3. Para parâmetros de programas específicos, ver Van Ravens e Aggio (2008).
4. Os custos unitários podem variar segundo as diferenças de intensidade e a modalidade de execução dos programas.
5. Ver World Bank Project Appraisal Documents para cada país citado.

Bibliografia Fundamental

Levin, M e P. J. McEwan 2002. "Cost-Effectiveness and Educational Policy." *2002 Yearbook*. Larchmont, NY: American Education Finance Association, Eye on Education.

Van Ravens, J e C. Aggio. 2008. *Expanding Early Childhood Care and Education: How Much Does It Cost? A Proposal for a Methodology to Estimate the Costs of Early Childhood Care and Education at Macro-Level, Applied to the Arab States*. Working Paper 46. The Hague: Bernard van Leer Foundation.

Wolfe, B., and S. Zuvekas. 1997. "Nonmarket Outcomes of Schooling." *International Journal of Educational Research* 27 (6): 491–501.

Referências

Aos, S., R. Lieb, J. Mayfield, M. Miller e A. Pennucci. 2004. *Benefits and Costs of Prevention and Early Intervention Programs for Youth*. Olympia, WA: Washington State Institute for Public Policy.

Belfield, C. R., M. Nores, S. Barnett e L. Schweinhart. 2006. "The High/Scope Perry Preschool Program: Cost-Benefit Analysis Using Data from the Age-40 Follow-Up." *Journal of Human Resources* 41 (1): 162–90.

Brandon, R. N. 2004. *Financing Access to Early Education for Children Age Four and Below: Concepts and Costs*. Paper apresentado na Conferência The Brookings–University of North Carolina sobre "Creating a National Plan for the Education of 4-Year-Olds." 9–10 set. Washington, DC.

Campbell, F. A., C. T. Ramey, E. P. Pungello, S. Miller-Johnson e J. J. Sparling. 2002. "Early Childhood Education: Young Adult Outcomes from the Abecedarian Project. *Applied Developmental Science* 6 (1): 42–57.

CEPAL e OEI. (Comisión Económica para América Latina y el Caribe e Organización de Estados Iberoamericanos para la Educación, Ciencia y la Cultura). 2009. *Metas Educativas 2021: Estudio de Costos*. Santiago de Chile: División de Desarrollo Social.

Charles, L. e S. Williams. 2008. A Model to Support ECD Decision-making: Caribbean Regional Experiences with Costs and Simulations. *Coordinators' Notebook* 30: 52. Toronto, Canadá: Consultative Group on Early Childhood Care and Development.

Cohn, E. e G. Geske. 1990. *Economics of Education*. Oxford, UK: Pergamon Press.

Committee for Economic Development. 2006. *The Economic Promise of Investing in High Quality Preschool: Using Early Education to Improve Economic Growth and the Fiscal Sustainability of States and the Nation.* Washington, DC: Committee for Economic Development.

Engle, P. L., M. M. Black, J. R. Behrman, M. C. de Mello, P. J. Gertler, L. Kapiriri, R. Martorell e M. E. Young, and the International Child Development Steering Group. 2007. "Strategies to Avoid the Loss of Developmental Potential in More Than 200 Million Children in the Developing World." *The Lancet* 369: 229–42.

Evans, J. L., R. G. Myers e E. M. Ilfeld. 2000. *Early Childhood Counts: A Programming Guide on Early Childhood Care for Development.* Washington, DC: World Bank. pp. 322–23.

Golin, S. C., A. W. Mitchell e B. Gault. 2004. *The Price of School Readiness: A Tool for Estimating the Cost of Universal Preschool in the States.* Washington, DC: Institute for Women's Policy Research.

Haveman, B. e B. Wolfe. 1984. "Education, Productivity, and Well-Being: On Defining and Measuring the Economic Characteristics of Schooling." In: Dean, E. (ed.). *Education and Economic Productivity.* Cambridge, MA: Ballinger. pp. 19–55.

Issa, S. S. e J. L. Evans. 2008. "Going to Scale With Effective ECD Interventions: What Is Involved? A Costing Model of the Madrasa ECD Programme in East Africa." *Coordinators' Notebook,* 30: 41–45.

Karoly, L., R. Kilburn e J. Cannon. 2005. *Early Childhood Interventions: Proven Results, Future Promise.* Santa Monica, CA: The Rand Corporation.

Karoly, L. A. e J. H. Bigelow. 2005. *The Economics of Investing in Universal Preschool in California.* Santa Monica, CA: The Rand Corporation. p. 82.

Levin, M. e P. J. McEwan 2002. *Cost-Effectiveness and Educational Policy.* Gainesville, FL: American Education Finance Association.

Levin, H. e H. Schwartz. 2006. "Costs of Early Childhood Care and Education Programs." Estudo encomendado para *Education for All Global Monitoring Report 2007: Strong Foundations: Early Childhood Care and Education.* United Nations Educational, Scientific and Cultural Organization, Paris. National Center for the Study of Privatization in Education, Teachers College, Columbia University, New York.

Masse, L. e W. S. Barnett. 2002. *A Benefit-Cost Analysis of the Abecedarian Early Childhood Intervention.* New Brunswick, NJ: National Institute for Early Education Research (NIEER).

Mingat, A. 2006. *Early Childhood Care and Education in Africa: Towards Expansion of Coverage and Targeting of Efficient Services*. Paper apresentado na Association for the Development of Education in Africa (ADEA) Bienal de Gabão, em março de 2006. Paris: ADEA.

Myers, R. G. 2008a. *Costing Early Childhood Care and Development Programmes*. Online Outreach Paper 5. The Hague: Bernard van Leer Foundation.

Myers, R. G. 2008b. "A Note on Costs and Costing of Early Childhood Care and Development Programmes." *Coordinators' Notebook* 30: 29. Toronto, Canada: Consultative Group on Early Childhood Care and Development.

Nores, J. C. R. Belfield, W. S. Barnett e L. Schweinhart. 2005. "Updating the Economic Impacts of the High/Scope Perry Preschool Program." *Educational Evaluation and Policy Analysis* 27 (3) (Outono): 245–61.

OECD (Organisation for Economic Co-operation and Development). 2009. *Education at a Glance 2009: OECD Indicators*. Disponível em: http://www.oecd.org/ document/24/0,3343,en_2649_39263238_43586328_1_1_1_1,00.html.

Reynolds, A. J., J. A. Temple, D. L. Robertson e E. A. Mann. 2001. "Long- Term Effects of an Early Childhood Intervention on Educational Achievement and Juvenile Arrest: A 15-Year Follow-Up of Low-Income Children in Public Schools." *Journal of the American Medical Association* 285: 2339–46.

______. 2002. "Age 21 Cost-Benefit Analysis of the Title I Chicago Child-Parent Centers." *Educational Evaluation and Policy Analysis* 24 (4) (Inverno): 267–303.

Schweinhart, L. J., J. Montie, Z. Xiang, W. S. Barnett, C. R Belfield e M. Nores. 2005. *Lifetime Effects: The High/Scope Perry Preschool Study through Age 40*. Ypsilanti, MI: High/Scope Educational Research Foundation.

Temple, Judy A. e Arthur J. Reynolds. 2007. "The Benefits and Costs of Investments in Preschool." *Economics of Education Review* 26(1): 126–44.

Van der Gaag, J. e J. P. Tan. 1998. *The Benefits of Early Child Development Programs: An Economic Analysis.* Washington, DC: World Bank.

Van Ravens, J. e C. Aggio. 2008. *Expanding Early Childhood Care and Education: How Much Does It Cost? A Proposal for a Methodology to Estimate the Costs of Early Childhood Care and Education at Macro-Level, Applied to the Arab States*. Working Paper 46. The Hague: Bernard van Leer Foundation.

Wolfe, B. e S. Zuvekas. 1997. "Nonmarket Outcomes of Schooling." *International Journal of Educational Research* 27 (6): 491–501.

NOTA 4.2

Financiamento de Programas de DPI

Esta nota discute mecanismos de financiamento para custear programas de DPI. Identifica os desafios ao fazer comparações entre países sobre investimentos em DPI e oferece orientação sobre as dimensões que podem ser usadas como variáveis em uma análise comparativa. A nota apresenta uma estrutura simples para organizar as informações em diferentes fontes de financiamento e mecanismos para alocar esses recursos. Uma busca na literatura foi conduzida para comparar os investimentos em DPI entre os países; exemplos em cada país são fornecidos para ilustrar a diversidade, os meandros e a complexidade dos sistemas de financiamento de DPI nos diversos países. A maioria dos países tem um longo caminho a percorrer para aumentar as receitas públicas necessárias para oferecer serviços de DPI de qualidade. Os governos não só precisam prever em seus orçamentos os serviços de DPI, mas também precisam trabalhar junto com a variedade de prestadores de DPI e as principais partes interessadas para encontrar fontes de receitas inovadoras, estáveis e sustentáveis.

Investimentos em Desenvolvimento da Primeira Infância

As Informações Comparativas entre Países sobre os Programas e Investimentos em DPI são Escassas

Os programas de DPI são muito diversos e heterogêneos no que diz respeito a seu alcance, conteúdo e intensidade. Tal diversidade de programas, juntamente com a falta de padrões e parâmetros universais para orientar a coleta de dados em nível internacional, apresenta um desafio para os pesquisadores que procuram analisar as diversas abordagens, investimentos e resultados dos programas de DPI. Comparar informações sobre os programas de DPI para lactentes e crianças com menos de 3 anos é particularmente difícil, por causa do alto grau de fragmentação entre os setores, programas e fornecedores que focam esse grupo etário. Para crianças de 3 a 6 anos, a informação em geral está mais facilmente disponível, porque a pré-escola[1] é oficialmente reconhecida como um nível de escolaridade e um serviço disponível em muitos países, embora com diferentes graus de cobertura e grande variação no conteúdo e intensidade dos programas.

Comparações Precisas entre Programas e Investimentos em DPI Demandam um Certo Grau de Padronização

Dada a heterogeneidade dos programas de DPI, as análises comparativas entre os países devem compensar as diferenças de abrangência, conteúdo e intensidade do programa por meio da aplicação de um conjunto de normas comuns a partir das quais os programas de cada país possam criar os seus marcos. Os itens geralmente considerados para padronizar as informações do programa são os seguintes:[2]

1. *resultados visados*: gravidez, saúde, competências cognitivas, socioemocionais, comportamentais e competências dos pais
2. *público-alvo*: pais, filhos, pais e filhos, unidade familiar
3. *critérios de segmentação*: universal, baseado na renda familiar, baseado em necessidades especiais, situação de risco familiar, idade da criança focada (do pré-natal aos 6 anos)
4. *localização dos serviços*: em casa, fora de casa
5. *tipos de serviços oferecidos*: educacional (pré-escola, educação dos pais), apoio familiar, relacionados à saúde e nutrição, relacionado ao trabalho, terapêutico
6. *intensidade da intervenção*: idade de início e idade de saída, horas por semana, semanas por ano
7. *forma de prestação*: individual, em grupos pequenos ou grandes
8. *alcance do programa*: nacional, estadual, municipal, um único grupo
9. *fontes de recursos*: públicas, privadas, parcerias público-privadas, assistência internacional
10. *mecanismo de alocação financeira*: recursos orçamentários, subvenções/subsídios (genéricos ou específicos), vale-educação, créditos fiscais, recursos complementares.

A menos que as especificidades dos diferentes tipos de programas sejam padronizadas utilizando uma escala semelhante de análise, há o risco de gerar informações imprecisas ou mesmo errôneas, nomeadamente em termos de investimento, custo-efetividade e resultados.

As Organizações Internacionais têm Assumido o Desafio de Coletar Informações Comparáveis em DPI

Ao longo dos últimos anos, vários organismos internacionais têm assumido o desafio de compilar dados padronizados e comparativos sobre os serviços de DPI para determinar o nível de penetração do serviço, as taxas de utilização, e os esforços de investimento. O mais notável desses esforços são os recentes estudos sobre DPI da OCDE, da UNESCO (Organização das Nações Unidas para a Educação, a Ciência e a Cultura), e do Banco Mundial, que fornecem informações exaustivas globais e regionais sobre várias dimensões do programa para crianças de 0 a 6 anos. A maioria desses estudos comparativos entre países foi realizada apenas uma vez, limitando as perspectivas da realização de análises longitudinais.

As Informações Disponíveis Indicam que é Necessário um Investimento Público de 1 por cento do PIB para Oferecer Serviços de DPI de Qualidade

De acordo com o relatório da OCDE (OECD 2006), *Doing better for Children II*, que fornece informações abrangentes sobre investimentos em DPI destinados a crianças com menos de 6 anos, os países dão grande prioridade para a faixa etária mais jovem. As últimas estatísticas indicam que os governos gastam em média 2,36 por cento do PIB em uma ampla gama de serviços para famílias e crianças pequenas, incluindo gastos com programas pré-escolares. A despesa média com pré-escola para crianças de 3 a 6 anos é de 0,49 por cento do PIB, o que inclui os gastos de origem pública e privada. Evidências de pesquisas da OCDE (Starting Strong II) sugerem que o investimento público de 1,0 por cento do PIB é o mínimo necessário para garantir a prestação de serviços de DPI de qualidade. Estudos da European Commission Network on Child Care and Other Measures to Reconcile the Employment Responsibilities of Men and Women (1996), e do Consultative Group on Early Childhood Care and Development (2008) sugerem níveis similares de investimento público como uma referência de orientação.

Fora da OCDE, os Países da Região da Europa Central e Oriental têm os Maiores Níveis de Investimento em Pré-escola

O relatório da Unesco *Education for All (EFA) Global Monitoring Report 2007* (UNESCO 2006), que fornece um conjunto completo de estatísticas sobre os serviços de DPI, classifica os países da Europa Central e Oriental entre aqueles com nível mais elevado de gastos públicos com pré-escola, em média 0,5 por cento do PNB. Os gastos variam do máximo de 1,0 por cento do PNB na Bielo-Rússia a 0,3 por cento na Estônia e Romênia. A América Latina e o

Caribe ocupam a segunda posição no *ranking*, com uma despesa média de 0,2 por cento do PNB. Os gastos variam do máximo de 0,6 por cento do PNB na Guiana até 0,02 por cento na Nicarágua. Os países da África Subsaariana têm os mais baixos níveis de gastos públicos em educação pré-escolar.

Os Investimentos em Educação Pré-Escolar Como Proporção do Orçamento da Educação Continuam Sendo de Baixa Prioridade

O *EFA Global Monitoring Report* mostra também que o investimento público destinado à educação pré-escolar é de menos de 10 por cento da despesa pública total em educação em muitos países e, em alguns, de menos de 5 por cento. Os países em desenvolvimento que destinam pelo menos 10 por cento às despesas com ensino público pré-escolar incluem Bielo-Rússia, Bulgária, Costa Rica, Croácia, República Tcheca, Guiana, Hungria, México, Mongólia, Moldávia, República Eslovaca e Eslovênia. Os países da África Subsaariana têm níveis de despesa inferiores a 1 por cento do orçamento total da educação pública. As taxas brutas de matrícula na pré-escola seguem os padrões regionais de gastos públicos: as mais altas são as do mundo desenvolvido, em média 80 por cento, e as mais baixas as do mundo em desenvolvimento, em média 36 por cento. Por sub-região, as taxas de escolarização bruta mais elevadas são as das Caraibas (82 por cento), e as mais baixas são as da África Subsaariana (15 por cento) e dos Estados árabes (19 por cento).

Financiamento para o DPI: Fontes de Recursos e Mecanismos de Alocação

Esta seção apresenta um quadro dos tipos de financiamento para ilustrar a variedade de mecanismos de financiamento e alocação mostrados na Tabela 4.2.1. Embora as fontes de recursos, os sistemas de geração de receitas públicas e as maneiras específicas de alocação de recursos mencionados não sejam exaustivos, o quadro descreve as diversas opções de financiamento a serem consideradas que podem entrar em ressonância com as práticas estabelecidas de financiamento público em nível nacional.

O Financiamento dos Programas de DPI Baseiam-se na Combinação entre Recursos Públicos e Privados

Os recursos públicos podem vir de diferentes níveis de governo (federal, estadual, provincial, municipal ou distrital), e geralmente são mobilizados a partir de impostos (sobre renda, concessão de alvarás). *Fundos privados* podem vir do setor industrial, de fundações, de grupos comunitários e outras ONGs, e das famílias (por meio de taxas de matrícula, impostos e mensalidades escolares), o que pode ser particularmente relevante quando os serviços de DPI são fornecidos para uma ampla gama de beneficiários do DPI, incluindo as crianças de famílias mais abastadas.

Tabela 4.2.1 Fontes e Modalidades de Alocação de Recursos para Programas de DPI

Fontes de recursos		*Modalidades de alocação de recursos*	
Recursos públicos	***Os fundos públicos de financiamento podem vir de diferentes níveis de governo:*** • Federal / central • Estados / províncias • Municípios • Distritos / localidades • Cidades ***Os fundos podem ser levantados por meio de:*** • Receita geral de impostos (p. ex., vendas, renda, folha de pagamento, propriedade) • Loterias • Impostos sobre o tabaco e o álcool • Taxas (p. ex., pedágios, licenciamento, concessão de alvarás)	**Alocação direta por meio de:**	• Dotação orçamentária: os destinatários podem ser prestadores públicos ou privados. • Subsídios genéricos: os destinatários podem ser públicos ou privados. • Complementação total ou parcial de recursos: o governo responde por um nível predeterminado de investimento, enquanto os prestadores de serviços ou as famílias financiam o restante. • Vale-educação: os beneficiários podem ser prestadores públicos ou privados, ou participantes do programa. • Subsídio direto para elementos específicos do programa (p. ex., salários de pessoal, desenvolvimento da planta física, currículo, sistemas de garantia de qualidade etc.): os beneficiários podem ser prestadores públicos ou privados. • Transferências Condicionais de Renda: os destinatários são em geral os participantes do programa.
		Alocação indireta por meio de:	• Subsídios variáveis baseados na necessidade • Políticas de licença paternidade e maternidade • Créditos fiscais e abatimentos
Recursos privados	***Os fundos privados de financiamento podem vir de:*** • Empresas privadas • Fundações • Grupos comunitários/ONGs • Famílias (taxas de matrícula, mensalidades, co-pagamentos)	**Alocação direta por meio de:**	• Cuidados prestados no local de trabalho • Pagamentos a fornecedores • Fundos de contrapartida
		Alocação indireta por meio de:	• Vale-educação • Dinheiro ou doações em espécie para organizações religiosas e sem fins lucrativos

(continua)

Tabela 4.2.1 *(continuação)*

Fontes de recursos		*Modalidades de alocação de recursos*
Parcerias público--privadas	*O financiamento pode vir de:* • Governo • Empresas privadas • Fundações • Grupos comunitários/ONGs	• Fundos de contrapartida para as iniciativas de investimento de capital para ampliar os serviços de DPI
Agências internacionais	*O financiamento pode vir de:* • Organismos internacionais de financiamento (empréstimos e doações) • Organismos bilaterais (subsídios) • ONGs internacionais (doações)	• Recursos para os programas aprovados pelo governo: os destinatários podem ser prestadores públicos ou privados, ou participantes do programa.

Fonte: Adaptado de Belfield (2006).

Parcerias público-privadas são normalmente estabelecidas para levantar "fundos de contrapartida", especialmente nas iniciativas que necessitam de grandes volumes de capital para sua implementação. Em países onde as receitas geradas de fontes públicas e privadas são limitadas, os organismos internacionais podem financiar o projeto ou ampliar os programas de DPI, concedendo empréstimos ou doações como forma de estender os serviços de DPI.

As Modalidades de Alocação de Recursos Públicos ou Privados são Amplas

Os recursos podem ser destinados "diretamente" aos prestadores de serviços de DPI por meio de dotações orçamentárias, subsídios genéricos, subsídios específicos, fundos de contrapartida, ou aos participantes do programa por meio de vales-educação, pagamentos subsidiados ou transferências condicionadas de renda. Os recursos podem também ser repassados "indiretamente" aos prestadores por meio de créditos fiscais e abatimentos, ou aos participantes do programa por meio da aplicação de políticas generosas de licença paternidade e maternidade, subsídios baseados na necessidade, ou créditos fiscais e abatimentos específicos.

A seleção das fontes de financiamento ou modalidades específicas de alocação de recursos depende de uma série de fatores específicos do país e do contexto social. Por exemplo, as políticas de DPI de alguns países incluem o direito legal a serviços gratuitos, a obrigação de financiamento público, e podem mesmo ter uma fonte de receitas específica. Outros países tomam decisões sobre as fontes e mecanismos de alocação com base em práticas estatais estabelecidas no custeio de programas de política social (fortes ou limitados); público-alvo visado (cobertura universal, com base na renda, baseada em vulnerabilidades); e a capacidade de absorção e sofisticação do "mercado" para serviços de DPI (esta, particularmente, é uma questão a considerar ao tomar decisões sobre os instrumentos de financiamento pelo lado da procura, como vales-educação e as transferências condicionadas de renda).

Ao Selecionar um Mecanismo de Financiamento Deve-se Buscar o Equilíbrio entre Simplicidade, Segurança e Equidade

Embora não haja uma fórmula exata ou equilíbrio ideal entre financiamento público e privado, é provável que o peso relativo do tipo de custeio tenha um efeito diferente e provoque uma resposta diferente em dimensões tais como equidade, medidas de responsabilização, escolha dos pais, padrões de ensino e garantia da qualidade. Por exemplo, as conclusões do relatório da OCDE (Tayler e Bennett 2006) *Starting Strong II* indicam que o financiamento público direto tem a vantagem de oferecer uma gestão pública mais eficaz dos serviços de DPI, vantagens de escala, melhor qualidade em nível nacional, formação mais eficaz dos educadores, e maior grau de equidade no acesso se comparado aos modelos de subvenção da família. Ao mesmo tempo, o relatório destaca a possibilidade de acomodar os prestadores privados de forma eficaz quando existe uma clara garantia de qualidade institucional e um plano de custeio bem supervisionado e mecanismos de fiscalização adequada.

Como Determinar os Princípios Nacionais que irão Nortear as Opções de Financiamento do DPI

Os princípios que é preciso ter em mente ao decidir entre as diversas fontes de custeio e mecanismos de alocação incluem: (1) simplicidade em termos de administração e de acesso, (2) garantia e sustentabilidade dos fluxos de financiamento, (3) peso provável de certos tipos de impostos sobre os diferentes segmentos da população, (4) aplicabilidade de normas e padrões para garantir a qualidade do programa, e (5) a possibilidade de os pais poderem escolher e oportunidades de financiamento direto entre os prestadores de DPI, inclusive o fornecimento de moradia (especialmente importante em áreas rurais e comunidades isoladas).

Exemplos de Fontes de Financiamento e Mecanismos de Alocação em Vários Países

A Maioria dos Países Depende de uma Combinação de Recursos Públicos e Contribuições das Famílias para Financiar Programas de DPI

Na maioria dos países, os recursos públicos são a maior fonte de custeio do DPI, sendo que as famílias também têm uma contribuição importante (Vargas-Baron 2008) (ver Anexo, Tabela 4.2A-4). O nível da participação familiar depende da disponibilidade de instalações físicas, que são fornecidas pelo setor público ou patrocinadas, e os critérios de escolha para ter acesso a essas instalações, bem como em que medida os países podem contar com oferta não subsidiada em centros privados (por criança/creche ou pré-escola). Os países com elevados níveis de participação do setor público nas instalações de prestação públicas ou patrocinadas, principalmente para crianças de 3 a 6 anos, incluem Austrália, Cuba, República Tcheca, Dinamarca, Finlândia, Hungria e Tailândia. Os países com mercados desenvolvidos para atender à criança/creche e pré-escola incluem Estados Unidos e Reino Unido (criança/creche).

Nos Estados Unidos, os pais tendem a arcar com o custo total das creches e programas pré-escolares, com exceção dos programas patrocinados pelo governo federal, como o Head Start e o Child Care Development Fund, que estão disponíveis para crianças vulneráveis e em situação de risco. Os programas pré-escolares estão geralmente vinculados a sistemas de educação primária, onde as contribuições do núcleo familiar são proporcionalmente inferiores ao custo total; no entanto, o acesso a esses programas varia de estado para estado (Tayler e Bennett 2006; Belfield 2006).

Países como Brasil, Colômbia e México contam com uma combinação de fontes de custeio público e privado, o que torna o ano de pré-escola antes da primeira série (pré-primário) quase universal, e destinam vários programas de cuidados precoces e pré-escolares a grupos vulneráveis. Entre os países que dependem quase que exclusivamente do núcleo familiar estão Indonésia, Quênia e Senegal (UNESCO 2006).

A Maioria dos Países Recorre a Vários Mecanismos de Alocação de Recursos Públicos

A maioria dos países tem vários mecanismos de alocação em vigor simultâneos, com vistas a alcançar certos objetivos e públicos-alvos dos programas (Belfield 2006; Tayler e Bennett 2006; PEW Center on the States 2009; Van Ravens e Aggio 2008; Vegas e Santibáñez 2010). Países que permitem o acesso por meio de recursos públicos normalmente canalizam os recursos através de dotações orçamentárias diretas à autoridade institucional (central, estadual ou local), que é responsável pela prestação dos serviços (Brasil, Colômbia,

República Tcheca, México e Tailândia), ou de uma combinação de uma linha orçamentária e subsídios genéricos (Hungria, Estados Unidos e Reino Unido). Países como Austrália, Hungria, Estados Unidos e Reino Unido fornecem subsídios aos prestadores de serviços (públicos ou privados) ou aos pais para acessar os serviços, todos com diferentes graus de segmentação, níveis de exigência e tipos de certificação dos prestadores.

Na maioria dos casos, no entanto, as famílias complementam a contribuição das fontes governamentais, para cobrir tanto despesas operacionais dos centros públicos quanto taxas de matrícula nos centros privados. Por fim, alguns países repassam recursos "indiretamente" aos pais por meio do estabelecimento de políticas generosas de licenças paternidade e maternidade para cuidar dos filhos (por exemplo, República Tcheca, Dinamarca, Finlândia e Hungria) ou de transferências condicionais de renda (Equador, México, Panamá, Nicarágua e Turquia).

Uma ilustração dos impactos das fontes de financiamento e mecanismos de alocação em termos do acesso, equidade, conteúdo e qualidade dos programas de DPI é fornecida por Grun (2008), que compara os esquemas de financiamento de DPI na França, Suécia, Estados Unidos, Inglaterra e Nova Zelândia. Ela constatou que as decisões de financiamento são muitas vezes orientadas por fatores que, embora exógenos ao processo de decisão política, afetam a seleção de fontes específicas de financiamento e mecanismos de alocação. Esses fatores, ou "diretivas", são o papel da capacitação, a tolerância para a variação nos serviços, o nível de engajamento dos pais, a participação e conhecimento sobre a qualidade nos cuidados da criança, o nível de contingência orçamentária desejado e o grau de heterogeneidade da população. Por exemplo, o "modelo de pré-escola francês", onde a capacitação tem papel central (prestação pública com recursos públicos), um grande desejo de concretizar os padrões nacionais (baixa tolerância à variação), e a habilidade de confiar na "voz" dos pais (em vez de escolher), costuma ser um modelo eficaz em países onde a população é bastante homogênea e onde há uma preocupação limitada com a contenção de despesas orçamentárias. Por outro lado, o modelo francês pareceria inadequado em países com forte tradição de descentralização (Inglaterra e Estados Unidos) e prestação privada (Nova Zelândia e Estados Unidos), onde há uma forte preferência pela escolha dos pais (Nova Zelândia, Suécia e Estados Unidos), ou uma grande preocupação com a contenção de despesas orçamentárias (Inglaterra e Nova Zelândia).

Como Aumentar o Financiamento para Programas de DPI

Harmonizar Políticas e Mecanismos de Prestação de Serviços

Como os serviços para crianças de 0 a 6 anos são responsabilidade de vários ministérios do governo em diferentes níveis da administração (nacional, estadual e municipal), e muitas vezes são prestados de forma fragmentada (saúde, nutrição e educação), existe a possibilidade de identificar eventuais sobreposições ou duplicação de esforços para influenciar os investimentos entre os ministérios. Em uma situação ideal, um órgão de nível central no mínimo seria responsável pela administração e coordenação de serviços para orientar os fornecedores, garantir a qualidade dos serviços, proporcionar incentivos para aumentar a cobertura e a qualidade, e promover pesquisas e sua disseminação. Deve-se notar, no entanto, que os países têm tido sucesso quando confiam no governo tanto como "único provedor" de serviços quanto sobre seu papel como promotor ativo da prestação do serviço, independentemente do tipo de prestador (público, privado ou sem fins lucrativos).

Fomentar o Desenvolvimento de Mercados em Cuidados Infantis Vinculados a Parcerias Público-Privadas

Alguns países têm alimentado o desenvolvimento de novos mercados, isto é, incentivado os novos prestadores a entrar no mercado para oferecer serviços e programas de DPI, permitindo que os provedores privados e sem fins lucrativos tenham acesso a recursos públicos para o DPI. Mais especificamente, os recursos podem ser alocados quando os provedores cumprem as normas de qualidade (licenciamento do pessoal, acreditação de centros etc.) e estabelecem planos institucionais para alcançar os objetivos, metas ou resultados nacionais no desenvolvimento infantil. Nesses casos, os recursos podem ser repassados diretamente aos provedores por meio de subsídios específicos, ou aos pais/cuidadores por meio de vales-educação e subsídios (Behrman, Cheng e Todd 2004).

Explorar Fontes de Financiamento Novas e Inovadoras

Embora a maior parte dos programas de DPI seja custeada por orçamentos nacionais em geral, alguns países têm receitas específicas destinadas ao financiamento de DPI e outros serviços sociais. Exemplos de fontes não tradicionais de recursos incluem as de: França e Colômbia, que têm um imposto sobre os salários destinado ao financiamento de projetos sociais, especialmente para as crianças (UNESCO 2006); Brasil, Jamaica, Suécia, Reino Unido e Estados Unidos, que dependem de imposto de renda pago por pessoas físicas ou empresas (Vargas-Baron 2008); África do Sul e vários estados dos EUA (Myers 2000), que dependem de loterias nacionais ou estaduais; e México, onde algumas receitas de lojas de penhor estatais são destinadas a programas de educação na primeira infância (Vargas-Baron 2008). Embora novas fontes precisassem ser avaliadas por seus próprios méritos, bem como por sua neutralidade fiscal, seus impactos na equidade e sua sustentabilidade no longo prazo, é importante gerar opções não tradicionais a considerar, especialmente em um contexto de exigências múltiplas e concorrentes das fontes tradicionais de recursos públicos.

Anexos

Tabela 4.2A-1 Investimento Público em Serviços para Famílias e Crianças Pequenas (0 a 6 anos), 2005

porcentagem do PIB

País	*Total de prestações em dinheiro*	*Total de serviços à família*	*Despesas públicas com o ISCED 0 * (pré-escola)*	*Total de despesas públicas (% do PIB)*
Alemanha	1,1	0,8	0,40	2,55
Austrália	2,4	0,5	0,07	2,97
Áustria	2,4	0,6	0,42	3,42
Bélgica	1,9	0,4	0,58	2,88
Canadá	0,9	0	0,2	1,1
Coreia, Rep. da	0	0,1	0,05	0,15
Dinamarca	1,5	2,3	0,65	4,14
Estados Unidos	0,1	0,3	0,38	0,78
Finlândia	1,7	1,4	0,34	3,75
França	1,5	1,3	0,65	3,2
Holanda	0,7	0,4	0,37	1,47
Hungria	1,9	0,6	0,73	3,23
Irlanda	1,4	0,2	0,39	1,85
Itália	0,6	0,3	0,39	1,29
México	0,1	0,2	0,52	0,82
Noruega	1,9	1,3	0,84	4,04
Portugal	0,7	0,5	0,30	1,55
Reino Unido	1,9	0,3	0,45	2,65
República Tcheca	1,5	0,1	0,43	2,03
Suécia	1,8	1,1	0,52	3,42
Média	**1,3**	**0,63**	**0,434**	**2,36**

Fonte: OCDE (2006) *Starting Strong II*. Tabela 5.2, p. 246.

Nota: * O ISCED 0 – a UNESCO define pré-escola como o nível 0 no ISCED (Classificação Internacional Normalizada da Educação). Programas pré-escolares variam em conteúdo e duração; assim, os dados podem não ser totalmente comparáveis.

Tabela 4.2A-2 Despesas Públicas e Privadas com Educação Pré-Primária (3 a 6 anos), 2005

porcentagem do do PIB

País	*Despesas públicas*	*Despesas privadas*	*Total de despesas (públicas e privadas)*
Alemanha	0,4	0,14	0,53
Austrália	0,07	0,03	0,1
Áustria	0,42	0,13	0,55
Bélgica	0,58	0,01	0,59
Canadá	0,2	n.a.	0,2
Coreia, Rep. da	0,05	0,11	0,16
Dinamarca	0,65	0,15	0,81
Estados Unidos	0,38	0,11	0,49
Finlândia	0,34	0,03	0,38
França	0,65	0,03	0,67
Holanda	0,37	0,01	0,38
Hungria	0,73	0,07	0,79
Irlanda	0,39	n.a.	0,39
Itália	0,39	0,05	0,44
México	0,52	0,08	0,61
Noruega	0,84	0,18	1,02
Portugal	0,3	n.a.	0,35
Reino Unido	0,45	0,02	0,47
República Tcheca	0,43	0,03	0,46
Suécia	0,52	0	0,52
Média	**0,434**	**0,07**	**0,495**

Fonte: OECD (2006) *Starting Strong II*. Tabela 5.4, p. 247.
Nota: n.a. = não aplicável.

Tabela 4.2A-3 Total de Despesas Públicas com Educação e Educação Pré-Escolar, 2004

porcentagem do PNB

País	*Total de despesas com educação pública*	*Despesas públicas com educação pré-escolar*	*Porcentagem da educação pré-escolar no total de despesas com educação pública*
			Gastos de 10% ou mais
Moldávia	4,2	0,80	19,0
Mongólia	5,7	1,00	17,5
Belarus	5,8	1,00	17,2
Bulgária	4,4	0,60	13,6
Hungria	6,3	0,80	12,7
República Eslovaca	4,1	0,50	12,2
Guiana	5,8	0,60	10,3
França	6,0	0,60	10,0
			Gastos de 5 a 10%
Eslovênia	6,1	0,60	9,8
Chile	4,1	0,40	9,8
Israel	7,5	0,70	9,3
Kuwait	7,6	0,70	9,2
Seychelles	5,7	0,50	8,8
Croácia	4,6	0,40	8,7
Espanha	4,6	0,40	8,7
México	5,9	0,50	8,5
República Tcheca	4,8	0,40	8,3
Alemanha	4,8	0,40	8,3
Argentina	3,6	0,30	8,3
Itália	4,9	0,40	8,2
Romênia	3,7	0,30	8,1
Azerbaijão	3,7	0,30	8,1
Costa Rica	5,1	0,40	7,8
Polônia	6,6	0,50	7,6
Paraguai	4,3	0,30	7,0
El Salvador	2,9	0,20	6,9
Barbados	7,6	0,50	6,6
Quirguistão	4,6	0,30	6,5
Peru	3,1	0,20	6,5
Islândia	8,2	0,50	6,1
São Cristóvão e Névis	5,0	0,30	6,0
Jamaica	5,3	0,30	5,7
Holanda	5,5	0,30	5,5
Estônia	6,0	0,30	5,0
Portugal	6,0	0,30	5,0

(continua)

Tabela 4.2A-3 Total de Despesas Públicas com Educação e Educação Pré-Escolar, 2004 *(continuação)*

(porcentagem do PND)

País	*Total de despesas com educação pública*	*Despesas públicas com educação pré-escolar*	*Porcentagem da educação pré-escolar no total de despesas com educação pública*
			Gastos de 1 a 5%
Grécia	4,3	0,20	4,7
Finlândia	6,6	0,30	4,5
Noruega	7,6	0,30	3,9
Suíça	5,1	0,20	3,9
Canadá	5,4	0,20	3,7
Tadjiquistão	2,9	0,10	3,4
Bolívia	6,7	0,20	3,0
Nepal	3,4	0,10	2,9
Nova Zelândia	7,3	0,20	2,7
Coreia, Rep. da	4,6	0,10	2,2
Maurício	4,7	0,10	2,1
Austrália	4,9	0,10	2,0
Laos	2,5	0,05	2,0
Colômbia	5,1	0,10	2,0
Quênia	7,1	0,10	1,4
Bênin	3,3	0,04	1,2
Malásia	8,5	0,10	1,2
			Gastos de menos de 1%
Congo, Rep. do	4,4	0,03	0,7
Nicarágua	3,2	0,02	0,6
África do Sul	5,5	0,02	0,4
Senegal	4,1	0,01	0,2
Jordânia	5,0	0,01	0,2

Fonte: Adaptado de EFA GMR EFA Childhood Development (UNESCO 2006).

Tabela 4.2A-4 Fontes de Custeio e Mecanismos de Financiamento: Exemplos de Países

País	*Fonte de custeio*	*Mecanismo de alocação*	*Cobertura*
Austrália	*Despesas* *0-3 anos* • 0,45% do PIB (67% públicas) *3-6 anos (pré-escolas e jardins de infância)* • 0,1% do PIB (0,7% públicas e 0,3% privadas) *Fontes de custeio* • A educação pré-escolar é responsabilidade dos governos estaduais e territoriais. O Departamento de Educação, Ciência e Treinamento oferece verbas suplementares per capita a instituições de ensino conforme a necessidade de acelerar os resultados educacionais para indígenas australianos. • Os pais cobrem 22% do custo.	*0-6 anos* • Child Care Benefit (CCB) para os pais • Desconto no Imposto de despesas extras realizadas pelas famílias com assistência infantil aprovada	*Creche familiar e assistência infantil em tempo integral* • 0-1 anos: 7% • 1-2 anos: 26% • 2-3 anos: 40% *Pré-escola ou jardim de infância* • 3-4 anos: 61% • 4-5 anos: 81% • 5-6 anos: 28%
Brasil	*Despesas* *3-6 anos* • 0,4% do PIB *Fontes de custeio* • O FUNDEB (Fundo de Manutenção e Desenvolvimento da Educação Básica), que é nacional, inclui a educação pré-escolar como um nível elegível. • Serviços custeados pela iniciativa privada são a opção mais comum para crianças de 0 a 3 anos de idade.	*0-6 anos* • Receitas estaduais e municipais de impostos são repassadas aos prestadores públicos.	*Creche* • 0-3 anos: 11,7% *Pré-escola* • 5-6 anos: 57%

(continua)

Tabela 4.2A-4 Fontes de Custeio e Mecanismos de Financiamento: Exemplos de Países *(continuação)*

País	*Fonte de custeio*	*Mecanismo de alocação*	*Cobertura*
Colômbia	*Fontes de custeio* • Imposto sobre os salários de 3% para todas as pessoas físicas públicas e privadas e empresas • O governo central (Ministério da Educação) e os municípios lançaram recentemente um fundo comum (Fondo de Fomento a la Atención Integral de la Primera Infancia) para estender a cobertura a crianças menores de 5 anos em condições vulneráveis.	*0-6 anos* • Os impostos são depositados em uma conta no banco central gerida por um instituto semiautônomo (Instituto Colombiano de Bienestar Familiar). • Linha orçamentária destinada diretamente a prestadores públicos de serviços pré-escolares (5-6 anos).	*Serviços integrados 0-6 – Instituto Colombiano de Bienestar Familiar* • 21% da faixa etária *Programas de creches e pré-escola* • 0-5 anos: 44% • 5-6 anos de idade: 86%
Dinamarca	*Despesas* *3-6 anos* • 2,1% do PIB • Os pais cobrem 30-33% dos custos, segundo uma tabela de preços variável baseada na necessidade. *Fontes de custeio* • As autoridades locais são responsáveis pelo custeio.	*0-6 anos até o jardim de infância* • Políticas de licença maternidade: 28 semanas remuneradas no pleno emprego e um adicional opcional de 26 semanas remuneradas menos 60% do auxílio-desemprego. • As autoridades pagam aos prestadores. • O pai também pode receber um auxílio para utilizar os serviços de um cuidador para a criança de sua livre escolha reconhecido pelo município.	*Creche familiar (kommunal dagpleje) e creche baseada em centro (vuggestuer)* • 0-1 anos: 12% • 1-2 anos: 83% *Jardim de Infância (bornehaver, aldersintegrerede institutioner e bornehaveklasse)* • 3-5 anos: 94%

<table>
<tr>
<td>Estados Unidos</td>
<td>Despesas
3-6 anos
• 0,4% do PIB

Fontes de custeio
• A população elegível é limitada às crianças de famílias economicamente desfavorecidas.
• Na assistência às crianças, em média a contribuição é a seguinte: 25% do governo federal, 15% dos governos estadual e local, e os 60% restantes dos pais. Pais de famílias de baixa renda pagam em média 18% da renda familiar por criança matriculada em serviços de assistência infantil.
• Na pré-escola (3-6 anos), cerca de 34% vem de fontes públicas e 66% de fontes privadas, metade destas sendo de despesas das famílias.
• O financiamento federal é amplamente dirigido a crianças com deficiência e de famílias de baixa renda.
• Os estados aumentam as receitas usando diferentes esquemas, incluindo loterias estaduais (Geórgia, Carolina do Norte e Tennessee), impostos sobre o tabaco (Kentucky e Califórnia), parcerias com a comunidade (Massachusetts), licenciamento de placas de automóvel especiais, licenças de casamento, e doações (Missouri). Apenas 10 estados não têm nenhum programa pre-kindergarten financiado pelo Estado (Havaí, Idaho, Indiana, Mississippi, Montana, New Hampshire, Dakota do Norte, Dakota do Sul, Utah e Wyoming).
• Alguns distritos locais levantam recursos por meio de impostos sobre a propriedade e os incluem como parte de seu financiamento escolar (Texas Early Childhood e Pre-Kindergarten Initiative)</td>
<td>0-6 anos
• Para o programa Head Start, o governo federal oferece subsídios genéricos para órgãos locais (Head Start Grantees) para oferecer os serviços.
• O governo federal oferece bolsas do Fundo de Desenvolvimento ao Cuidado Infantil para os estados para subsidiar os custos com os cuidados à criança das famílias elegíveis ou melhorar a qualidade e a disponibilidade de serviços de creche. Algumas verbas exigem contribuições compensatórias. Por sua vez, os estados fornecem subsídios (certificados ou em dinheiro) aos pais para a contratação desses serviços.
• As crianças desfavorecidas ou com necessidades especiais também podem se beneficiar de recursos federais nos termos do Título 1 da Lei da Educação Primária e Secundária de 1965.</td>
<td>Creche/Assistência infantil
• 0-3 anos: 38%

Pre-kindergarten e kindergarten
• 3-5 anos: 56,4%
• 4 anos: 80%
• 5-6 anos: 90%</td>
</tr>
</table>

(continua)

Tabela 4.2A-4 Fontes de Custeio e Mecanismos de Financiamento: Exemplos de Países *(continuação)*

País	*Fonte de custeio*	*Mecanismo de alocação*	*Cobertura*
Finlândia	*Despesas* *0-7 anos* • 1,7% do PIB (1,1% creche familiar e centros de assistência, 0,2% turmas pré-escolares para as idades de 6-7 anos, e 0,4% de subsídios assistenciais em domicílio) *Fontes de custeio* • Taxas de autoridades estaduais e locais • Os pais cobrem 15% dos custos de creche, limitados a 200 € por criança por mês, enquanto a educação pré-escolar (6 anos de idade) é gratuita.	*0-7 anos* • Políticas de licença maternidade: 18 semanas remuneradas no pleno emprego, além de 26 semanas pagas à taxa de 66% dos rendimentos do salário. • Os municípios respassam recursos para os prestadores públicos ou privados para os serviços de creche, embora os pais também possam ter o acesso a creches privadas subsidiado. O Ministério da Educação recebe uma verba orçamentária para a educação pré-escolar.	*Creche baseada em centro (päiväkoti) e casas/lugares em creche familiar* • 1-2 anos: 27,5% • 2-3 anos: 43,9% • 3-4 anos: 62,3% • 4-5 anos: 68,5% • 5-6 anos: 73% *Pré-escola (ano letivo de meio período e baseada em serviços de creche)* • 6-7 anos: quase universal
Hungria	*Despesas* *3-6 anos* • 0,79% do PIB (0,73% públicas e 0,07% privadas) *Fontes de custeio* • 90% do total de despesas é de origem pública, enquanto 10% são canalizados para um pequeno setor sem fins lucrativos. • O governo central cobre 25-30% dos custos; o governo municipal cerca de 60%, e os pais financiam os 10-15% restantes.	*0-7 anos* • Licençamaternidade remunerada de 24 semanas para as seguradas (empregadas), que corresponde a 70% de seu salário médio, seguida de uma taxa fixa até o terceiro ano. • Licença universal parental subsidiada para creche por um máximo de 135 semanas (ou 53 semanas se a mãe não tiver recebido previamente licença maternidade) em um montante fixo igual à pensão mínima paga na aposentadoria. • Repasse de subsídios da autoridade central para a local.	*Centros de assistência infantil/creche (bölcsde)* • 0-3 anos: 8,5% *Jardim de infância/pré-escola/ berçário (óvoda)* • 3-4 anos: 85% 4-5 anos: 91% 5-6 anos: 97%

Indonésia	*Fontes de custeio* • O governo patrocina um Fórum e Consórcio de DPI para desenvolver políticas e protocolos. • As unidades domésticas chegam a pagar 91% do custo dos serviços de assistência a criança/creche e pré-escola.	• Não existem políticas de licença paternidade ou maternidade no lugar.	*Pré-escola* • 5-6 anos: 19% (a maioria privadas)
México	*Despesas* *3-6 anos* • 0,61% do PIB (0,52% públicas e 0,08% privadas) *Fontes de custeio* • O governo federal cobre 80% dos custos da prestação pública, enquanto os pais arcam com os 20% restantes. Alguns estados e municípios também levantam receitas para complementar o custeio.	*0-6 anos* • 12 semanas de licença maternidade remunerada apenas para as mulheres que trabalham no setor formal e inscritas na seguridade social. • O governo central aloca recursos para estados e municípios.	*Educación Inicial* • 0-3 anos: 3% *Pré-escola (geral, indígena e comunitária)* • 3 anos: 20% • 4 anos: 63% • 5 anos: 81%
Quênia	*Fontes de custeio* • As unidades domésticas arcam com 95% do custo de assistência à criança e pré-escola. • A maior parte dos serviços é privada, com as unidades domésticas contribuindo para a maior parte das despesas, incluindo os salários do cuidador.	• O governo custeia o treinamento do cuidador, dá apoio curricular e a serviços de informação. Os distritos financiam programas públicos para treinar professores e desenvolver o currículo. • Os distritos locais e as comunidades fornecem espaço físico e gerenciam o projeto.	*Pré-escola* • 5-6 anos: 26%

(continua)

Tabela 4.2A-4 Fontes de Custeio e Mecanismos de Financiamento: Exemplos de Países *(continuação)*

País	*Fonte de custeio*	*Mecanismo de alocação*	*Cobertura*
Reino Unido (Inglaterra)	*Despesas* *3-6 anos* • 0,47% do PIB (0,45% públicas e 0,02% privadas) *Fontes de custeio* • Os principais responsáveis pelo custeio são: famílias 45%, berçários 38% (pública), subsídios genéricos do Sure Start 10% (pública), crédito fiscal para creches 5% (pública), e empregadores 2%. • A prestação de serviços públicos é destinada às famílias, tanto na forma de serviços gratuitos como indiretamente por meio de créditos fiscais e subsídios que os pais podem usar em qualquer área do mercado. As taxas no setor de assistência infantil são em grande parte definidas pelo mercado. • Os custos para os pais variam segundo o prestador de serviços, o tipo de serviço e a categoria de renda. A contribuição média dos pais aos cuidados infantis é estimada em 45% dos custos totais. Os custos para a população de baixa renda e alguns pais de renda média podem ter cobertura de até 80%, mas os pais que também usam serviços privados de creche e pré-escola (a maioria) muitas vezes arcam com os custos totais.	*0-6 anos* • 26 semanas de licença maternidade remunerada à taxa de 90% do salário por 6 semanas, seguidas de uma taxa fixa pelo período restante. 26 semanas adicionais de licença não remunerada estão disponíveis mais 26 semanas de licença não remunerada, se a mãe tiver trabalhado para o empregador por mais de 26 semanas. • Subsídios públicos ao nível do prestador e do usuário. Os prestadores recebem os custos de arranque, enquanto as famílias (com base na necessidade) recebem créditos fiscais por meio do Working Tax Credit Child Care Element. • Os subsídios públicos oriundos de dotações/taxas são pagos a entidades com fins lucrativos ou sem fins lucrativos, sendo que estas últimas predominam na prestação de serviços destinados a crianças até à escolaridade obrigatória. • Isenções de impostos e contribuições nacionais de seguro para o empregador que apoia os cuidados infantis foram introduzidos; no entanto, poucos empregadores prestam assistência financeira, ou de outro tipo, aos cuidadores infantis. • Uma grande parte do subsídio do setor público (o Sure Start Grant) é canalizada para o Crédito infantil do poder local, [illegible]	*Babás/creches/berçários/ centros de assistência à criança* • 0-3 anos: 20% *Creche educativa* • 3-4 anos: 96% • 4-5 anos: 100% de inscrição

República Tcheca	*Despesas* 3-6 anos • 0,46% do PIB (0,43% públicas e 0,03% privadas)	*0-2 anos* • As políticas de licença parental incluem 28 semanas de licença maternidade remunerada (69% do salário), seguidas de uma taxa fixa até a criança completar seu 4.º aniversário.	*Assistência à família/arranjos informais* • 0-3 anos: 99,5% *Creches baseadas em centros* • 0-3 anos: 0,5%
	Fontes de custeio • Múltiplas fontes, incluindo a autoridade escolar regional (salários dos professores, livros e equipamentos); municípios (custos operacionais em investimentos de capital); taxas pagas pelos pais (limitadas a 50% dos custos nos primeiros dois anos e grátis no último ano). Verbas para melhorar as condições materiais ou para comprar equipamentos e brinquedos são muitas vezes geradas por meio de contratos de patrocínio com empresas privadas. Alguns jardins de infância privados e vinculados à igreja estão agora em operação, embora em pequena escala.	*3-6 anos – pré-escola* • Verba orçamentária destinada aos prestadores	*Mateska skola/jardim de infância* • 3-6 anos: 76-95%
Senegal	*Fontes de custeio* • A maioria dos serviços é privada (educação pré--escolar e religiosa formais), sendo que as famílias contribuem com a maior parte das despesas. A igreja subsidia pré-escolas religiosas. • As verbas governamentais destinam-se principalmente ao pagamento de serviços de pessoal dos centros e visam regular, treinar, capacitar e inspecionar os centros pré-escolares.	• A maioria dos serviços pré-escolares é custeada por unidades domésticas ou organizações não governamentais. O Ministério da Educação aloca recursos para o pessoal dos centros com vistas a regular, treinar, capacitar e inspecionar os centros pré-escolares.	*Creche pública e pré-escola privada* • 5-6 anos de idade: 3%

(continua)

Tabela 4.2A-4 Fontes de Custeio e Mecanismos de Financiamento: Exemplos de Países *(continuação)*

País	*Fonte de custeio*	*Mecanismo de alocação*	*Cobertura*
Tailândia	• O governo é a principal fonte financiadora, embora os recursos também sejam levantados junto ao setor privado, ONGs, comunidades, pais e fontes externas.	*0-6 anos* • Dotações orçamentárias para as entidades centrais competentes responsáveis pela infraestrutura, equipamento, salário dos professores e funcionários, alimentos, serviços e despesas operacionais básicas. Muitos centros de desenvolvimento infantil cobram taxas mensais (que variam por centro) dos pais para cobrir as despesas excedentes, tais como refeições, material, e por vezes parte do salário dos cuidadores).	*Jardim de infância, pré-escola e centros de desenvolvimento infantil* • 4-6 anos: 85%

Fontes: OECD (2006); UNESCO (2006); Vegas e Santibáñez (2010); Belfield (2006); Pew Center on the States (2009); U.S. Department of Health and Human Services, Administration for Children and Families; Stone (2008).

Notas

1. A UNESCO define a pré-escola como nível 0 do ISCED (International Standard Classification of Education - Classificação Internacional Normalizada da Educação). Os programas pré-escolares variam em conteúdo e duração; assim, os dados podem não são totalmente comparáveis.
2. Consulte "Key Dimensions of Early Childhood Intervention Programs", In Karoly, Kilburn e Cannon (2005). *Early Childhood Interventions: Proven Results, Future Promise.* Santa Monica, CA: The Rand Corporation.

Bibliografia Fundamental

Tayler, C. e J. Bennett. 2006. *Starting Strong II: Early Childhood Education and Care.* Paris: Education Directorate of the Organisation for Economic Cooperation and Development.

UNESCO (United Nations Educational, Scientific and Cultural Organization). 2006. *Education for All Global Monitoring Report 2007: Strong Foundations: Early Childhood Care And Education.* Paris: UNESCO.

Vargas-Baron, E. 2008. "Observations on the Financing of Early Childhood Development at the National Level." *Coordinators Notebook* 30. Toronto: The Consultative Group on Early Childhood Care and Development.

Referências

Behrman, J., Y. Cheng e P. Todd. 2004. "Evaluating Preschool Programs When Length of Exposure to the Program Varies: A Nonparametric Approach." *Review of Economics and Statistics* 86 (1): 108–32.

Belfield, C. 2006. "Financing Early Childhood Care and Education: An International Review." Paper commissioned for the *Education for All Global Monitoring Report2007: Strong Foundations: Early Childhood Care and Education.* Paris: United Nations Educational, Scientific and Cultural Organization.

Consultative Group on Early Childhood Care and Development. 2008. "Funding the Future: Strategies for Early Childhood Investment, Costing and Financing." *Coordinators' Notebook, An International Resource for Early Childhood*, n. 30.

European Commission Network on Childcare and Other Measures to Reconcile the Employment Responsibilities of Men and Women. 1996. *Quality Targets in Services for Young Children: Proposals for a Ten-Year Action Programme.*

Grun, R. 2008. *Financing Early Childhood Development.* Note for the Department of Education of Khanty-Mansiysk, Russian Federation. Washington, DC: World Bank.

Karoly, L., R. Kilburn e J. Cannon. 2005. *Early Childhood Interventions: Proven Results, Future Promise.* Santa Monica, CA: The Rand Corporation.

Myers, R. 2000. "Financing Early Childhood Education and Care Services." *International Journal of Educational Research* 33 (1): 75–94.

Pew Center on the States. 2009. *Votes Count: Legislative Action on Pre-K Fiscal Year 2010.* Washington, DC: Pew Center on the States.

Stone, D. 2008. *Funding the Future: States' Approaches to Pre-K Finance: 2008 Update.* Pre-K Now. Washington, DC: Pew Center on the States.

Tayler, C. e J. Bennett. 2006. *Starting Strong II: Early Childhood Education and Care.* Paris: Education Directorate of the Organisation for Economic Co-operation and Development.

UNESCO (United Nations Educational, Scientific and Cultural Organization). 2006. *Education for All Global Monitoring Report 2007: Strong Foundations: Early Childhood Care and Education.* Paris: UNESCO.

Van Ravens, J. e C. Aggio. 2008. *Expanding Early Childhood Care and Education: How Much Does It Cost? A Proposal for a Methodology to Estimate the Costs of Early Childhood Care and Education at Macro-Level, Applied to the Arab States.* Working Paper 46. The Hague: Bernard van Leer Foundation.

Vargas-Baron, E. 2008. "Observations on the Financing of Early Childhood Development at the National Level." *Coordinators Notebook* 30. Toronto: The Consultative Group on Early Childhood Care and Development.

Vegas, E. e L. Santibáñez. 2010. *The Promise of Early Childhood Development in Latin America and the Caribbean.* Washington DC: World Bank.

APÊNDICE

Descrição dos Projetos e Estudos Constantes de *Como Investir na Primeira Infância*

1. Projeto Pré-primário da IEA

Localização: 10 economias (algumas análises incluem apenas 7): Finlândia, Grécia, Hong Kong, China, Indonésia, Irlanda, Itália, Polônia, Espanha, Tailândia e Estados Unidos.

Estudo: Estudo longitudinal comparativo de cuidados e educação pré-escolar para identificar como o processo e as características estruturais das crianças atendidas aos 4 anos de idade estão relacionados com a o desempenho linguístico cognitivo aos 7 anos de idade.

Delineamento: Fase 1, pesquisa domiciliar para identificar as opções de cuidados infantis; fase 2, estudo observacional para documentar as características estruturais e de processo dos grupos e avaliação aos 4 anos de idade; fase 3, acompanhamento até os 7 anos. Análise empregada: modelo linear hierárquico de nível 3.

Amostra: Fase 2, n = 2.904 crianças e 838 grupos, fase 3, n = 2.247 crianças.

Variáveis-resposta: As competências linguísticas e cognitivas aos 4 e 7 anos de idade.

Idades no início do estudo e acompanhamento: 4 e 7 anos.

Principais conclusões: Os achados consistentes em todos os países são: as habilidades linguísticas das crianças melhoraram conforme o número de anos de escola com professores em tempo integral aumentou e quando o tipo de atividade predominante era de livre escolha. O desempenho cognitivo das crianças melhorou, as crianças passaram menos tempo em atividades em grupo como um todo, e a variedade de equipamentos e materiais disponíveis aumentou. Além disso, uma série de resultados variou de país para país, dependendo das características do país. Os resultados favorecem as atividades iniciadas pela criança e pequenos grupos de atividades e foram consistentes com práticas adequadas de desenvolvimento que promovem a aprendizagem ativa.

Referência: Montie, Xiang e Schweinhart (2006).

Nota: 3.1.

2. Madrasa Resource Center – Estudo 1

Localização: 3 países: Quênia, Uganda, e região de Zanzibar, na Tanzânia.

Avaliação de Impacto: O Madrasa Early Child Development é um programa pré-escolar baseado na comunidade em que as mulheres dessa comunidade atuam como professoras. Tem como público-alvo crianças muçulmanas de baixa condição socioeconômica. As pré-escolas Madrasa têm um currículo culturalmente apropriado que estimula a aprendizagem ativa, ao mesmo tempo em que proporciona às crianças o aprendizado de habilidades para serem bem-sucedidas nas escolas primárias seculares.

Delineamento: Comparar a qualidade da educação infantil da pré-escola Madrasa com outros tipos de pré-escola, usando a escala de qualidade padrão. O estudo também incluiu a avaliação dos resultados da criança.

Amostra: 53 pré-escolas (Quênia: 9 no programa e 8 escolas de comparação; Uganda: 13 no programa e 5 escolas para comparação; Zanzibar: 10 no programa e 8 escolas de comparação). A metodologia para seleção da amostra não foi rigidamente observada. O estudo da amostra envolveu 464 crianças (do programa, n = 174; grupo controle, n = 157).

Variáveis-resposta: A qualidade das salas de aula medida pela Escala de Avaliação do Ambiente de Educação Infantil - versão revista (ECERS-R) e pela extensão do currículo relacionado. O desenvolvimento cognitivo infantil (medidas adaptadas do British Ability Scales e do African Child Intelligence Test).

Idades no início do estudo e acompanhamento: As idades variaram e foram incluídas na análise; três testes foram realizados para avaliar as crianças (1 pré-teste e 2 pós-testes).

Principais conclusões: Em comparação com outras pré-escolas típicas da África, incluindo escolas públicas do Quênia, as pré-escolas Madrasa tiveram pontuação mais alta em todas as dimensões ambientais avaliadas que utilizaram a ECERS-R. Quanto aos resultados das crianças, aquelas que frequentaram a pré-escola tiveram melhor desempenho que as crianças que ficaram em casa. Além disso, a pré-escola Madrasa proporcionou maior valor agregado do que os outros tipos de pré-escolas.

Referência: Mwaura e Mohamed (2008).

Nota: 3.1.

3. Madrasa Resource Center – Estudo 2

Localização: 3 países: Quênia, Uganda e região de Zanzibar, na Tanzânia.

Avaliação de Impacto: Ver Madrasa Resource Center – Estudo 1

Delineamento: Estudo sequencial comparado em três momentos no tempo durante a pré-escola para avaliar a eficácia das pré-escolas Madrasa em comparação com outros tipos de pré-escolas locais.

Amostra: 46 escolas Madrasa na primeira coleta de dados, caindo para 35 no terceiro momento da coleta de dados. 321 (no programa = 168, grupo de comparação = 153) crianças foram inicialmente selecionadas, caindo para 179 (no programa = 92, grupo de comparação = 87) no terceiro momento da coleta de dados. As escolas do grupo de comparação foram pareadas com as pré-escolas Madrasa em cada área geográfica em termos de proporção de professores formados, localização num raio de 3 km, e se estavam em operação há pelo menos 2 anos.

Variáveis-resposta: A capacidade cognitiva das crianças foi medida por meio de uma versão adaptada da British Ability Scale II e do African Child Intelligence Test, e ajustada por idade. A qualidade da pré-escola foi avaliada por meio da ECERS-R.

Idades no início do estudo e acompanhamento: A idade média das crianças nos três momentos de coleta de dados foram de 4,3, 6,0 e 7,1 anos.

Conclusões principais: Os alunos das pré-escolas Madrasa e as outras crianças não diferiram quanto ao desempenho cognitivo no início da pré-escola, mas as crianças em programas Madrasa aumentaram seu desempenho cognitivo 0,40 desvio-padrão por ano mais do que crianças do grupo controle. Quando levada em conta na análise, a qualidade da escola foi um preditor significativo das habilidades cognitivas para as crianças da Madrasa, mas não teve efeito significativo no grupo controle.

Referência: Malmberg, Mwaura e Sylva (no prelo).

Nota: 3.1.

4. Programa de Construção Escolar – Estudo 1

Localização: Argentina

Avaliação de Impacto: O sistema de escolas públicas da Argentina oferece 3 anos de educação pré-escolar, dos 3 aos 5 anos de idade. O currículo é focado no desenvolvimento de (1) competências comunicativas, (2) autonomia pessoal e competências comportamentais, (3) habilidades sociais, (4) habilidades lógicas e matemáticas e (5) habilidades emocionais. As crianças costumam frequentar a pré-escola 3,5 horas por dia, 5 dias por semana, durante o ano letivo de 9 meses. O tamanho médio das turmas é de 25 alunos.

Após a aprovação de uma nova lei em 1993 para ampliar o ensino obrigatório e incluir o último ano da educação pré-escolar, o governo investiu na construção de mais 3.500 novas salas de aula para a pré-escola.

Delineamento: O estudo avaliou o impacto de um grande programa de construção de instalações para a pré-escola sobre a matrícula e o comportamento materno no mercado de trabalho utilizando dados obtidos em pesquisas domiciliares.

Amostra: Os dados da pesquisa domiciliar argentina *Encuesta Permanente de Hogares* (EPH), que é representativa da população urbana da Argentina, reuniu dados transversais de nível individual coletados nas sucessivas sondagens de maio do levantamento que abrange o período 1992-2000. Os dados agrupados envolveram 29.817 unidades domésticas com pelo menos uma criança entre 3 e 5 anos.

Variáveis-resposta: Emprego materno, frequência pré-escolar das crianças de 3 a 5 anos.

Idades no início do estudo e acompanhamento: Não aplicável.

Principais conclusões: O programa de construção teve impacto considerável sobre a matrícula pré-escolar entre crianças de 3 a 5 anos. O programa explica cerca de metade do aumento de 15 pontos percentuais na escolarização bruta experimentada de 1991 a 2001. Os resultados são semelhantes para as famílias biparentais ou monoparentais, e com ou sem filhos de idade inferior a 3 anos.

No caso de mulheres com filhos pequenos, a participação materna na força de trabalho e os cuidados da criança são determinados em conjunto. Se o estoque de salas aumentar de 0 a 1 e houver plena aceitação dos locais recém-construídos, a probabilidade de trabalho materno aumentaria entre 7 e 14 pontos percentuais.

Referência: Berlinski e Galiani (2007).

Nota: 1.1.

5. Programa de Construção Escolar – Estudo 2

Localização: Argentina

Avaliação de Impacto: Ver Programa de Construção Escolar – Estudo 1.

Delineamento: Não experimental. Análise de dados do teste nacional padronizado. Os dados não contêm informações sistemáticas sobre atendimento pré-escolar, portanto o estudo estimou apenas "a intenção de tratar o efeito" líquido da oferta de pré-escola sobre os resultados subsequentes da criança. A exposição ao programa foi estimada utilizando informações sobre o número de salas de aula construídas por ano e município.

Amostra: O impacto sobre o desempenho na 3.ª série foi estimado com base nas seguintes observações: 126.106 (matemática) e 117.515 (espanhol).

Variáveis-resposta: Desempenho dos alunos a partir dos registros administrativos dos testes padronizados em matemática e espanhol. Avaliação da atitude e do comportamento dos alunos pelos professores.

Idades no início do estudo e acompanhamento: O estudo não é longitudinal; utilizou dados dos resultados na 3.ª série.

Principais conclusões: A taxa de inscrição no ensino pré-escolar aumentou de 49% em 1991 para 64% em 2001. A análise das notas nos testes padronizados administrados nacionalmente e pesquisas dos professores estimam que um ano de educação pré-escolar aumentou a pontuação no teste padronizado da 3.º série em espanhol e matemática em 8% da média, ou 23% do desvio-padrão. Também houve efeitos positivos da educação pré-escolar nas áreas de atenção, esforço e disciplina, bem como na participação em classe, entre os alunos da 3.ª série.

Referência: Berlinski, Galiani e Gertler (2009).

Nota: 3.1.

6. Programa Pré-escolar Baseado na Comunidade (projeto sem título)

Localização: Bangladesh

Avaliação de Impacto: Programa pré-escolar de meio período, 6 dias por semana, para crianças de 3 a 6 anos de idade, que inclui brincadeiras livres, contação de histórias e instrução em leitura e matemática. O programa foi iniciado pelo Plano Bangladesh e estava em funcionamento há cinco anos no momento da avaliação. Os objetivos são desenvolver: habilidades relacionadas ao processo de aprendizagem, uma atitude positiva em relação à aprendizagem por meio de uma abordagem voltada às crianças, estilos individuais de aprendizagem por meio de brincadeiras; e iniciação a leitura e matemática para ingressar na escola primária. O currículo inclui habilidades relacionadas a linguagem, cognição e consciência sobre o meio ambiente. Começou com mais brincadeiras livres propostas pelas crianças e grupos estruturados de jogos e rimas; mais tarde, os educadores introduziram mais instrução direcionada para atender à demanda dos pais. As comunidades fornecem o espaço, recrutam candidatos para professores e criam materiais lúdicos, enquanto a ONG oferece treinamento para os professores, supervisão e materiais didáticos. Os pais pagam uma taxa mensal nominal, se puderem.

Delineamento: Avaliação de impacto, mas a escolha das crianças não foi aleatória. Comparação transversal entre as crianças da pré-escola e o grupo de comparação das aldeias vizinhas, onde pré-escolas ainda não estavam disponíveis.

Amostra: Amostragem por conglomerados de aldeias do programa e aldeias controle, 22 aldeias cada. As crianças foram aleatoriamente selecionadas em cada grupo; no programa = 213 e no grupo de comparação = 188.

Variáveis-resposta: Desenvolvimento cognitivo (subtestes de vocabulário WPPSI-III, conceitos visuais, raciocínio analítico, semelhanças); um teste de prontidão escolar (cores, formas, letras, números, conceitos e operações matemáticas, adaptado da Escala Wechsler de Inteligência Pré-escolar (WPPSI); habilidades sociais (Play Observation Scale); peso e altura são medidos como variáveis controle. O estudo também coletou dados sobre a qualidade usando a versão modificada da ECERS.

Idades no início do estudo e acompanhamento: 4,5 a 6,5 anos. Não longitudinal.

Principais conclusões: Após a análise controlada da idade da criança, estado nutricional, escolaridade da mãe e bens das famílias, as crianças que estavam na pré-escola tiveram melhor desempenho do que crianças do grupo controle no tocante a raciocínio, vocabulário verbal, raciocínio não verbal e prontidão escolar. O efeito nos testes WPPSI foram modestos, tenha sido grande na prontidão escolar. Além disso, durante as brincadeiras, o grupo pré-escolar mostrou mais interatividade e conversava mais do que o grupo controle (embora o nível de interação fosse menor do que o programa objetivava). O nível cognitivo das brincadeiras não foi significativamente diferente.

Referência: Aboud (2006).

Notas: 1.3, 3.1.

7. Intervenção Alimentar Responsiva

Localização: Bangladesh

Avaliação de Impacto: Tanto o grupo de intervenção quanto o grupo controle receberam 12 aulas de desenvolvimento infantil que discutiam como os pais podiam ajudar as crianças a aprender, oferecendo estímulo por meio dos brinquedos e conversas, e usando a disciplina com gentileza, bem como 12 aulas mensais sobre saúde e nutrição, incluindo alimentação complementar. O grupo de intervenção recebeu também 5 aulas semanais sobre alimentação responsiva e uma sessão de acompanhamento 4 meses mais tarde.

Delineamento: Ensaio aleatório controlado de agrupamento (*cluster*) do impacto da educação sobre a alimentação responsiva.

Amostra: Um total de 108 pares de mãe-criança selecionados aleatoriamente entre 19 comunidades foram aleatoriamente designados para o grupo de intervenção, 95 pares de mãe-criança de 18 comunidades foram destinados ao grupo controle.

As medidas adotadas: Peso da criança, porções ingeridas, porções ingeridas sem ajuda e atos verbais responsivos da mãe.

Idades no início do estudo e acompanhamento: Não aplicável. As crianças tinham de 8 a 20 meses quando recrutadas, os dados foram coletados no recrutamento (pré-teste), 2 semanas depois as aulas terminaram, e 5 meses depois as aulas terminaram, assim como 6 semanas depois o acompanhamento terminou.

Principais conclusões: A intervenção foi bem-sucedida em aumentar a autoalimentação das crianças e a responsividade verbal das mães. No entanto, não diferiu quanto ao número de porções ingeridas pelas crianças, nem quanto aos baixos níveis de ganho de peso. O ganho de peso pode exigir mais insumos nutricionais, especialmente em áreas com alto nível de insegurança alimentar.

Referência: Aboud, Shafique e Akhter (2009).

Nota: 3.2.

8. PIDI (Proyecto Integral de Desarrollo Infantil)

Localização: Bolívia

Avaliação de Impacto: Projeto oferecido em domicílio, serviços integrados (cuidados infantis, nutrição e atividades educativas em tempo integral) para crianças de 6 meses a 6 anos de famílias carentes de áreas urbanas. Os objetivos do PIDI são melhorar a saúde e o desenvolvimento precoce cognitivo/social, proporcionando às crianças melhor alimentação, supervisão adequada e ambientes estimulantes. As crianças do programa são atendidas em grupos de 15 por dois ou três cuidadores em casa de uma mulher do local escolhida pela comunidade. Durante o programa, as crianças recebem duas refeições diárias e um lanche, aproximadamente 70% de suas necessidades calóricas, e participam de brincadeiras estimulantes, estruturadas e apropriadas à idade. Também recebem serviços básicos de saúde, incluindo vacinação de rotina e acompanhamento do crescimento. O projeto oferece aos provedores de creche formação em desenvolvimento infantil e empréstimos ou subsídios para melhorar suas residências.

Delineamento: Análise de um conjunto de dados não experimentais. Os impactos do programa são estimados não parametricamente em função da idade da criança e de sua duração. Uma versão generalizada do método pareado é desenvolvida e usada como controle para a seleção não aleatória no programa ou em durações alternativas do programa.

Amostra: Programa, n = 364 (selecionados aleatoriamente entre os participantes do programa); controle A, n = 745 (selecionados aleatoriamente entre as crianças de comunidades onde o programa ainda não começou); controle B, n = 392 (crianças selecionadas aleatoriamente no mesmo bairro).

As medidas adotadas: (1) habilidades motoras grosseiras, (2) habilidades motoras finas, (3) habilidades de linguagem auditiva, (4) habilidades psicossociais, (5) percentil de altura/idade (6), percentil de peso/idade.

Idades no início do estudo e acompanhamento: A idade é parte da variável independente. Nenhuma descrição da idade média no início do estudo. Duas rodadas de coleta de dados, com cerca de 1 ano de intervalo.

Principais conclusões: O programa aumentou a pontuação em testes cognitivos e psicossociais, mas apenas entre as crianças que participaram do programa. A razão benefício/custo é estimada entre 1,7 e 3,7.

Referência: Behrman, Cheng e Todd (2004).

Notas: 3.1, 4.1.

9. Projeto Warmi

Localização: Bolívia

Avaliação sem grupo controle: O projeto teve como objetivo melhorar a saúde materno-infantil por meio de uma intervenção baseada na comunidade em uma província remota com acesso limitado a serviços de saúde. Uma equipe de projeto (2 auxiliares de enfermagem) fazia mensalmente (ou com mais frequência) visitas a todas as organizações de mulheres visando iniciar e fortalecer as organizações de mulheres, desenvolver a capacidade das mulheres de identificar e priorizar os problemas, e treinar membros da comunidade em técnicas seguras de parto.

Delineamento: Comparação de indicadores de resultados pré e pós-intervenção.

Amostra: 50 comunidades da Província de Inquivisi. A população total na área do projeto é de 15.000 pessoas (sem atribuição aleatória de tratamento, sem grupo controle).

Variáveis-resposta: Taxa de mortalidade perinatal e neonatal.

Idades no início do estudo e acompanhamento: Não aplicável.

Principais conclusões: A mortalidade perinatal diminuiu de 117 para 43,8 por 1.000 nascimentos, uma mudança grande o suficiente para sugerir que houve a influência do programa. O número de mulheres que receberam assistência pré-natal foi maior após a intervenção, e houve aumento no número de mulheres que amamentaram no primeiro dia de vida.

Referência: O'Rourke, Grabman-Howard e Seoane (1998).

Nota: 3.2.

10. Campanha de Saúde Materno-Infantil (SMI)

Localização: Camboja

Avaliação sem grupo controle: 100 episódios da primeira telenovela do Camboja transmitida em um hospital ("Sabor da Vida"); uma fotonovela do programa de TV; três tipos de chamadas radiofônicas em programas voltados a jovens, homens, jovens casais e casais com crianças pequenas; 23 anúncios de televisão e 22 *spots* de rádio. A programação visava melhorar a saúde sexual, aumentar o uso de preservativos e mudar as atitudes em relação às pessoas portadoras de HIV/AIDS. Também abordava a saúde das crianças, incentivando a amamentação, aumentando o nível de conscientização sobre as infecções respiratórias agudas, e promovendo a lavagem das mãos para evitar a diarreia. Os programas tiveram bom alcance, sendo que 83% dos telespectadores assistiram a "Sabor da Vida" pelo menos uma vez, 27% dos ouvintes de rádio sintonizaram o programa de rádio para os homens, 32% o programa para os jovens, e 19% o programa de saúde materno-infantil.

Delineamento: Comparação de telespectadores e ouvintes versus não expostos; atribuição não aleatória.

Amostra: 2.274 entrevistados no início e 2.280 ao final.

Variáveis-resposta: Conhecimento sobre as doenças da infância (infecção respiratória aguda [IRA] e diarreia).

Idades no início do estudo e acompanhamento: Não aplicável; a coleta dados foi implementada um ano depois.

Principais conclusões: Os grupos expostos, comparados aos não expostos ou no início do programa, têm mais probabilidade de ter conhecimento sobre doenças específicas da infância.

Referência: Power (2005).

Nota: 3.3.

11. Preditores de Qualidade em Creches Familiares (projeto sem título)

Localização: Canadá

Estudo: O estudo testou a influência das variáveis estruturais das creches familiares sobre a qualidade do processo, usando dados de sete jurisdições no Canadá.

Delineamento: Análise de dados das creches, utilizando modelos de regressão hierárquica.

Amostra: Creches familiares aleatoriamente selecionadas, n = 231 centros.

Variáveis-resposta: Qualidade do atendimento utilizando a FDCRS. Os dados sobre o cuidador (idade, família, educação, formação em EI, renda oriunda da assistência à criança, experiência etc.) foram coletados por meio de questionários autoavaliativos e entrevistas.

Idades no início do estudo e acompanhamento: Não aplicável.

Principais conclusões: Os resultados indicaram que os cuidados com a segurança física e emocional da criança eram a norma na amostra, mas quase dois terços das creches falharam em fornecer às crianças oportunidades adequadas de desenvolver suas competências linguísticas e cognitivas. O estudo constatou que a intencionalidade (compromisso do cuidador com o trabalho de assistência à criança), a formação em EI e a utilização de serviços de apoio (tais como uma rede de provedores, o uso de ludoteca/biblioteca) foram importantes preditores de qualidade. O nível de escolaridade geral do cuidador foi associado à qualidade, mas quando a variável de treinamento em EI foi incluída no modelo, esta não se mostrou um preditor. (A amostra incluiu muitos cuidadores que se formaram em EI, portanto a correlação era elevada) Os resultados sugerem que as 60-150 horas de formação recebida não foram suficientes para causar impacto; programas de EI em nível universitário proporcionam maior profundidade e amplitude de conhecimento e habilidades.

Referência: Doherty et al. (2006).

Nota: 3.1.

12. Segunda Fase do Projeto Canadense "You Bet I Care" (YBIC)

Localização: Canadá

Estudo: O estudo buscou identificar os preditores de qualidade em programas para centros de cuidados infantis em sete províncias/jurisdições do Canadá.

Delineamento: Análise de dados dos centros. O estudo utilizou a análise do percurso para identificar preditores diretos e indiretos de qualidade.

Amostra: Centros de cuidados infantis selecionados aleatoriamente, n = 326 turmas em 239 centros.

Variáveis-resposta: A qualidade dos centros foi medida pela Escala de Interação Parental (CIS), A Escala de Avaliação do Ambiente de Creche (ITERS) e Escala de Avaliação do Ambiente de Educação Infantil - versão revista (ECERS-R). Foram ministrados questionários aos centros e às equipes para coletar informações sobre a qualidade estrutural dos centros (salários, condições de trabalho, níveis de satisfação pessoal, centro de operações e finanças).

Idades no início do estudo e acompanhamento: Não aplicável.

Principais resultados: Conforme observado no estudo americano Custo, Qualidade e Resultados (Cost, Quality and Outcomes - CQO), os níveis de escolaridade foram preditores significativos de qualidade no Canadá, assim como a proporção adulto-crianças, os salários do pessoal e a finalidade (sem fins lucrativos *vs.* com fins lucrativos). Este estudo concluiu que o nível de escolaridade dos cuidadores e seus salários representam preditores diretos de qualidade, enquanto a proporção adulto-crianças e a finalidade interferem na qualidade indiretamente. O número de funcionários ou de adultos foi um preditor direto significativo da qualidade, assim como a presença de um estagiário foi um preditor indireto significativo. Em casos de turmas pré-escolares, a satisfação pessoal com o ambiente de trabalho, colegas, e as taxas pagas pelos pais foram preditores significativos de qualidade. Os níveis globais de qualidade dos cuidados infantis foram incrivelmente baixos, com a maioria das pontuações nas escalas ITERS e ECERS no patamar mínimo.

Referência: Goelman, Forer e Kershaw (2006).

Nota: 3.1.

13. Projeto de Educação Nutricional (projeto sem título)

Localização: China

Avaliação de Impacto: O programa de nutrição piloto em estudo consistiu numa intervenção de 1 ano para todas as mulheres grávidas e mulheres com crianças de até 1 ano de idade das aldeias da província de Sichuan. As mensagens foram entregues por meio de visitas domiciliares mensais por educadores treinados em nutrição. Durante as visitas, os educadores davam conselhos e orientação sobre alimentação e nutrição, e pesavam as crianças. As principais mensagens tratavam de aleitamento materno até os 6 meses, como melhorar a qualidade e quantidade dos alimentos complementares e a importância de continuar amamentando.

Delineamento: Avaliação de impacto de um programa-piloto de visita domiciliar/aconselhamento nutricional.

Amostra: Aleatório em nível municipal (um nível acima das vilas); o estudo envolveu 495 crianças (no grupo controle, n = 245; no programa, n = 250) de 4 municípios.

Variáveis-resposta: O crescimento da criança (comparação peso para a idade, peso por altura e altura para a idade em escores Z), os níveis de hemoglobina da criança, a prática do aleitamento materno e a conscientização sobre sua importância, e práticas de alimentação complementar e consequente conscientização sobre sua importância.

Idades no início do estudo e acompanhamento: Os participantes foram recrutados ainda durante a gravidez ou entre lactentes, e a avaliação dos resultados foi feita 1 ano depois.

Principais conclusões: Após 1 ano de intervenção, as crianças do programa eram mais altas e mais pesadas do que as do grupo controle aos 12 meses, e apresentaram maiores taxas de aleitamento materno. As mães do grupo do programa também apresentaram conhecimento nutricional significativamente maior e melhores práticas de alimentação infantil que as mães no grupo controle.

Referência: Guldan et al. (2000).

Nota: 3.2.

14. Estudo sobre a Fome na China (projeto sem título)

Localização: China

Estudo: Investigações epidemiológicas sobre o efeito da fome na prevalência da esquizofrenia em adultos na área de Wuhu, na província de Anhui, China.

Delineamento: Usando os registros de todos os encaminhamentos psiquiátricos no único hospital psiquiátrico da região e os registros de nascimentos e mortes, calculou-se o risco de esquizofrenia por ano de nascimento; em seguida, as faixas etárias afetadas (1959-62) foram comparadas com os nascimentos ocorridos fora do período de fome (1956-58 e 1963-65).

Amostra: Não é uma pesquisa amostral.

Variáveis-resposta: Prevalência de esquizofrenia.

Idades no início do estudo e acompanhamento: Não aplicável; o grupo de nascidos acima descrito e os registros do hospital psiquiátrico foram acompanhados de 1971 a 2001.

Principais conclusões: A taxa de natalidade em Anhui diminuiu cerca de 80% durante os anos de fome. Entre os nascimentos que ocorreram, o risco ajustado de desenvolver esquizofrenia mais tarde na vida aumentou significativamente de 0,84% em 1959 para 2,12% em 1960 e 1,81% em 1962. A exposição pré-natal à fome aumenta o risco de esquizofrenia na vida adulta.

Referência: St. Clair et al. (2005).

Nota: 1.2.

15. Estudo de Cali

Localização: Colômbia

Avaliação de Impacto: Atividades de saúde integrada, nutrição e educacionais 5 dias por semana por 6 horas diárias (4 horas de educação e 2 horas de saúde e nutrição). O programa de nutrição forneceu um mínimo de 75% das calorias diárias e proteínas recomendadas, complementadas com vitaminas e minerais. A observação diária de todas as crianças e o serviço de referência foram fornecidos no âmbito das atividades de saúde. O programa educacional utilizou um modelo de currículo integrado, centrado no desenvolvimento dos processos cognitivos, de linguagem e das habilidades sociais e psicomotoras.

Delineamento: Estudo controlado aleatório para avaliar se a duração do tratamento tem efeitos adicionais. O grupo foi dividido em 5 grupos – 4 períodos de tratamento diferentes (um período = 180 dias/9meses) e um grupo que recebeu um período de tratamento apenas, mais suplementação nutricional prévia e cuidados de saúde. Também foram observadas crianças com NSE alto durante o mesmo período.

Amostra: Seleção aleatória de crianças de baixa renda. Tamanho da amostra no início do estudo (fim do estudo): tratamento, n = 301 (248); controle, n = 116 (72), amostra com NSE alto = 38 (30).

Variáveis-resposta: Medidas cognitivas/idiomas, incluindo o uso da linguagem, memória de curto prazo, habilidade motora fina, informação, vocabulário, conceitos quantitativos, relações espaciais e pensamento lógico.

Idades no início do estudo e acompanhamento: Idade de início, 43 meses; o acompanhamento foi realizado aos 49, 63, 77 e 87 meses.

Principais conclusões: A nutrição combinada com tratamentos de saúde e educacional entre os 3,5 e os 7 anos de idade pode evitar grandes perdas no potencial da capacidade cognitiva, e tem efeitos significativamente maiores quando se inicia mais cedo. No mínimo 9 meses de tratamento antes da entrada na escola primária parecem produzir ganhos. E os efeitos persistiram até a idade de 8 anos.

Referência: McKay et al. (1978).

Nota: 3.2.

16. Dados de Base para uma Avaliação do "Bono de Desarrollo Humano"

Localização: Equador

Estudo: Os dados foram coletados como base de avaliação de um programa de TCR. Os autores examinaram a relação entre o desenvolvimento cognitivo na primeira infância, o NSE e a saúde da criança e dos pais no Equador.

Delineamento: Análise de uma única seção transversal de dados observacionais utilizando regressões multivariadas, para compreender a relação entre fatores relativos ao NSE e o desempenho no teste de língua. Os autores também compararam os resultados com as evidências dos Estados Unidos.

Amostra: 3.153 crianças em 158 paróquias de 6 províncias. Como a coleta de dados foi uma parte da avaliação do projeto de transferência de renda, a amostra foi composta principalmente de crianças de famílias jovens carentes.

Variáveis-resposta: Linguagem receptiva (TVIP). Outras variáveis usadas na análise incluem o NSE (riqueza, escolaridade dos pais etc.), saúde (peso, altura, nível de hemoglobina) e medidas familiares (número de irmãos, ambiente familiar).

Idades no início do estudo e acompanhamento: Não houve acompanhamento; no momento da pesquisa, as crianças tinham idades entre 36 e 71 meses.

Principais resultados: Foram encontradas fortes associações entre o nível socioeconômico e o vocabulário das crianças. Os gradientes foram maiores entre as crianças mais velhas, especialmente em relação ao nível socioeconômico das unidades domésticas. A saúde da criança (nível de hemoglobina e altura) e a qualidade do ambiente familiar está associada ao desenvolvimento cognitivo da criança. A qualidade do ambiente familiar é responsável por parte substancial da associação entre a escolarização dos pais e o desenvolvimento cognitivo.

Referência: Paxson e Schady (2007).

Notas: 1.1, 1.3, 3.1, 3.4.

17. Bono de Desarrollo Humano

Localização: Equador

Avaliação de Impacto: O programa de TCR tinha como público-alvo famílias das zonas rurais e áreas urbanas que vivem abaixo do nível de pobreza (primeiro quintil do índice de pobreza). A quantia de US$ 15/mês foi dada diretamente às mulheres. A transferência média mensal foi de US$ 10,51. Inicialmente, as condicionalidades eram: levar as crianças menores de 6 anos de idade a cada dois meses nos postos de saúde públicos; e mandar as crianças em idade escolar para a escola, mas tais condições nunca foram implementadas.

Delineamento: Estudo aleatório controlado para avaliar o impacto de um programa de TCR nos resultados de DPI e as práticas familiares.

Amostra: 1.124 domicílios (1.124 crianças de 3 a 7 anos foram acompanhadas).

Variáveis-resposta: *Crianças* – bem-estar físico e crescimento (nível de hemoglobina, altura para a idade e habilidades motoras finas), desenvolvimento cognitivo (memória de vocabulário [PPVT], memória de longo prazo, memória de curto prazo, integração visual [Bateria Woodcock Muñoz]) e comportamento (relatório da mãe sobre problemas comportamentais). *Mães* – saúde física e mental, nível de hemoglobina, depressão materna, severidade materna e falta de afeto, estresse, número de horas trabalhadas, autoavaliação da condição social.

Idades no início do estudo e acompanhamento: Não aplicável; a exposição ao programa de TCR foi de 17 meses em média.

Principais conclusões: Para o total da amostra, o estudo constatou efeitos de tratamento modestos do programa na habilidade motora fina (0,16 DP) e na memória de longo prazo (0,19 DP). Foram observados efeitos positivos, mas não significativos, em outros indicadores de resultado. Os efeitos foram maiores para o quartil inferior, incluindo efeitos significativos nas taxas de hemoglobina (0,39 DP), controle da motricidade fina (0,29 DP), memória de longo prazo (0,23 DP) e escala de problemas de comportamento (0,39 DP).

Não foram encontradas diferenças nos efeitos por idade da criança. Os efeitos do programa foram consistentemente maiores entre meninas do que entre meninos. Os efeitos significativos entre o quartil mais pobre incluem a média das medidas cognitivas e comportamentais (0,39 DP para as meninas e 0,11 DP para os meninos). As meninas no quartil inferior foram mais prejudicadas do que os meninos fora do programa BDH. Os efeitos foram maiores entre as crianças de mães mais escolarizadas. Resultados intermediários foram os seguintes: (1) as mães do grupo de tratamento viram-se em melhor situação do que as mães do grupo controle e (2) houve melhora no nível de hemoglobina das mães (os ganhos foram maiores entre as mais pobres). Os resultados da pesquisa mostram que quase metade das famílias gastaram todo ou a maior parte do dinheiro em alimentos. Nenhum efeito significativo foi encontrado sobre a saúde mental dos pais e o nível de estresse. Não houve efeito significativo das consultas para controle de crescimento, mas as crianças que foram monitoradas estavam mais propensas a receber vermifugação.

Referência: Paxson e Schady (2010).

18. Coorte de Helsinque

Localização: Finlândia

Estudo: Estudo epidemiológico sobre a relação entre baixo peso ao nascer e rápido ganho de peso na infância (3 a 11 anos de idade) e a incidência de diabetes tipo 2 e doença arterial coronariana (DAC).

Delineamento: Usando um grande conjunto de dados longitudinais, o estudo calculou a propensão para desenvolver diabetes tipo 2, hipertensão e DAC.

Amostra: A coorte de Helsinque era composta de 15.846 indivíduos nascidos em 1924-33 e 1934-44. Este estudo analisou os dados de 13.517 homens e mulheres cujas medidas ao nascer e o IMC aos 11 anos estavam disponíveis. Os dados foram combinados com os dados dos registros nacionais de altas hospitalares por causas, registros de pessoas que recebem medicação para doenças crônicas, e registros de mortes por causas. A análise dos efeitos cumulativos do ganho de peso na infância foi limitada às pessoas que nasceram em 1934-1944, cujos dados de crescimento estavam disponíveis desde o nascimento, até a infância e a idade escolar.

Variáveis-resposta: Propensão a desenvolver diabetes tipo 2, hipertensão e DAC.

Idades no início do estudo e acompanhamento: Ao nascer, aos 11 anos, e mais tarde na vida.

Principais conclusões: O risco de contrair diabetes tipo 2 e hipertensão caiu com o aumento do peso ao nascer e aumentou com o aumento do IMC aos 11 anos. Ao comparar os diferentes grupos de pessoas (por peso ao nascer e alterações no IMC), aquelas com maior peso ao nascer e consequente diminuição no IMC apresentaram menos da metade de incidência de diabetes tipo 2 do que os demais grupos combinados. Para DAC também os riscos da doença caíram com o aumento do peso ao nascer e aumentaram com o aumento do IMC aos 11 anos. Com base em 279 homens e 66 mulheres, as internações hospitalares e mortes, entre os homens, o índice ponderal (peso/comprimento ao nascer 3) esteve mais fortemente relacionado à doença e, entre as mulheres, o comprimento ao nascer foi mais importante.

Referência: Barker et al. (2002).

Nota: 1.2.

19. Estudo Pré-Escolar em Guiné e Cabo Verde

Estudo: O objetivo foi desenvolver um retrato preliminar dos impactos e da eficácia de um programa de DPI. Uma coleta de dados foi realizada para identificar os diferentes programas e modelos pré-escolares e detalhar suas características. Uma amostra representativa de pré-escolas foi selecionada para avaliar o impacto que o atendimento pré-escolar, diferentes programas/modelos pré-escolares, e várias características pré-escolares tiveram no desenvolvimento cognitivo e físico das crianças que as frequentavam. Os vários programas existentes em cada um dos países foram examinados para determinar qual programa e características pareciam mais eficazes e menos onerosos no apoio ao desenvolvimento das crianças.

Delineamento: Análise multivariada de dados não experimentais usando o atendimento pré-escolar como variável independente, juntamente com as características da criança e da família.

Amostra: Guiné, p = 529, c = 348. A maioria (64%) frequentava a *école maternelle* (modelo tradicional francês de pré-escola); 22%, as pré-escolas comunitárias (CEC), *Jardin d'enfants*; CV, p = 490, c = 313. Não houve descrição de tipos de escolas, apenas das entidades que gerenciam o programa (ou seja, pública, privada, ONG, comunitária, religiosa).

Variáveis-resposta: Desenvolvimento cognitivo (uma versão simplificada do Teste Boehm de Conceitos Básicos), relação altura x peso.

Idades no início do estudo e acompanhamento: Não longitudinal, desenvolvimento cognitivo medido apenas aos 5 anos de idade.

Principais conclusões: A assistência pré-escolar aumentou o desenvolvimento cognitivo da criança em 4,41 pontos na Guiné e 7,27 pontos em Cabo Verde. A assistência pré-escolar não teve impacto significativo sobre a relação altura x peso. Embora os antecedentes familiares sejam os determinantes mais influentes, o acesso à pré-escola aumenta o efeito explanatório em cerca de 16-20%. O efeito é desproporcional sobre crianças em situação de risco (ou seja, a população pobre na Guiné, crianças de famílias grandes e com as mães que trabalham, e as meninas em ambos os países). A escola religiosa em Cabo Verde e centros educativos da comunidade são mais eficazes na obtenção de resultados no desenvolvimento cognitivo. A língua de ensino também afeta a aprendizagem; na Guiné, as escolas com uma única língua obtiveram melhores resultados do que as escolas bilíngues, enquanto em Cabo Verde as escolas bilíngues obtiveram melhores resultados. O currículo escolar não parece importar. As escolas de alto custo não são necessariamente melhores, mas a existência de uma taxa teve um efeito positivo.

Referência: Jaramillo e Tietjen (2001).

Nota: 3.1.

20. Estudo Experimental de Suplementação Nutricional da Guatemala

Avaliação de Impacto: A avaliação do impacto da suplementação nutricional desde a gestação até a infância. Nas duas aldeias que receberam o tratamento, foi fornecida uma bebida energética rica em proteínas (Atole), e nos dois vilarejos de controle, uma bebida não proteica, e uma bebida de baixas calorias (Fresco) foi disponibilizada em centros de suplementação alimentar e estava disponível diariamente numa base voluntária para todos os membros da comunidade. Os sujeitos do estudo foram todas as crianças da aldeia de 7 anos de idade ou menos e todas as mulheres grávidas e lactentes. O consumo individual foi cuidadosamente registrado.

Delineamento: Quasi-experimental, a aleatorização ocorreu ao nível da aldeia. A avaliação analisou o impacto de longo prazo desses suplementos nutricionais durante a primeira infância sobre a capacidade física de trabalho.

Amostra: A amostra acompanhada contou com 1.574 pessoas, ou cerca de 73% de todos os participantes originais (2.392, todas as crianças com menos de 7 anos das 4 aldeias selecionadas aleatoriamente). A avaliação do desempenho físico foi realizada por 364 indivíduos (selecionados aleatoriamente; quando a pessoa selecionada se recusou a participar, foi substituída por um voluntário).

Variáveis-resposta: (1) Capacidade física para o trabalho (consumo de oxigênio durante o esforço máximo); outras medições foram feitas como fatores de confusão (2); antropometria e composição corporal (massa magra); (3) o desenvolvimento esquelético.

Idades no início do estudo e acompanhamento: No início do programa todas as crianças tinham menos de 7 anos(a coleta de dados sobre nutrição precoce terminou aos 7 anos de idade); as crianças menores que participaram no estudo tinham aproximadamente 6 meses. O acompanhamento foi realizado quando as crianças tinham 11-26 anos de idade. A amostra foi agrupada em três grupos: coorte 1, de 11-14 anos, que recebeu suplementação desde a gestação até variadas idades; coorte 2, de 14-18 anos, que recebeu a intervenção ao longo da gestação e nos três primeiros anos de vida; e coorte 3, de 18-26 anos, que nasceu antes de a intervenção começar e teve exposição completa dos 4 aos 7 anos de idade.

Principais conclusões: Entre a coorte 2 (exposição total à intervenção desde a gestação até os 3 anos), os homens que tinham tomado Atole tiveram capacidade física para o trabalho significativamente superior do que aqueles que consumiram Fresco, após o controle de peso corporal e massa magra; também houve uma correlação positiva significativa entre a quantidade de consumo do suplemento e a capacidade física para o trabalho. O efeito da suplementação em mulheres da mesma idade não foi estatisticamente significativo.

Referência: Haas et al. (1995).

21. Estudo Experimental de Suplementação Nutricional da Guatemala 2

Avaliação de Impacto: Ver Estudo Experimental de Suplementação Nutricional da Guatemala 1. Este estudo de acompanhamento examinou o impacto da suplementação nutricional na primeira infância sobre a produtividade econômica na idade adulta.

Delineamento: Ver Estudo 1. Este estudo analisou a produtividade econômica na idade adulta.

Amostra: Dos 2.392 indivíduos que participaram do estudo original, 1.855 foram qualificados para o acompanhamento; 1.571 pelo menos participaram parcialmente e 1.424 completaram a entrevista.

Variáveis-resposta: Rendimentos anual do trabalho, horas trabalhadas no último ano, salário médio.

Idades no início do estudo e acompanhamento: Ver Estudo 1 para os dados de base. Neste estudo de acompanhamento, os participantes tinham entre 25 e 42 anos de idade.

Principais conclusões: A exposição ao Atole antes, mas não depois, dos 3 anos foi associada com o aumento do salário por hora, mas apenas entre os homens. Na exposição de 0 a 2 anos de idade, o aumento foi de US$ 0,67 por hora, o que significou um aumento de 46% no salário médio. Houve uma tendência não significativa de redução nas horas trabalhadas e de aumento da renda anual entre aqueles expostos ao Atole de 0 a 2 anos de idade.

Referência: Hoddinott et al. (2008).

22. Estudo de Suplementação Jamaicano 1

Avaliação de Impacto: Os participantes do estudo (crianças raquíticas de 9 a 24 meses de idade) foram distribuídos aleatoriamente em quatro grupos: (1) controle, (2) apenas suplementação nutricional, (3) apenas estimulação, e (4) nutrição e estimulação. A suplementação nutricional consistiu no fornecimento de 1 kg/semana de fórmula infantil à base de leite, e a estimulação consistiu em visitas semanais domiciliares de 1 hora por agentes comunitários de saúde com o objetivo de melhorar a interação materno-infantil por meio de brincadeiras. Ambos os tipos de intervenção duraram 2 anos.

Delineamento: Estudo controlado aleatório para avaliar os efeitos da suplementação nutricional e da estimulação separadamente, bem como os efeitos combinados da suplementação e da estimulação.

Amostra: 129 crianças raquíticas de 9 a 24 meses de idade foram identificadas por meio de uma pesquisa de dados domiciliares nos bairros pobres de Kingston; essas crianças foram distribuídas aleatoriamente em 4 grupos - 32 crianças não raquíticas pareadas por idade, sexo e bairro também foram identificadas para o estudo. As 127 crianças raquíticas e todas as 32 crianças não raquíticas foram identificadas ao final da intervenção.

Variáveis-resposta: (1) Medidas antropométricas, (2) desenvolvimento da criança (motor grosseiro, coordenação entre mão e olho, audição e fala, cognição [reconhecimento de formas, empilhamento de blocos, padrões de blocos]); usando uma versão adaptada da Escala de Desenvolvimento Mental Griffiths.

Idades no início do estudo e acompanhamento: No início, as crianças tinham de 9 a 24 meses de idade; o primeiro acompanhamento foi realizado após 2 anos.

Principais conclusões: A suplementação beneficiou o crescimento das crianças, enquanto a estimulação não. A suplementação e a estimulação beneficiaram o desenvolvimento das crianças (7 e 8 pontos de quociente de desenvolvimento, respectivamente). Os efeitos dos tratamentos combinados são aditivos, e o grupo que recebeu ambas as intervenções foi o único a alcançar o grupo não raquítico.

Referência: Grantham-McGregor et al. (1991).

Nota: 1.2.

23. Estudo de Suplementação Jamaicano 2

Estudo: Ver Estudo 1. Este estudo de acompanhamento foi realizado 4 anos após a primeira intervenção (aos 7 ou 8 anos).

Delineamento: Ver Estudo 1.

Amostra: Ver Estudo 1. 122 crianças raquíticas e 32 crianças não raquíticas foram localizadas neste acompanhamento. 52 crianças raquíticas a mais (que também foram identificados na coleta de dados original) foram adicionadas.

Variáveis-resposta: Este acompanhamento avaliou: (1) a realização acadêmica (resultados em testes de leitura, escrita e aritmética); (2) o QI (Escala de Stanford-Binet); (3) o vocabulário (PPVT); (4) o raciocínio visual (Matrizes Progressivas de Raven); (5) a fluência verbal categórica; (6) as analogias verbais; (7) a memória semântica de longo prazo; (8) a capacidade de aprendizagem; (9) a memória auditiva de trabalho; (10) a memória visual-espacial de trabalho (blocos de Corsi); e (11) a coordenação motora fina.

Idades no início do estudo e acompanhamento: Este estudo de acompanhamento foi realizado aos 7-8 anos de idade.

Principais conclusões: Houve grande variação, com uma pequena tendência positiva (não significativa) entre as crianças no grupo de tratamento. Os únicos efeitos significativos foram encontrados no fator perceptivo-motor (o grupo de estimulação), e apenas nas crianças cujas mães tinham obtido pontuação mais alta no PPVT. A amplitude dos benefícios remanescentes após 4 anos foi menor do que previsto, e não restaram vestígios do efeito aditivo.

Referência: Grantham-McGregor et al. (1997).

Nota: 1.2.

24. Estudo de Suplementação Jamaicano 3

Estudo: Ver Estudo 1. Este estudo de acompanhamento foi realizado aos 17-18 anos de idade.

Delineamento: Ver Estudo 1.

Amostra: Ver Estudo 1. 103 crianças raquíticas e 64 crianças não raquíticas foram identificadas.

Variáveis-resposta: Este acompanhamento avaliou: (1) o QI (WAIS), (2) o raciocínio não verbal (Matrizes de Raven), (3) a memória de trabalho visual-espacial (blocos de Corsi), (4) a memória auditiva de trabalho, (5) as analogias verbais, (6) o vocabulário (PPVT), (7) a leitura, (8) conhecimentos matemáticos e (9) a evasão escolar.

Idades no início do estudo e acompanhamento: Este estudo de acompanhamento foi realizado aos 17-18 anos de idade.

Principais conclusões: O raquitismo na primeira infância está associado a déficits cognitivos e educacionais no final da adolescência, que ficam reduzidos pela falta de estimulação na primeira infância. Não houve efeito significativo da suplementação nutricional. Comparada ao grupo controle, a estimulação resultou em pontuação mais alta em QI, vocabulário, analogia verbal e testes de leitura. Em geral, as crianças raquíticas do grupo controle tiveram pontuações significativamente inferiores em 11 dos 12 testes cognitivos e educacionais e estavam mais propensas a abandonar a escola. Crianças raquíticas que receberam intervenção de estimulação, quando comparadas ao grupo controle, obtiveram benefícios cognitivos e educacionais com efeitos da ordem de de 0,4-0,6 DP. Embora a estimulação tenha beneficiado substancialmente as crianças raquíticas, seu desempenho foi consistentemente inferior ao do grupo não raquítico (e sem intervenção), com duas dessas medidas significativamente mais baixas.

Referência: Walker et al. (2005).

25. Programa de Visitação Domiciliar

Localização: Jamaica

Avaliação de Impacto: O programa foi aplicado às famílias por meio de uma visita semanal de 1 hora por um paraprofissional (agente comunitário de saúde) nas primeiras 8 semanas de vida. Os visitantes domiciliares mostraram aos pais como se comunicar com as crianças, responder às suas sugestões e demonstrar-lhes afeição.

Delineamento: Estudo controlado aleatório para avaliar o impacto de um programa de visitas domiciliares na promoção do desenvolvimento psicossocial de recém-nascidos com baixo peso ao nascer.

Amostra: Mulheres grávidas foram aleatoriamente selecionadas. Os recém-nascidos de baixo peso ao nascer foram divididos aleatoriamente em dois grupos: controle (n = 69), e tratamento (n = 66); além disso, recém-nascidos com peso normal ao nascer (n = 87) foram identificados.

Variáveis-resposta: Habilidades intencionais infantis de resolver problemas aos 7 meses de idade. O comportamento infantil foi avaliado pelos examinadores.

Idades no início do estudo e acompanhamento: Ao nascer e aos 7 meses.

Principais conclusões: As crianças do programa tiveram pontuação mais alta do que o grupo controle na habilidade de resolver problemas, e foram mais felizes e mais cooperativas durante a sessão de teste.

Referência: Meeks-Gardner et al. (2003).

Nota: 3.2.

26. Oportunidades

Localização: México

Avaliação de Impacto: Transferência mensal de renda condicionada ao comparecimento pelos membros da família a cuidados médicos preventivos. Exames de saúde completos nas crianças; grávidas e crianças de 2 a 5 anos de idade com baixo peso receberam alimentos fortificados suplementares. As bolsas de estudo foram concedidas às crianças com 85% de frequência escolar e que não repetiram de ano mais de duas vezes; o valor da bolsa-educação é mais alto para séries mais altas e para as meninas. O cumprimento da condicionalidade é verificado antes de cada repasse.

Delineamento: Estima o tamanho do efeito para cada variável que está associada à duplicação das transferências de renda, controlando ao mesmo tempo várias outras características.

Amostra: No acompanhamento do grupo de intervenção precoce: 1.681 crianças com idades entre 24 e 68 meses e 5 anos de exposição; 768 crianças com idades entre 24 e 50 meses e 3 a 5 anos de exposição.

Variáveis-resposta: Crianças de 24 a 68 meses. Física (altura para a idade, IMC, habilidades motoras); crianças de 36 a 68 meses. Cognitivo – memória de longo prazo, memória de curto prazo, integração visual (bateria de Woodcock--Muñoz). Linguagem (PPVT).

Idades no início do estudo e acompanhamento: Todas as crianças participaram do programa durante a vida inteira.

Principais conclusões: Transferências de renda cumulativas estavam relacionadas a resultados positivos na maioria dos domínios. A duplicação da TC foi associada à altura para a idade, menor prevalência de raquitismo, maior resistência física, memória de longo prazo, memória de curto prazo, integração visual e desenvolvimento da linguagem. (O impacto sobre o desenvolvimento cognitivo é modesto: 0,08-0,18 DP.)

Nenhuma relação foi encontrada entre o desenvolvimento motor ou o nível de hemoglobina.

Referência: Fernald, Gertler e Neufeld (2006).

Nota: 3.4.

27. Intervenção Participativa Baseada na Comunidade (projeto sem título)

Localização: Nepal

Avaliação de Impacto: As aldeias do projeto receberam a visita de um facilitador que recebeu treinamento rápido em questões de saúde perinatal. O grupo de mulheres se reunia mensalmente para discutir o parto e práticas de cuidados na comunidade, identificar as questões prioritárias e estratégias, e implementar e avaliar suas estratégias. Durante esse processo, as mulheres procuraram mais informações sobre saúde perinatal.

Delineamento: Ensaio aleatório controlado de agrupamento (*cluster*) de aprendizagem participativa comunitária.

Amostra: Das 43 comunidades, 24 foram pareadas e distribuídas aleatoriamente às comunidades do programa e às comunidades controle, incluindo dados sobre 2.945 partos nas comunidades do programa e 3.270 nas comunidades controle.

Variáveis-resposta: Taxa de mortalidade neonatal identificadas pela supervisão. Comportamentos de cuidados com a saúde e de busca por cuidados de saúde.

Idades no início do estudo e acompanhamento: Não aplicável.

Principais conclusões: As taxas iniciais estimadas de mortalidade foram comparáveis nas comunidades do programa e nas comunidades controle. O taxa de mortalidade neonatal pós-intervenção foi de 26,2 por 1.000 nas comunidades do programa e de 36,9 por 1.000 nas comunidades controle. A taxa de mortalidade materna foi de 69 por 100.000 no programa e de 341 por 100.000 nas comunidades controle. As mulheres das comunidades do programa tiveram mais propensão a fazer acompanhamento pré-natal, parto institucional, treinamento do trabalho de parto, e ter mais cuidados de higiene do que as mulheres das comunidades controle.

Referência: Manandhar et al. (2004).

Nota: 3.2.

28. Atención a Crisis

Localização: Nicarágua

Avaliação de Impacto: As mulheres das unidades domésticas receberam consideráveis transferências de dinheiro a cada 2 meses, em média de cerca de 15% das despesas per capita; US$ 145 para as famílias sem filhos. Unidade domésticas com crianças entre 7 e 15 anos matriculadas na escola primária receberam US$ 90 a mais, e um adicional de US$ 25 por criança. A condição é que as crianças estivessem cursando a escola primária e comparecessem aos serviços de saúde.

Delineamento: Ensaio aleatório controlado de (1) uma TCR condicionada à matrícula das crianças na escola primária e ao comparecimento aos serviços de saúde; (2) TCR mais uma bolsa de estudos que permitiu a um dos membros da unidade doméstica escolher e fazer um curso de formação profissional; (3) a TCR mais um subsídio ao investimento produtivo, para ajudar a iniciar uma pequena atividade não agrícola para as unidades domésticas que elaboraram um plano de desenvolvimento de negócios.

Amostra: Tratamento, 3.002 unidades domésticas; controle, 1.019 unidades domésticas.

Variáveis-resposta: (1) Para todas as crianças: habilidades de linguagem, pessoais, sociais, motoras finas e grosseiras usando um subteste do teste Denver Developmental Screening. (2) Para crianças com idades entre 36 e 83 meses: Vocabulário Receptivo (PPVT), teste de memória de curto prazo, e um teste de habilidade motora das pernas da bateria de testes de McCarthy; relatório do cuidador sobre o comportamento usando o índice de Problemas de Comportamento. *Resultados intermediários*: padrões de despesas, consumo alimentar da criança, estimulação, peso ao nascer, peso e altura da criança, cuidados preventivos de saúde, saúde mental do cuidador; observação dos cuidadores sobre o comportamento dos pais usando o inventário HOME.

Idades no início do estudo e acompanhamento: Não aplicável; a exposição ao programa de TCR foi de 9 meses.

Principais conclusões: Os efeitos do tratamento de três tipos de intervenções foram semelhantes. Efeitos significativos foram encontrados nos domínios pessoal-social (0,13 DP), de linguagem (0,17 DP) e de vocabulário (0,22 DP). Houve efeitos positivos, mas não significativos, sobre outros indicadores de resultado. Houve também impacto significativo sobre: o consumo de alimentos e a ingestão de alimentos ricos em nutrientes pelas crianças; a estimulação precoce (leitura para a criança e contação de histórias, a disponibilidade de livros, papel e lápis); os cuidados de saúde preventivos (monitoramento do crescimento, ministração de vitaminas, ferro e vermífugos). Houve também melhorias marginalmente significativas na antecipação de matrículas na escola primária e na saúde mental dos cuidadores. No entanto, não foram constatados efeitos sobre as medidas antropométricas da criança ou sobre o peso ao nascer. As mudanças observadas nos resultados intermediários e nos resultados de desenvolvimento infantil foram maiores entre as crianças mais velhas.

Referência: Macours, Schady e Vakis (2008).

Nota: 3.4.

29. Projeto Educativo de Nutrição (projeto sem título)

Localização: Peru

Avaliação de Impacto: A intervenção tinha como objetivo elevar o perfil de nutrição nos estabelecimentos de saúde e integrar os serviços de nutrição existentes a programas nacionais voltados à criança (tais como vacinação, monitoramento do crescimento e desenvolvimento e tratamento das infecções respiratórias agudas e diarreia) para melhorar a qualidade do aconselhamento nutricional por meio de treinamento e fornecimento de mensagens simples, padronizadas e adequadas à idade, para serem usadas nos estabelecimentos de saúde em todos os pontos de contato com crianças pequenas. Três mensagens-chave foram: (1) um purê grosso satisfaz e nutre o bebê, e equivale a três porções de sopa: a cada refeição, dê o purê ou preparado alimentar mais grosso primeiro, (2) adicione uma comida especial ao prato do bebê: (frango), fígado, ovo ou peixe; e (3) ensine seu filho a comer com amor, paciência e bom humor. Os estabelecimentos foram assessorados no desenvolvimento de suas próprias mensagens. O projeto também forneceu materiais de comunicação e formulários de históricos clínicos feitos para levar o médico a incluir temas breves e conselhos sobre nutrição. A intervenção incluiu demonstrações de como preparar alimentos complementares e sessões em grupo para os cuidadores de crianças de idades semelhantes. A intervenção também forneceu treinamento para melhorar as habilidades antropométricas dos profissionais de saúde.

Delineamento: Ensaio aleatório controlado de agrupamento (*cluster*) de um programa de educação nutricional.

Amostra: Entre os 21 estabelecimentos de saúde identificados na área de estudo, 6 foram aleatoriamente designados ao grupo controle e 6 ao grupo do programa. Dados sobre 187 bebês no grupo do programa e 190 no grupo controle foram utilizados na análise.

Variáveis-resposta: Crescimento da criança (peso, altura e peso para a idade e os escores Z de altura para a idade aos 18 meses).

Idades no início do estudo e acompanhamento: Nascimento, e aos 3, 4, 6, 8, 9, 12, 15 e 18 meses.

Principais conclusões: Aos 18 meses, as crianças do grupo de intervenção eram 1 centímetro mais altas e tinham três vezes menos probabilidade (p = 0,018) de serem raquíticas do que as crianças do grupo controle, mesmo depois de controlar o efeito do peso ao nascer. Sua ingestão nutricional foi melhor do que a das crianças do grupo controle (maior consumo de energia aos 18 meses, maior consumo de energia proveniente de fontes animais aos 15 e 18 meses, maior consumo de ferro e zinco). As mães do programa também buscaram mais cuidados de saúde e conhecimento sobre aleitamento e alimentação complementar.

Referência: Penny et al. (2005).

Nota: 3.2.

30. Programa de DPI

Localização: Filipinas

Avaliação de Impacto: Serviços integrados de DPI que ofereciam opções de creche familiar dos 3 aos 5 anos de idade, programas comunitários de educação para os pais, 8 semanas de programa de prontidão escolar para as crianças ingressantes no ensino formal, monitoramento do crescimento, melhoria dos serviços de saúde e nutrição. Um novo prestador de serviços, o "trabalhador em desenvolvimento infantil" foi colocado em todas as áreas do programa; esse trabalhador tinha a tarefa de complementar o papel de parteiras e profissionais de saúde na prestação de alimentos e suplementos nutricionais, no monitoramento do estado de saúde das crianças, e na realização de sessões educativas comunitárias de DPI para os pais.

Delineamento: A AI analisou três rodadas de pesquisas. A atribuição de tratamento não foi aleatória. As comunidades da amostra foram selecionados aleatoriamente para os grupo de tratamento e controle. As estimativas foram a "intenção de tratar" os efeitos, já que o programa era bastante complexo. A AI estimou o impacto do projeto usando a "intenção de tratar" cada diferença com diferentes escores de propensão de estimadores correspondentes.

Amostra: Amostragem estratificada de agrupamento (*cluster*) de comunidades. Crianças nas comunidades onde o piloto foi implementado, n = 4.140; crianças nas comunidades-alvo na fase 1 do projeto, n = 194; nas áreas não atingidas pelo programa = 2.359.

Variáveis-resposta: Habilidades motoras grosseiras, habilidades motoras finas, linguagem receptiva, linguagem expressiva, desenvolvimento cognitivo, desenvolvimento socioemocional e autossuficiência.

Idades no início do estudo e acompanhamento: Três rodadas de pesquisas. As crianças tinham 0-4 anos de idade no início do estudo (abril-agosto de 2001). O primeiro acompanhamento foi realizado em setembro-novembro de 2002, e o segundo em setembro-novembro de 2003.

Principais conclusões: Houve uma melhoria significativa no desenvolvimento cognitivo, social, motor e de linguagem, e no estado nutricional no curto prazo das crianças que residem nas áreas do programa de DPI em relação às das áreas não atingidas pelo programa, particularmente entre aquelas com idade inferior a 4 anos ao final do período de avaliação. A proporção de crianças com idade inferior a 4 anos com vermes e diarreia também foi significativamente mais baixa no programa em relação às áreas não atingidas pelo programa. No entanto, houve efeitos na direção oposta entre as crianças mais velhas; assim, o impacto global desses dois indicadores é misto.

Referência: Armecin et al. (2006).

Nota: 3.1.

31. Ensaio Longitudinal de Nutrição e Saúde de Cebu – Estudo 1

Localização: Filipinas

Estudo: O Ensaio Longitudinal de Nutrição e Saúde de Cebu faz parte de um estudo em curso de uma coorte de mulheres filipinas que deram à luz entre 1.º de maio de 1983 e 30 de abril de 1984. Utilizando os dados do levantamento, o autor avaliou os impactos de longo prazo da nutrição na primeira infância nos resultados escolares. Originalmente concebida como um estudo dos padrões de alimentação infantil, a pesquisa está atualmente focada sobre os efeitos a longo prazo da nutrição e saúde pré-natal e na primeira infância sobre os resultados na idade adulta, incluindo educação e resultados no trabalho, e o desenvolvimento de fatores de risco para doenças crônicas. O presente estudo avalia os impactos de longo prazo da nutrição na primeira infância nos resultados escolares.

Delineamento: Análise de uma grande pesquisa de coorte utilizando diferentes procedimentos entre irmãos. A pesquisa incluiu dados sobre os irmãos mais novos da amostra selecionada (índice da criança).

Amostra: Amostragem aleatória de agrupamento (*cluster*). A amostra original consistiu de 3.289 crianças dos 33 distritos selecionados aleatoriamente em Cebu. Neste estudo, uma amostra de 1.016 pares de irmãos foi incluída.

Variáveis-resposta: Sucesso escolar e desempenho acadêmico (testes de inglês e matemática), quando o índice da criança foi 11. Outras informações coletadas na pesquisa incluíram (1) medidas antropométricas, dados de saúde e nutrição (inclusive durante a gravidez de 7-8 meses) a cada 2 meses nos primeiros 2 anos e (2) medidas antropométricas no índice da criança, e irmãos mais novos quando o índice da criança era 8 anos.

Idades no início do estudo e acompanhamento: Nascimento até as idades de 8 e 11 anos.

Principais conclusões: Depois de controlar a alimentação dos pais e o ambiente familiar, as crianças mais bem nutridas na primeira infância tiveram desempenho escolar significativamente melhor, em parte porque ingressam na escola mais cedo, mas principalmente porque aprendem mais por ano de escolaridade. A análise de custo-benefício identificou que cada US$ 1 investido em programas de nutrição infantil poderia gerar um retorno de pelo menos US$ 3 em ganhos no desempenho acadêmico.

Referência: Glewwe, Jacoby e King (2001).

Notas: Introdução, 2.1.

32. Ensaio Longitudinal de Nutrição e Saúde de Cebu – Estudo 2

Localização: Filipinas

Estudo: Usando dados do Ensaio Longitudinal de Nutrição e Saúde de Cebu, os autores avaliaram se a nutrição durante certos meses (por exemplo, nos primeiros 6 meses) dos primeiros 24 meses de vida é mais importante do que durante outros períodos para o desenvolvimento cognitivo da criança.

Delineamento: Análise de dados longitudinais usando dois modelos de regressão múltipla (a forma reduzida e as estimativas de demanda condicional).

Amostra: Ver Estudo 1. Aos 8 anos de idade, 2.264 crianças da 3.080 originalmente selecionadas para estudo foram avaliadas.

Variáveis-resposta: O indicador de resultado foi a pontuação no Teste de Inteligência Não Verbal das Filipinas aos 8 anos. A mudança na altura nos primeiros 2 anos foi usada como uma variável *proxy* para a ingestão nutricional; outras variáveis foram a estação chuvosa e o preço dos alimentos básicos.

Idades no início do estudo e acompanhamento: Início ao nascer; acompanhamento aos 8 anos de idade.

Principais conclusões: Nenhum dos modelos confirmou a hipótese de que a nutrição nos primeiros 6 meses de vida ou durante o período pré-natal é mais importante do que em outros períodos para o desenvolvimento cognitivo. Pelo contrário, as estimativas sugerem que o período de 18 a 24 meses pode ser crítico. Evidências imprecisas indicaram que o subsídio aos preços do milho e as fórmulas infantis podem melhorar o estado nutricional das crianças.

Referência: Glewwe e King (2001).

33. Projeto de Enriquecimento Precoce da Turquia – Estudo 1 e Estudo 2

Localização: Turquia

Avaliação de Impacto: O projeto incluiu dois estudos: (1) um estudo original de 4 anos, concebido para investigar os efeitos separados e combinados em crianças de um ambiente de ensino pré-escolar e de um programa de treinamento materno e (2) um acompanhamento realizado 6 anos após o término do estudo original. Crianças de três categorias de ambiente infantil foram selecionadas para o estudo (ou seja, as crianças de creches educativas, creches de custódia, e as que recebiam cuidados em casa.) O programa de educação dos pais de 2 anos consistiu em visitas domiciliares quinzenais por um paraprofissional, durante as quais as mães aprenderam a usar durante o ano letivo materiais baseados no programa HIPPY (Programa de Instrução Domiciliar para Crianças em Idade Pré-Escolar), com foco na linguagem infantil, na resolução de problemas e nas habilidades de discriminação sensorial e de percepção. Além disso, o projeto organizou reuniões quinzenais em grupo para compartilhar informações sobre o desenvolvimento global das crianças, bem-estar materno e bom relacionamento familiar. As mães receberam materiais educativos todas as semanas e deveriam trabalhar com seus filhos diariamente por 15-20 minutos.

Delineamento: Ensaio aleatório controlado de agrupamento (*cluster*). O Estudo 1 acompanhou as crianças de 5 cidades pobres durante 4 anos, comparando os impactos da creche educacional, da creche de custódia e de programas educacionais para os pais na primeira infância. O impacto da combinação dos três tipos de ambientes de assistência à criança (centro educacional, centro de custódia, e cuidados em casa) e de intervenção foram estudados.

Amostra: No Estudo 1, um total de 280 crianças com idades entre 3 e 5 anos que vivem em uma área de baixa renda de Istambul. Participantes de creches educacionais e de creches de custódia foram selecionados entre as três creches educacionais e as três creches de custódia pré-selecionadas. Em alguns centros, todas as crianças da faixa etária foram incluídas; quando havia muitas crianças, os participantes foram selecionados aleatoriamente. As crianças que recebiam cuidados em casa foram selecionadas aleatoriamente nos mesmos bairros que os outros dois grupos. O Estudo 2 incluiu 217 pares de crianças e mães do Estudo 1.

Variáveis-resposta: No Estudo 1 todos os resultados foram medidos e relatados no 4.º ano. Habilidades cognitivas (Escalas de Inteligência de Stanford-Binet, habilidades analíticas, Teste de Figuras Embutidas Infantil, Desempenho Escolar na Turquia, matemática e habilidades gerais, notas na escola primária); personalidade e desenvolvimento social (pelo relato da mãe sobre autonomia, comportamento dependente, agressão, autoestima, adaptação à escola e problemas emocionas); ambientes domésticos (por observação); e entrevistas da mãe (a compreensão e percepção do desenvolvimento da criança, relacionamento familiar etc.). No Estudo 2: atitudes da criança em relação à escola e à educação; relacionamento com os pais, expectativas quanto à educação e à ocupação, autoestima; adaptação social; vocabulário (pela escala WISC-R); Teste de Figuras Embutidas; notas na escola; atitudes da mãe e práticas de criação; relações familiares; expectativas em relação à filha etc. Os pais também foram entrevistados.

Idades no início do estudo e acompanhamento: No Estudo 1, as crianças tinham de 3 a 5 anos no início e foram acompanhadas por 4 anos. O Estudo 2 foi realizado 7 anos depois do Estudo 1.

Principais conclusões, Estudo 1: Ao final da intervenção, os cuidados baseados em centros educacionais e as abordagens que focaram o treinamento materno melhoraram as habilidades cognitivas das crianças, os relacionamentos sociais e a adaptação escolar.

Principais conclusões, Estudo 2: Uma proporção significativamente maior de crianças do grupo de treinamento materno (86%) ainda estava na escola em comparação com o grupo controle (67%). A maior parte dos efeitos do programa de treinamento materno se manteve em relação aos baseados em centros educacionais (por exemplo; nível de escolaridade, sucesso escolar, orientação acadêmica, desenvolvimento secioemocional e adaptação social). Apesar de no início as crianças em centros de atendimento educacional liderarem no desenvolvimento cognitivo, não houve diferenças entre os três tipos de ambientes em termos de notas e nível de escolaridade até o final do 5.º ano da escola primária.

Referência: Kagitçibasi, Sunar e Bekman (2001).

Notas: 1.1, 1.3, 3.1, 3.2.

34. Projeto de Enriquecimento Precoce da Turquia – Estudo 3

Localização: Turquia

Avaliação de Impacto: Um acompanhamento 19 anos após a intervenção (ver Estudos 1 e 2).

Delineamento: Ver Estudos 1 e 2.

Amostra: 131 dos participantes originais participaram no estudo.

Variáveis-resposta: (1) realização e habilidades cognitivas (nível de escolaridade, frequência a curso universitário, resultados em testes de vocabulário), (2) o sucesso socioeconômico (idade de ingresso na força de trabalho, situação profissional, despesas como variável *proxy* da renda, integração à sociedade urbana moderna), (3) satisfação com a vida, relações familiares e valores dos filhos.

Idades no início do estudo e acompanhamento: 19 anos após o Estudo 1 (cerca de 25 anos de idade).

Principais conclusões: A participação dos pais na educação ou ter frequentado a pré-escola estiveram significativa e positivamente associados com a realização de curso superior, o ingresso mais tarde na força de trabalho e melhor situação profissional. Outras conclusões foram: (1) as habilidades cognitivas pré-intervenção tiveram efeitos consistentes sobre toda a trajetória de desenvolvimento; (2) as crianças que estavam nos 25% inferiores da distribuição de habilidades cognitivas no início não tiveram qualquer efeito após a intervenção, enquanto as outras 75% tiveram efeitos em vários domínios; e (3) o impacto da intervenção foi maior entre os homens do que entre as mulheres nos domínios de realização/cognitivo.

Referência: Kagitçibasi et al. (2009).

35. Pesquisa Nacional de Desenvolvimento Infantil – Estudo 1

Localização: Reino Unido

Estudo: Estudo longitudinal contínuo de cerca de 17.000 crianças nascidas na Inglaterra, Escócia e País de Gales em 1958 destinado a compreender melhor o fator que afeta o desenvolvimento humano durante a vida inteira. Autores examinaram os efeitos a longo prazo dos resultados de testes aos 7 anos.

Delineamento: Análise de uma pesquisa de coorte longitudinal, utilizando modelos multivariados (incluindo fatores secundários, tais como NSE dos pais e escolaridade dos pais) para prever vários resultados de longo prazo.

Amostra: Foram utilizados os dados da Pesquisa Nacional de Desenvolvimento Infantil. A pesquisa é um estudo longitudinal de todas as cerca de 17.000 crianças nascidas na Grã-Bretanha entre 3 e 9 de março de 1958. Na última sondagem (5.ª) da pesquisa, a taxa de resposta foi de 72%.

Variáveis-resposta: Leitura e resultados em testes de matemática aos 16 anos; nível de escolaridade (nível 0); emprego aos 23 e 33 anos; salário aos 23 e 33 anos. Aos 7 anos, foram avaliadas as habilidades em leitura e matemática.

Idades no início do estudo e acompanhamento: Os mesmos entrevistados foram acompanhados desde a infância: aos 7, 11, 16, 23, 33 e 42 anos de idade.

Principais conclusões: Os resultados nos testes feitos aos 7 anos de idade tiveram efeitos significativos sobre os resultados futuros na educação e no mercado de trabalho. Por exemplo, os entrevistados cuja pontuação ficou no quartil mais baixo de distribuição no teste de leitura tinham salários 20% menores aos 33 anos do que aqueles que pontuaram nos quartis superiores.

A análise das interações entre o NSE e pontuação em teste aos 7 anos descobriu que os níveis de instrução e de emprego aos 33 anos foram influenciados da seguinte forma: as crianças de baixo NSE com maiores ganhos tiveram alta pontuação no teste aos 7 anos e as que ganhavam menos tiveram resultados baixos nos testes aos 7 anos. O oposto é verdadeiro entre as crianças de NSE alto, que sofreram maiores perdas com notas mais baixas e ganhos menores com altas pontuações. Havia pouca evidência de efeitos comparáveis interativos sobre os salários.

Referência: Currie e Thomas (1999).

Nota: 1.3.

36. Pesquisa de Desenvolvimento Nacional Infantil – Estudo 2

Localização: Reino Unido

Estudo: Ver Estudo 1. Esta análise particular avaliou a contribuição individual que o envolvimento das mães e dos pais teve na escolaridade dos filhos.

Delineamento: Análise de dados longitudinais usando análise de regressão hierárquica para explorar preditores de escolaridade precoces, em especial a contribuição do envolvimento do pai e da mãe aos 7 anos de idade, medidos por autorrelatos de frequência de atividades (leitura, passeios) e nível de interesse/envolvimento.

Amostra: Das 7.259 observações com dados válidos sobre o envolvimento dos pais aos 7 anos de idade e o nível de escolaridade aos 20 anos, 3.303 foram incluídos na análise final.

Variáveis-resposta: Nível de escolaridade aos 20 anos de idade. As variáveis incluídas no modelo, além do envolvimento dos pais, são: problemas comportamentais aos 7 anos, capacidade geral aos 11 anos e motivação acadêmica aos 16 anos de idade.

Idades no início do estudo e acompanhamento: Ver Estudo 1.

Principais conclusões: O envolvimento do pai e da mãe aos 7 anos de idade, independentemente um do outro, foi indicativo do nível de escolaridade aos 20 anos. A correlação entre pais e aprendizagem não foi mais forte para os filhos do que para filhas. O envolvimento do pai não era mais importante para a realização educacional quando o envolvimento da mãe era baixo em vez de alto.

Referência: Flouri e Buchanan (2004).

Nota: 3.2.

37. Estudo de 1970 da Coorte Britânica

Localização: Reino Unido

Estudo: Dados do Levantamento de 1970 da Coorte Britânica, que utilizou uma amostra nacional representativa (17.196 ao nascer), da qual 10% foram selecionados aleatoriamente para medir resultados cognitivos na primeira infância, juntamente com aqueles que foram considerados de maior risco fetal de desnutrição (2.457 aos 22 meses, e 2.315 aos 42 meses). A mesma coorte foi acompanhada por 26 anos; aos 26, havia 9.003 entrevistados. Análise de um grande estudo de coorte no Reino Unido para investigar a relação entre o desenvolvimento na primeira infância (22 e 42 meses) e resultados de longo prazo.

Delineamento: O estudo examina as associações entre as habilidades precoces e o desempenho futuro, entre desempenho no teste em diferentes idades e NSE, bem como o desempenho em testes anteriores.

Amostra: Com exceção da coorte selecionada aleatoriamente, 9.003 participantes foram acompanhados até os 26 anos de idade.

Variáveis-resposta: Qualificações educacionais aos 26 anos. Como um preditor do resultado final de desenvolvimento, o desenvolvimento na primeira infância (i.e., completar uma série de tarefas, incluindo indicar partes do corpo, calçar os sapatos, empilhar cubos e desenhar linhas aos 22 meses, e contar, falar, copiar e desenhar formas geométricas simples aos 42 meses).

Idades no início do estudo e acompanhamento: A partir do nascimento, aos 22 meses (subamostra); aos 42 meses (subamostra); e aos 5, 10 e 26 anos de idade.

Principais conclusões: A pontuação aos 22 meses está relacionada ao contexto familiar, e a diferença se amplia conforme as crianças crescem. O desempenho aos 22 meses prevê qualificações educacionais aos 26 anos, embora o escore aos 42 meses seja um melhor preditor do resultado final.

Os antecedentes familiares (NSE) têm um papel grande na mobilidade das crianças dentro da distribuição de capacidade em diferentes idades. A maioria das crianças de NSE baixo do quartil inferior de distribuição continuou nele aos 10 anos, enquanto as crianças de NSE alto mostraram muito mais mobilidade ascendente, e têm mais probabilidade de estar no quartil superior do que no inferior aos 10 anos.

Referência: Feinstein (2003).

Nota: 1.3.

38. Effective Provision of Pre-school Education Project (EPPE) – Fase 1

Localização: Reino Unido

Estudo: O EPPE é um estudo longitudinal de larga escala sobre o progresso e desenvolvimento de 3.000 crianças em vários tipos de educação pré-escolar. Este estudo visa explorar as características de diferentes tipos de pré-escolas e como a educação pré-escolar influencia a adaptação das crianças no futuro.

Delineamento: Estudo de coorte longitudinal para investigar o progresso e desenvolvimento de crianças individualmente (incluindo o impacto das características pessoais, socioeconômicas e familiares), e o efeito de cada um dos centros pré-escolares sobre os resultados das crianças tanto ao ingressar na escola (aos 4 anos ou mais) quanto durante e ao final do ensino primário (aos 7 anos ou mais).

Amostra: A amostra foi estratificada por tipo de centro e localização geográfica, para maximizar a probabilidade de identificar os efeitos de centros individualmente e também os efeitos dos vários tipos de prestação. Dentro de cada área geográfica, os centros de cada tipo foram selecionados por amostragem aleatória estratificada, elevando o total da amostra para 141 centros, n = 3.171, incluindo 300 crianças que não frequentaram pré-escolas.

Variáveis-resposta: (1) Habilidades cognitivas aos 3 anos: compreensão verbal, vocabulário utilizado, conhecimento das semelhanças vistas em fotos (compreensão não verbal), e construção de blocos (noção de espaço). Um perfil sobre a adaptação social e emocional de cada criança foi preenchido pelo educador pré-escolar. (2) As habilidades cognitivas ao ingressar na escola; uma bateria cognitiva similar foi administrada junto com o conhecimento do alfabeto, rima/aliteração, e primeiros conceitos de número; o perfil social/comportamental foi preenchido pelo professor. (3) As informações padronizadas sobre a 1.ª e 2.ª séries em matemática e leitura, e sobre as Avaliações Nacionais, foram coletadas juntamente com os dados de frequência e informações sobre a situação de uma criança com necessidades especiais.

Idades no início do estudo e acompanhamento: 3 anos, ingresso na escola, 1.ª -2.ª séries e 5.ª-6.ª séries.

Principais conclusões: *Na pré-escola*: A experiência pré-escolar melhora todo o desenvolvimento da criança. A duração da prestação é importante, o início mais precoce (com idade inferior a 3 anos) está relacionado a um melhor desenvolvimento intelectual. A pré-escola em tempo integral não proporcionou maiores ganhos para as crianças do que a pré-escola em tempo parcial. As crianças desfavorecidas se beneficiaram significativamente das experiências pré-escolares de boa qualidade, especialmente quando havia uma mistura de crianças de diferentes origens sociais. A pré-escola de alta qualidade está relacionada ao melhor desenvolvimento intelectual e social/comportamental. As instalações que dispõem de pessoal com maior qualificação têm escores de qualidade mais altos, e as crianças nesse contexto fazem mais progressos.

Indicadores de qualidade incluem relações calorosas e interativas com crianças, ter um professor treinado como gerente, e uma boa proporção de professores formados na equipe. Nas pré-escolas onde o desenvolvimento educacional e o social são vistos como complementares e iguais em importância, as crianças fazem mais progressos globais. A pedagogia eficaz inclui interação tradicionalmente associada ao termo "ensino", ambientes de aprendizagem instrutivos, e "pensamento compartilhado de apoio" para ampliar a aprendizagem das crianças. Para todas as crianças, a qualidade do ambiente de aprendizagem em casa é mais importante para o desenvolvimento intelectual e social do que a ocupação, a escolaridade ou a renda dos pais. O que os pais fazem é mais importante do que os pais são.

Estudo de acompanhamento após 2 anos (7 anos): O estudo mostra que os benefícios se mantêm ao longo desse período; em especial, as crianças que frequentaram pré-escolas de qualidade se saíram melhor em língua materna (inglês) e em matemática. Na 6.ª série (11 anos), o fato de ter frequentado a pré-escola, em comparação com as que não frequentaram, tem efeito positivo sobre os resultados das crianças em língua materna (inglês) e em matemática. O resultado em língua e matemática foi reforçado pela qualidade da pré-escola. Em ambos os casos, quanto maior o nível de qualidade, maior o nível de realização. As crianças que frequentaram pré-escolas de baixa qualidade não demonstram mais benefícios cognitivos na realização após seis anos na escola primária. Há claras vantagens de longo prazo em frequentar a pré-escola, independentemente do nível de qualificação dos pais, embora as crianças cujos pais têm maior NSE se saiam melhor.

Referências: Sylva et al. (2003) e Sammons et al. (2008).

Notas: 3.1, 3.2.

39. Estudo de Pedagogia Eficaz na Primeira Infância (Parte do Projeto EPPE)

Localização: Reino Unido

Estudo: O estudo foi desenvolvido para identificar as estratégias pedagógicas mais eficazes para apoiar o desenvolvimento de habilidades, conhecimentos e atitudes na primeira infância, e assegurar que elas tenham um bom começo na escola, usando técnicas quantitativas.

Delineamento: Estudo de caso de 14 centros. Para o estudo qualitativo, estudos de caso detalhados e cuidadosos foram realizados em cada estabelecimento, o que incluiu documentação detalhada de observações diretas da equipe de pedagogia e observações estruturadas e sistemática sobre aprendizagem das crianças. A informação também foi coletada e analisada por meio de entrevistas com os pais, funcionários e gestores, e por meio de análise documental intensiva e abrangente e uma revisão da literatura pedagógica sobre a primeira infância.

Amostra: n = 14 centros; 12 deles foram escolhidos com base em resultados sociais/comportamentais e cognitivos da criança no projeto EPPE, ou seja, foram considerados estabelecimentos com "boas práticas"; 2 estabelecimentos foram adicionados mais tarde para os estudos de caso em profundidade.

Variáveis-resposta: Não aplicável.

Idades no início do estudo e acompanhamento: Não aplicável.

Principais conclusões: Os resultados mostram que bons resultados entre as crianças estão relacionados aos estabelecimentos que frequentavam na primeira infância, que tinham as seguintes características:

- O desenvolvimento cognitivo e o desenvolvimento social são vistos como complementares, e não se dá prioridade a um em relação ao outro.
- Há uma liderança forte e pessoal mais experiente (3 anos ou mais).
- Têm um forte enfoque educacional, com educadores treinados trabalhando e dando apoio ao pessoal menos qualificado.
- Proporcionam às crianças uma mistura de profissionais e iniciantes trabalhando em grupo e aprendizagem por meio de brincadeiras livremente escolhidas.
- Oferecem interações adulto-criança que envolvem "pensamento compartilhado de apoio" e questões abertas para ampliar o pensamento das crianças.
- Têm profissionais com bom conhecimento do currículo combinado com o conhecimento e a compreensão de como as crianças aprendem.
- Têm forte envolvimento dos pais, especialmente em termos de compartilhar objetivos educativos.
- Fornecem *feedback* formativo para as crianças durante as atividades e fazem relatórios regulares e promovem discussão com os pais sobre o progresso de cada criança.
- Garantem políticas de comportamento em que a equipe incentiva as crianças a racionalizar e falar sobre seus conflitos.
- Proporcionam oportunidades de aprendizagem diferenciadas que vão ao encontro das necessidades de indivíduos particulares e de grupos de crianças (por exemplo, bilíngue, necessidades especiais, meninas/meninos etc.).

Referência: Siraj-Blatchford et al. (2003).

40. EPPE – Fase 2 (7-11 anos de idade)

Localização: Reino Unido

Estudo: Ver EPPE – Fase 1. Estudo de acompanhamento da coorte do EPPE até os 11 anos de idade.

Delineamento: O relatório da segunda fase analisa algumas das razões para as diferentes trajetórias de desenvolvimento entre crianças de alto e baixo desempenho. As influências do ambiente de aprendizagem individual, familiar e doméstico sobre os resultados de desenvolvimento dos alunos aos 11 anos são exploradas, bem como as influências educacionais da escola primária, mostrando como a eficiência acadêmica de cada escola primária está relacionada aos resultados dos alunos.

Amostra: Ver EPPE – Fase 1.

Variáveis-resposta: Resultados cognitivos (leitura/língua materna e matemática) e resultados sociais/comportamentais ("autocontrole", comportamento "pró-social", "hiperatividade" e comportamento "antissocial") das crianças aos 10 e 11 anos de idade, na 5.ª e 6.ª séries da escola primária.

Idades no início do estudo e acompanhamento: Ver EPPE – Fase 1.

Principais conclusões: Apenas as descobertas relacionadas ao ambiente doméstico e à educação na primeira infância estão listadas aqui.

- O nível mais alto de escolaridade da mãe e o ambiente de aprendizagem doméstico na primeira infância ainda estão entre os mais fortes preditores de melhores resultados acadêmicos e sociocomportamentais aos 10 e 11 anos de idade, em consonância com os resultados em idades inferiores.
- Houve forte relação entre as autopercepções dos alunos e seus resultados acadêmicos e sociais/comportamentais e seu progresso/desenvolvimento, particularmente entre a "autoimagem acadêmica" e o bom desempenho e progresso em matemática e leitura, e entre "autoimagem comportamental" e resultados sociais/comportamentais e desenvolvimento.
- Evidências de estudos de caso adicionais em crianças mostraram que ter um bom ambiente de aprendizagem doméstico na primeira infância, atitudes familiares que valorizem a educação como um meio de melhorar as oportunidades na vida, o apoio à aprendizagem dos membros da família, e altas expectativas dos pais ajudaram os alunos desfavorecidos a serem bem-sucedidos apesar das circunstâncias.
- Os benefícios positivos tanto da pré-escola de média qualidade quanto de alta qualidade persistiram na desempenho em leitura/língua materna (inglês) e matemática e em todos os resultados sociais/comportamentais. Frequentar uma pré-escola mais eficaz também teve benefícios a longo prazo em matemática.
- Além disso, ter frequentado uma pré-escola de alta qualidade foi especialmente benéfico para os meninos, os alunos com necessidades educativas especiais e aqueles oriundos de meios desfavorecidos na maioria dos resultados sociais/comportamentais.
- A pré-escola de alta qualidade foi especialmente benéfica para os alunos mais desfavorecidos e para aqueles cujos pais tinham baixa qualificação na promoção de melhores resultados em matemática aos 11 anos.

- As crianças atendidas em pré-escolas de baixa qualidade/menos eficazes geralmente não mostraram benefícios significativos aos 11 anos em termos de melhoras de resultados em comparação com aquelas que não frequentaram nenhuma pré-escola. No entanto, tiveram melhor comportamento pró-social e eram menos hiperativas.

Referência: Sylva et al. (2008).

41. Pesquisa Nacional Longitudinal da Juventude (PNLJ) – Estudo 1

Localização: Estado Unidos

Estudo: A PNLJ é uma amostra nacionalmente representativa de 12.686 homens e mulheres jovens que tinham de 14 a 22 anos de idade quando pesquisados pela primeira vez em 1979. Vários dados, particularmente aqueles relacionados ao emprego e à escolaridade, foram coletados. Desde 1986, informações detalhadas sobre o desenvolvimento de crianças nascidas de mulheres da coorte da PNLJ 79 complementaram os dados sobre as mães e crianças recolhidas durante a PNLJ 79 principal, referidas como "Crianças da PNLJ 79".

Delineamento: Usando o conjunto de dados do "Crianças da PNLJ 79", o estudo analisou as experiências da infância e como essas experiências estão relacionadas com o bem-estar dos participantes.

Amostra: Entre as participantes do sexo feminino que foram acompanhadas em 1994, 5.715 com filhos menores de 15 anos tiveram o ambiente doméstico avaliado; em seguida, aquelas com valores ausentes e cujo grupo étnico era dúbio e aquelas com crianças maiores de 13 anos foram retiradas do estudo. O tamanho da amostra não é claramente indicado no artigo.

Variáveis-resposta: Desenvolvimento físico da criança e as habilidades sociais até os 48 meses (relatos das mães sobre o desenvolvimento motor e social); desempenho cognitivo/acadêmico (Teste de Desempenho Individual Peabody em matemática e leitura para os maiores de 5 anos); vocabulário (PPVT para os maiores de 3 anos); problemas comportamentais. O ambiente doméstico foi medido pela escala HOME – versão resumida.

Idades no início do estudo e acompanhamento: Não aplicável. A pesquisa bienal começou o acompanhamento da coorte em 1986.

Principais conclusões: A estimulação da aprendizagem em casa foi consistentemente associada ao desenvolvimento social precoce, à competência linguística e ao sucesso acadêmico em todos os grupos étnicos e em quase todas as idades tanto entre as crianças pobres quanto entre as não pobres. No entanto, as relações de responsividade dos pais e de castigos corporais variou em função do resultado, da idade, da etnia e da situação de pobreza. As evidências indicaram relações um pouco mais fortes para as crianças menores em comparação com as mais velhas.

Referência: Bradley et al. (2001).

Nota: 3.2.

42. Estudo de Assistência Infantil em Creches Familiares e Parentais (Estudo AICFP); California Licensing Study (CLS)

Localização: Estados Unidos

Estudo: Sob o estudo AICFP, o ambiente de creche na Califórnia, na Carolina do Norte e no Texas foram observados. (O artigo não trabalha sobre esse conjunto de dados.) O CLS foi originalmente concebido para analisar o impacto da adição de duas crianças em idade escolar às creches domiciliares já existentes. Os autores estudaram esses dois conjuntos de dados para identificar as características estruturais que predizem qualidade.

Delineamento: Análise secundária de dois conjuntos de dados para identificar as características estruturais que predizem qualidade.

Amostra: *AICFP:* amostragem aleatória de famílias que se utilizam de creches em três locais; a seguir, recrutamento desses prestadores de serviços para o estudo. *CLS*: amostragem aleatória dos prestadores a partir dos prestadores registrados. A amostra utilizada para esta análise foi n = 100 para CLS; n = 108 para o cuidador de AICFP licenciado; n = 46 para o cuidador AICFP parente; e n = 53 para cuidadores de AICFP não licenciados).

Exemplos de dados coletados: informações sobre os indicadores estruturais de qualidade, tais como tamanho e proporção do grupo, pontuação ponderada (por idades) da proporção criança-adulto, histórico do cuidador etc. A qualidade global dos cuidados foi medida por FDCRS e CIS.

Idades no início do estudo e acompanhamento: Não aplicável.

Principais conclusões: As características do cuidador, como o treinamento, são um melhor indicador de qualidade do que o tamanho do grupo ou a proporção crianças-adulto. Nenhuma das proporções observadas ou pontuações ponderadas (que representam a relação criança-adulto e do *mix* de crianças de diferentes idades) estavam significativamente relacionadas à qualidade da sensibilidade dos professores quando outras características do cuidador também foram consideradas. (O tamanho do grupo nas creches domiciliares licenciadas era em média de 6 crianças, variando de 1 a 13 anos). Os cuidadores formados agiram de forma menos desapegada em relação às crianças, e suas casas proporcionaram práticas e interações de maior qualidade. O estudo encontrou evidências inconsistentes de que os cuidadores mais experientes tendem a ser ligeiramente mais desapegados e prestaram cuidados de qualidade inferior. Prestadores de serviços de creche domiciliar com mais educação e treinamento tendem a ter mais crianças por adulto, embora menos crianças do que em uma creche típica. As creches domiciliares de qualidade mais baixa tendiam a ter uma maior proporção de bebês do que as de qualidade superior.

Referência: Burchinal, Howes e Kontos (2002).

Nota: 3.1.

43. Programa Abecedário

Localização: Estados Unidos

Avaliação de Impacto: Integral (8 horas/dia, 5 dias/semana, 50 semanas/ano), intervenção educativa de alta qualidade em um ambiente de assistência à criança desde a infância até os 5 anos de idade, onde cada criança tinha uma prescrição individualizada de atividades educacionais. As atividades educativas consistiam em "jogos" incorporados à rotina da criança, e as atividades eram voltadas às áreas de desenvolvimento social, emocional e cognitivo, mas com particular ênfase para a linguagem. O programa forneceu à metade de cada grupo apoio acadêmico adicional da 1.ª até a 3.ª série em uma "intervenção em idade escolar" para determinar o impacto do tempo de intervenção.

Delineamento: Ensaio aleatório controlado sobre o efeito do DPI de alta qualidade desde o nascimento até os 5 anos de idade e entre crianças em situação de risco. O estudo longitudinal acompanhou as crianças do nascimento até os 21 anos.

Amostra: No início do estudo longitudinal foram selecionadas 111 crianças saudáveis (idade média de 4,4 meses), que foram consideradas em situação de "alto risco" por causa da renda familiar e do nível de escolaridade materna. Dessa amostra original, 57 foram aleatoriamente designadas ao Programa Abecedário, e as 54 restantes foram atribuídas ao grupo controle. Destas, 104 foram acompanhados até os 21 anos de idade.

Variáveis-resposta: Desenvolvimento cognitivo dos 3 aos 8 anos de idade, medido pela Escala de Inteligência de Stanford-Binet e pela Escala Wechsler de Inteligência Pré-escolar; habilidades matemáticas e de leitura dos 8 aos 21 anos de idade (WJ); monitoramento da progressão das crianças no sistema educacional. Os resultados aos 21 anos incluíram nível intelectual e habilidades acadêmicas (Escala Wechsler de Inteligência para Adultos – versão revista, WJ-R em leitura e matemática); nível de escolaridade alcançado; emprego qualificado; autossuficiência; adaptação social (autorrelatos de desrespeito à lei).

Idades no início do estudo e acompanhamento: 3, 4, 5, 6,5, 8, 12, 15 e 21 anos de idade.

Principais conclusões: Os efeitos mais fortes do Programa pré-escolar Abecedário ocorreram enquanto as crianças e suas famílias estavam participando do projeto. Mas os efeitos no desempenho acadêmico perduraram na adolescência até vinte e poucos anos de idade, mais de uma década após os participantes terem deixado o programa.

Os participantes do programa tiveram uma menor taxa de reprovação nas classes KG-9 (31,2% vs. 54,5%); tiveram menos propensão a necessitar de educação especial nas classes KG-9 (24,5% vs. 47,7%); tiveram maior média ajustada nos escores de leitura e matemática. Em relação às crianças do grupo controle, aos 21 anos, os participantes do programa: tinham completado mais anos de escola (12,2 vs. 11,6); tinham maior probabilidade de ter frequentado uma faculdade de 4 anos (35,9% vs. 13,7%); tinham maior probabilidade de estar na escola (42% vs. 20%); tinham mais probabilidade de ter empregos qualificados (47% vs. 27%). Em termos de gênero, as mulheres que participaram do programa pré-escolar tiveram 1,2 anos mais de escolaridade do que as do grupo no grupo controle (12,6 vs. 11,3), mas a diferença entre os homens não foi significativa.

Aos 21 anos, o grupo de tratamento teve pontuação significativamente maior em medidas intelectuais e acadêmicas, tinha significativamente mais anos de escolaridade, estava mais propenso a frequentar uma faculdade de 4 anos, e tinha menos probabilidade de ter engravidado na adolescência. A intervenção na idade escolar serviu para manter a vantagem da pré-escola na leitura, mas os efeitos foram em geral menores do que a intervenção pré-escolar.

Referências: Site do Projeto: http://www.fpg.unc.edu/~abc/assets/pdf/1974_abc_brochure.pdf e Campbell et al. (2002).

Notas: 1.1, 3.1, 4.1.

44. Programa de Desenvolvimento Integral da Criança (PDIC)

Localização: Estados Unidos

Avaliação de Impacto: Uma combinação de gestão de caso e educação dos pais prestada por meio de visitas domiciliares. Gerentes de caso fizeram visitas quinzenais de 30-90 minutos a cada família. Durante as visitas domiciliares, eles avaliaram as necessidades da família; prepararam um plano de serviços para a família; deram conselhos aos pais; fizeram o encaminhamento para serviços de referência. A prestação de DPI para crianças de 0 a 3 anos de idade dependia do projeto (local), mas na maioria dos programas um especialista em primeira infância visitou a família quinzenalmente, em semanas alternadas. Essa visita estava focada na educação dos pais, em vez da prestação de serviços diretos às crianças. Em média, as famílias participaram do programa por 3,3 anos. O programa foi concebido para durar 5 anos, começando enquanto a mãe estivesse grávida ou a criança tivesse menos de 1 ano.

Delineamento: Ensaio aleatório controlado de 21 dos 24 projetos do PDIC.

Amostra: Selecionadas aleatoriamente, 4.410 famílias foram elegíveis (abaixo da linha da pobreza, idade da criança, vontade de participar), sendo que metade participou do programa e a outra metade ficou no grupo controle.

Variáveis-resposta: Funcionamento cognitivo da criança utilizando várias escalas/medidas padronizadas (IDM das escalas Bayley, PPVT etc.); avaliações feita pelo pais do desenvolvimento social e emocional da criança e seu estado de saúde; atitudes e crenças dos pais sobre a criação dos filhos; incidentes de abuso infantil e negligência; nível familiar de autossuficiência econômica, situação de emprego, educação/formação por autorrelato. O ambiente familiar e a qualidade da interação entre os pais e as crianças foram avaliadas por meio de observação.

Idades no início do estudo e acompanhamento: 18 meses, 1, 2, 3, 4 e 5 anos.

Principais conclusões: A avaliação não constatou nenhum impacto estatisticamente significativo sobre as famílias do programa em comparação com as famílias do grupo controle sobre os resultados criança (desenvolvimento cognitivo, social/emocional e saúde) ou sobre os resultados dos pais (cuidados parentais, autossuficiência econômica da família, e condições de vida materna).

Referência: Goodson et al. (2000).

Nota: 3.2.

45. Estudo Longitudinal da Primeira Infância (ELPI) – Estudo 1

Localização: Estados Unidos

Estudo: O ELPI recolhe dados nacionais sobre a situação da criança ao nascer e em vários momentos após essa data; transições das crianças aos cuidados não parentais, os programas de educação pré-escolar e escolar; e experiências das crianças e crescimento até a 8.ª série. O programa inclui três estudos longitudinais que analisam o desenvolvimento infantil, a prontidão escolar e as experiências escolares precoces. A coorte de nascimento do ELPI-B é uma amostra de crianças nascidas em 2001 e acompanhadas desde o nascimento até o ingresso no KG. A turma de KG da coorte 1998-99 é uma amostra de crianças acompanhadas desde o KG até a 8.ª série. A turmade KG da coorte 2010-11 acompanhará uma amostra de crianças desde o KG até a 5.ª série.

Delineamento: Análise de um estudo de coorte longitudinal. Efeitos estimados usando MQO, correspondência e as estimativas com variáveis instrumentais. Apenas o conjunto de dados do KG foi usado para análise.

Amostra: Amostra nacionalmente representativa de crianças; o estudo analisou os dados de 14.162 crianças. (Nenhuma explicação de métodos de amostragem etc.)

Exemplos de dados coletados: Informações sobre arranjos de assistência à criança; resultados da criança, inclusive leitura e teste de matemática no KG; avaliação das habilidades sociocomportamentais e problemas pelos professores; características familiares.

Idades nas pesquisas: As informações foram coletadas no outono e na primavera no KG (1998-99), no outono e na primavera na 1.ª série (1999-2000), na primavera na 3.ª série (2002), na primavera na 5.ª série (2004), e na primavera na 8.ª série (2007).

Principais conclusões: Em geral, os cuidados baseados em centros aumentam as notas em leitura e matemática, mas têm efeito negativo sobre as medidas sociocomportamentais. No entanto, para crianças hispânicas com proficiência em inglês, os ganhos acadêmicos são consideravelmente mais elevados e os efeitos sociocomportamentais são neutros. A duração das matérias nos centro infantis: o maior benefício acadêmico foi encontrado entre as crianças que começam aos 2 e 3 anos de idade, em vez de antes ou depois dessa idade; efeitos comportamentais negativos são maiores quanto menor a idade de início. Esses padrões são encontrados em todas as faixas de renda familiar. A intensidade dos cuidados prestados pelos centros infantis também é importante: mais horas por dia leva a maiores benefícios acadêmicos, mas aumenta as consequências comportamentais. No entanto, esses efeitos dependem da intensidade da renda familiar e da raça.

Referência: Loeb et al. (2007).

Notas: 1.3, 3.1, 3.2.

46. Estudo Longitudinal da Primeira Infância (ELPI) – Estudo 2

Localização: Estados Unidos

Estudo: Ver Estudo 1.

Delineamento: Consistiu em dois tipos de análises. O primeiro foi a análise de um estudo de coorte com uma amostra nacionalmente representativa. O primeiro estudo analisou os padrões de prontidão escolar das crianças utilizando análise de agrupamento (*cluster*) para examinar como diferentes dimensões do desenvolvimento ao ingressar na escola (em KG/último ano de pré-escola) apresentam-se em termos de pontos fortes e risco entre as crianças. A hipótese dos autores era de que deveria haver padrões distintos de prontidão escolar na amostra. O segundo estudo usou os perfis de prontidão escolar do primeiro estudo em modelos de regressão para prever os resultados da 1.ª série, controlando outras características e as características das turmas de KG.

Amostra: O ELPI acompanhou aproximadamente 22.000 crianças, o primeiro estudo incluiu todas as turmas iniciantes de KG (n = 17.219), e o segundo estudo incluiu apenas as crianças com perfil de prontidão escolar e com pesos válidos ao longo do tempo (n = 13.397).

Variáveis-resposta: *O Estudo 1* avaliou cinco dimensões de prontidão escolar: (1) saúde física, (2) desenvolvimento socioemocional, (3) abordagens sobre aprendizagem, (4) desenvolvimento da linguagem e (5) desenvolvimento cognitivo. A categoria "abordagens sobre aprendizagem" foi mais tarde descartada, pois houve uma variabilidade muito pequena. *O Estudo 2* avaliou os resultados da criança na 1.ª série por meio de entrevistas com o professor e/ou com os pais sobre as dimensões física/motora, social/emocional, abordagens sobre aprendizagem e avaliação direta de matemática e leitura.

Idades no início do estudo e acompanhamento: Ver Estudo 1. A avaliação foi realizada ao ingressar no KG e na primavera durante a 1.ª série.

Principais conclusões: A análise encontrou quatro agrupamentos (*clusters*) ao ingressar no KG que tiveram o melhor ajuste estatístico e conceitual: (1) desenvolvimento positivo abrangente – as crianças tiveram pontuação média em todas as quatro dimensões da prontidão escolar (30,37% da amostra); (2) força social/emocional e de saúde – crianças que tiveram pontuação acima da média nas dimensões de saúde e bem-estar físico, social e emocional, mas ficaram abaixo da média em linguagem e cognição (33,95%); (3) risco social/emocional – crianças que tiveram pontuação abaixo da média em todas as quatro dimensões de prontidão, mas se distinguiam por estarem significativamente abaixo da média na pontuação social/emocional (13,24%); (4) risco à saúde – crianças que estavam mais de 1 DP abaixo da média na área da saúde e bem-estar físico, bem como abaixo da média tanto em linguagem quanto em cognição (22,5%).

O estudo descobriu que as crianças com desenvolvimento positivo abrangente têm histórico mais favorável (maior renda, peso normal ao nascer, falam o inglês em casa, têm os dois pais, os pais são mais velhos etc.). Crianças com outros perfis também costumam ter certas características demográficas. Mesmo após o ajuste para as características demográficas e experiências no KG, as crianças com perfil de desenvolvimento global positivo, tiveram o melhor desempenho na maioria dos resultados. Crianças em situação de risco na saúde e de risco social/emocional tiveram pior desempenho do que aquelas com pontuação alta no perfil social/emocional e de saúde em todas as medidas.

Referência: Hair et al. (2006).

47. Pesquisa Early Head Start (EHS) e Estudo de Avaliação – Estudo 1

Localização: Estados Unidos

Avaliação de Impacto: Programa de metas de EHS para famílias de baixa renda e crianças com deficiências a partir do período pré-natal até 3 anos de idade. Os 17 programas de pesquisa incluíram 4 programas baseados em centros (que prestaram serviços de desenvolvimento infantil principalmente em creches, juntamente com a educação dos pais e um mínimo de 2 visitas domiciliares por ano para cada família); 7 programas domiciliares (que promoveram serviços de desenvolvimento infantil principalmente por meio de visitas domiciliares semanais e, pelo menos, duas sessões de atividades de socialização em grupo entre pais e crianças ao mês para cada família); e 6 programas de abordagem mista (que prestaram serviços domiciliares ou em centros tanto para cada família individualmente quanto para várias famílias simultaneamente ou em momentos diferentes). A receptividade global do serviço foi comparável entre as três abordagens do programa.

Delineamento: Ensaio aleatório controlado de EHS; o tipo de programa (abordagem mista, baseada em centro, ou domiciliar apenas) variou segundo os programas.

Amostra: Os candidatos ao programa de EHS nas áreas de estudo foram aleatoriamente designados por família ao grupo do programa (n = 1.513) ou ao grupo controle (n = 1.488) do grupo.

Variáveis-resposta: Desenvolvimento cognitivo e linguístico da criança (IDM das Escalas Bayley de Desenvolvimento Infantil, PPVT-III); desenvolvimento socioemocional; saúde da criança; e comportamento dos pais.

Idades no início do estudo e acompanhamento: Foram inscritas no programa as crianças menores de 12 meses, e as avaliações foram planejadas para as idades de 14, 24 e 36 meses.

Principais conclusões: Em geral, os programas de EHS tiveram impactos significativos sobre uma série de resultados da criança e dos pais quando os filhos tinham 3 anos de idade. Não houve impactos significativos sobre o desenvolvimento cognitivo e linguístico em programas que eram unicamente domiciliares, mas os impactos dos programas baseados em centros e as abordagens mistas resultaram em efeitos maiores do que o esperado. No entanto, impactos significativos foram encontrados no desenvolvimento socioemocional em programas domiciliares e de abordagem mista (embora a maior parte tenha sido encontrada na abordagem mista). Houve impactos significativos sobre diferentes variáveis parentais nas abordagens mistas e programas domiciliares. O fato de que houve mais impactos e de maior amplitude na abordagem mista sugere que os programas que oferecem uma combinação de serviços baseados em centros e domiciliares podem ser uma forma particularmente eficaz de fornecer dois tipos de serviços. Além disso, ao avaliar os efeitos da implementação no âmbito do programa de abordagem mais eficaz, os impactos dos programas de abordagem mista que foram totalmente implementados no início foram consideravelmente maiores do que os impactos globais.

Referência: Love et al. (2005).

Nota: 3.2.

48. Pesquisa Early Head Start (EHS) e Estudo de Avaliação – Estudo 2

Localização: Estados Unidos

Estudo: Usando os dados de 11 locais que participaram da pesquisa EHS e do Estudo de Avaliação, este estudo examinou mais de perto o papel do envolvimento dos pais nas visitas domiciliares.

Delineamento: Análise secundária de dados, um olhar mais atento sobre os diferentes aspectos do envolvimento dos pais: quantidade de serviços domiciliares, qualidade do envolvimento e conteúdo da visita; como podem estar relacionados às características da família; e se o diferente envolvimento dos pais está relacionado aos resultados da criança e da família.

Amostra: Ver Estudo 1. A amostra foi selecionada a partir do grupo único tratamento (n = 372-579, dependendo do item).

Variáveis-resposta: O mesmo que acima, mais o apoio oferecido pelos pais e o ambiente familiar.

Idades no início do estudo e acompanhamento: As mesmas do Estudo 1.

Principais conclusões: Três componentes das visitas domiciliares representaram diferentes aspectos dos serviços de visita domiciliar: (1) quantidade do envolvimento, inclusive o número de visitas domiciliares, a duração do programa, a duração das visitas e a intensidade do serviço; (2) a qualidade do trabalho, incluindo avaliações globais do envolvimento da equipe e do seu engajamento em cada visita domiciliar, e (3) em que medida as visitas domiciliares foram focadas na criança.

As variáveis demográficas previam componentes de envolvimento, e os componentes de envolvimento nas visitas domiciliares estiveram diferentemente relacionados aos resultados aos 36 meses, após controlar os fatores demográficos e os resultados anteriores no mesmo indicador.

Apenas uma variável da quantidade de envolvimento (duração) indicou melhorias na linguagem doméstica e no ambiente de alfabetização aos 36 meses. As variáveis de qualidade do envolvimento foram preditores negativos da depressão materna aos 36 meses. Finalmente, a proporção de tempo durante a visita dedicada a atividades voltadas à criança foi preditora das pontuações das crianças em desenvolvimento cognitivo e linguístico, dos escores parentais HOME, e do apoio dos pais à linguagem e aprendizagem quando as crianças tinham 36 meses.

Referência: Raikes et al. (2006).

Nota: 3.2.

49. Pesquisa Early Head Start (EHS) e Estudo de Avaliação – Estudo 3

Localização: Estados Unidos

Estudo: A partir da pesquisa Early Head Start e Estudo de Avaliação, foram utilizadas observações que tinham tanto entrevistas do pai/mãe e observações filmadas da interação pai-filho e mãe-filho aos 24 meses, quanto resultados de avaliação da criança aos 5 anos de idade. O estudo identificou separadamente: as relações entre o estilo de cuidados do pai e da mãe e o desempenho da criança; as características das configurações mãe-pai em termos de estilo parental; as relações entre as combinações de estilo de cuidados pai-mãe e os resultados cognitivos das crianças; e, entre as crianças com um só dos pais, se faz diferença se este é a mãe ou o pai.

Delineamento: Os dados foram únicos porque incluíam a interação pai-filho, o que permitiu aos autores identificar separadamente o impacto do cuidado paterno e o efeito combinado dos cuidados paterno e materno sobre os resultados da criança.

Amostra: Do conjunto de dados, apenas as observações que incluíram todos os componentes (mãe, pai e filho) foram incluídas no estudo (n = 200). Todas as amostras são candidatas ao EHS de baixa renda.

Variáveis-resposta: Resultados cognitivos da criança (matemática = subteste WJ-R aplicado aos problemas; linguagem = PPVT-III).

Idades no início do estudo e acompanhamento: Entrevistas e observação sobre as interações mãe-filho e pai-filho foram conduzidas aos 24 meses; a realização cognitiva da criança foi avaliada aos 5 anos de idade.

Principais conclusões: Os padrões de cuidados parentais foram classificados em: Muito Favoráveis (41% das mães e 34% dos pais); Um Pouco Favoráveis (35% e 42%); Desfavoráveis (15% e 9%) e Muito Desfavoráveis (10% e 15%). Os filhos de mães cujos cuidados foram Muito Favoráveis tiveram a pontuação mais alta e os filhos de mães cujos cuidados foram Muito Desfavoráveis, tiveram a pontuação mais baixa (0,65 DP em matemática e DP 0,57 em linguagem). Os filhos de mães cujos cuidados foram Muito Favoráveis tendem ter melhor desempenho do que outros grupos também, mas sem significância estatística. Filhos de pais cujos cuidados foram Muito Favoráveis também tiveram as maiores pontuações, e os de pais cujos cuidados foram Muito Desfavoráveis tiveram as piores pontuações. As diferenças entre os dois grupos foram de 0,71 DP para matemática e 0,49 DP para linguagem.

Em geral, os pais cujos cuidados foram Muito Favoráveis e Desfavoráveis tinham pouca probabilidade de estarem juntos. No entanto, os filhos de pais cujos cuidados foram Um Pouco Favoráveis e Muito Desfavoráveis também tinham pouca probabilidade de estarem juntos. Crianças cujos cuidados de ambos os pais foram Muito Favoráveis obtiveram a maior pontuação; em comparação com as crianças sem apoio dos pais, a diferença foi de 1,07 DP em matemática e 0,59 em linguagem. Eles também tiveram pontuação significativamente maior do que as crianças que recebiam apoio de um só dos pais. Entre as crianças cujo apoio vinha de um só dos pais, não houve diferenças significativas em matemática e linguagem, levando em conta o sexo do pai.

Referência: Martin, Ryan e Brooks-Gunn (2007).

Nota: 3.2.

50. Pesquisa Early Head Start (EHS) e Estudo de Avaliação – Estudo 4

Localização: Estados Unidos

Estudo: Usando a pesquisa Early Head Start e os dados do Estudo de Avaliação, este estudo examinou as relações entre risco social e familiar somados durante a infância e os anos pré-escolares, e realização das crianças, habilidades de autocontrole e comportamento social.

Delineamento: O estudo centrou-se sobre o momento de ocorrência de risco familiar e social e investigou como o risco cumulativo influencia a prontidão escolar das crianças, e se essa relação é mediada por processos familiares (práticas parentais responsivas e estimulação da linguagem e da alfabetização utilizando a modelagem de equações estruturais [SEM]).

Amostra: As análises foram baseadas em um subgrupo de 1.851 crianças.

Variáveis-resposta: As medidas de prontidão escolar incluíram desempenho cognitivo/acadêmico (competência em leitura e matemática, aprendizagem simbólica, resolução de problemas – subescalas do WJ III; vocabulário (PPVT); e conhecimento e leitura de livros – CAP Early Childhood Diagnostic Instrument). As medidas da atenção/comportamento incluíram: manter a atenção; comportamento da criança durante uma atividade lúdica estruturada entre pai e filho; qualidade da brincadeira; comportamento social problemático (Escala de Problemas de Comportamento). Outras variáveis da análise incluíram: risco familiar e social (índice composto dos fatores de risco, i.e., monoparentalidade, renda, depressão materna, benefícios recebidos); calor humano/responsividade da mãe (Escala do Inventário HOME) e outras características da criança e da família.

Idades no início do estudo e acompanhamento: Os dados relativos a fatores de risco familiares foram coletados para crianças de 0 a 12 meses, 12 a 24 meses e 24 a 36 meses. Os resultados da criança foram avaliados aos 36 meses.

Principais conclusões: Observou-se que a exposição ao risco durante a infância mostrou ser o fator mais prejudicial para a prontidão escolar das crianças. Parece que isso ocorre, em parte, por causa de sua influência sobre a capacidade dos pais de fornecer um ambiente familiar responsivo, favorável e estimulante para a criança. A prontidão escolar foi parcialmente mediada por exposição ao risco e processos familiares, assim como as mudanças na afetuosidade/responsividade dos pais e na estimulação linguística durante os 3 primeiros anos de vida e na fase pré-escolar foram associados à melhor prontidão escolar.

Referência: Mistry et al. (no prelo).

Nota: 3.2.

51. Pesquisa Early Head Start (EHS) e Estudo de Avaliação – Estudo 5 (Estudo Early Head Start do Pai)

Localização: Estados Unidos

Avaliação de Impacto: Foi indicado só o tópico (paternidade) relevante para o texto. A descrição do projeto de pesquisa consta do Estudo 1.

Delineamento: O mesmo do Estudo 1.

Amostra: Um subgrupo de 12 dos 17 locais participou de estudos sobre o pai. Tamanho da amostra (727 aos 24 meses e 698 aos 36 meses); cerca de 300 pares pai-filho foram observados para avaliar a interação pai-filho.

Variáveis-resposta: O Father Activities with Child mede a frequência com que o pai ou a figura paterna relatou participar de diferentes atividades com a criança ao longo do mês anterior. Bem-estar do pai (Índice de Estresse Parental), Family Environmental Scale (escala de envolvimento familiar), Severity of Discipline Strategies (severidade das estratégias de disciplina), interação pai-filho.

Idades no início do estudo e acompanhamento: Entrevistas com os pais foram realizadas quando as crianças tinham 24 e 36 meses.

Principais conclusões: O EHS teve impactos favoráveis em várias áreas de interação paterna e paterno-infantil, embora os programas tivessem menos experiência na prestação de serviços aos pais (em comparação com as mães). Um subconjunto de 12 dos 17 locais participou do estudo sobre o pai. Os pais do EHS tinham significativamente menos probabilidade de relatar ter surrado os filhos na semana anterior (25,4%) do que os pais do grupo controle (35,6%). Em observações completas feitas no local, os pais do EHS também se mostraram menos intrusivos, e as crianças do programa mostraram-se mais capazes de envolver os pais e de se concentrar durante a brincadeira. Pais e figuras paternas das famílias participantes do programa foram significativamente mais propensos a participar de atividades do programa relacionadas ao desenvolvimento infantil, tais como visitas domiciliares, aulas sobre criação dos filhos e reuniões de pais.

Referência: Love et al. (2002).

Nota: 3.2.

52. Head Start/Projeto de Escola Pública de Transição da Primeira Infância

Localização: Estados Unidos

Avaliação de Impacto: A avaliação estudou o impacto do reforço dos serviços sociais e educacionais, além do Head Start, do KG e da 1.ª série. Isso incluiu um treinamento de 3 dias dos educadores sobre práticas adequadas ao desenvolvimento (PAD).

Delineamento: Estudo quasi-experimental para avaliar serviços sociais e educativos adicionais.

Amostra: Foram selecionadas aleatoriamente duas coortes de crianças em 13 escolas; os grupos de tratamento e controle foram escolhidos por dois grupos pareados por etnia e renda. 140 crianças e 28 turmas foram observadas na amostra.

Variáveis-resposta: Avaliação em sala de aula das práticas mais adequadas ao desenvolvimento usando o Assessment Profile for Early Childhood Programs (Perfil de Avaliação de Programas para a Primeira Infância – Versão de Pesquisa); avaliação das habilidades cognitivas usando WJ-R.

Idades no início do estudo e acompanhamento: Não longitudinal, uma coorte no KG e outra na 1.ª série.

Principais conclusões: Não houve efeitos aparentes do treinamento em PAD nos grupos de controle e de tratamento. A realização foi significativamente maior nas salas de aula com práticas de desenvolvimento mais adequadas de identificação de letras e palavras e problemas aplicados ao longo do tempo. A descoberta sugere que PAD podem melhorar o desempenho das crianças em ambientes urbanos.

Referência: Huffman e Speer (2000).

Nota: 3.1.

53. Artigo: "Moving Up the Grades: Relationship between Preschool Model and Later School Success" (projeto sem título)

Localização: Estados Unidos

Avaliação de Impacto: Programa integral baseado em centro para crianças de baixa renda da área urbana (84% pré-KG, 16% Head Start). Estudo quasi-experimental de três abordagens (centrada na criança, com currículo dirigido, combinação das duas).

Delineamento: Estudo quasi-experimental comparando três abordagens diferentes quanto a seus efeitos sobre o desenvolvimento das crianças. Todas as crianças da amostra participaram livremente, em tempo integral, da pré-escola no mesmo distrito urbano por dois anos. Todos os professores tinham bacharelado ou nível superior. Uma proporção de 33% das crianças frequentaram salas de aula com uma abordagem centrada na criança, 35% frequentaram pré-escolas academicamente dirigidas, e 32% frequentaram pré-escolas que combinavam as duas abordagens.

Amostra: A amostra inicial no ano 1 foi selecionada aleatoriamente (amostra estratificada para representar variações socioeconômicas, administrativas e locais dentro do sistema escolar). Amostra no ano 5, n = 160; no ano 6, n = 183.

Variáveis-resposta: Dados de boletins escolares (média de notas) com base na competência baseada em currículo, que supostamente mostram o domínio de habilidades acadêmicas pelas crianças, pontuação combinada de aritmética, leitura, linguagem, ortografia, caligrafia, estudos sociais, ciências, arte, música, educação física e educação cívica. Arranjos educativos especiais.

Idades no início do estudo e acompanhamento: Ano 1 (4 anos de idade), ano 5 e ano 6.

Principais conclusões: No ano 5 não houve diferenças no desempenho das crianças ou de arranjos educativos especiais entre aquelas que haviam experimentado os três diferentes modelos de pré-escola. No ano 6, as crianças das pré-escolas com currículo dirigido tiveram notas significativamente mais baixas em comparação com as crianças que haviam frequentado as pré-escolas centradas na criança.

Referência: Marcon (2002).

Nota: 3.1.

54. Estudo do Instituto Nacional de Saúde Infantil e Desenvolvimento Humano (NICHD) sobre os Cuidados na Primeira Infância (CPI)

Localização: Estados Unidos

Estudo: O Estudo NICHD sobre os Cuidados na Primeira Infância (CPI) é um estudo abrangente longitudinal caracterizado por um projeto de estudo complexo e detalhado, que leva em conta muitas variáveis, inclusive as características da guarda das crianças e ambientes familiares.

Delineamento: Estudo de coorte longitudinal que avaliou o desenvolvimento das crianças usando vários métodos (observadores treinados, entrevistadores, questionários e testes), mediu muitas facetas do desenvolvimento da criança (social, emocional, intelectual, desenvolvimento da linguagem, problemas comportamentais e de adaptação e saúde física), e acompanhou as crianças e mediu seu desenvolvimento a intervalos frequentes desde o nascimento até a adolescência.

Amostra: Os participantes originais do estudo, na fase 1, foram recrutados dos hospitais designados em 10 localidades de coleta de dados. Um total de 1.364 famílias com recém-nascidos saudáveis foram incluídas. Os participantes foram selecionados de acordo com um plano de amostragem aleatória condicionada, para garantir que as famílias recrutadas (1) contivessem mães que planejavam trabalhar ou frequentar a escola em tempo integral (60%) ou em tempo parcial (20%) no primeiro ano de vida da criança, bem como algumas que pretendiam ficar em casa com a criança (20%); e (2) refletissem a diversidade demográfica (econômica, educacional e étnica) dos locais.

Exemplos de dados coletados: Várias medidas foram usados para diferentes grupos etários. (Consulte o site do projeto)

Idades no início do estudo e acompanhamento: Fase 1 (nascimento até os 36 meses), fase 2 (54 meses até a 1.ª série), fase 3 (2.ª a 6.ª séries) e fase 4 (14 e 15 anos de idade).

Principais conclusões: Veja os resultados de cada estudo a seguir.

Referência: RTI International (s.d.).

Notas: 3.1, 3.2.

55. Estudo NICHD sobre Cuidados na Primeira Infância – Estudo 1

Localização: Estados Unidos

Estudo: Usando os dados do Estudo NICHD sobre Cuidados na Primeira Infância, este estudo examinou (1) a qualidade das interações (não maternas) entre cuidadores e crianças, e (2) as características estruturais (tamanho do grupo, proporção crianças-adulto e ambiente físico) e os cuidadores (educação, treinamento especializado, experiência em creche, e crenças sobre a criação dos filhos).

Delineamento: Aos 6 meses de idade, os bebês foram observados em ambientes não maternos de creche. As análises foram feitas para identificar se há uma relação entre as características estruturais e do cuidador e uma melhor interação cuidador-criança em cada um dos diferentes contextos (centros, cuidados em família/domésticos, com babás, avós ou pais).

Amostra: Ver Estudo NICHD acima. Um total de 576 crianças foram incluídas neste estudo.

Variáveis-resposta: Avaliações e frequência de cuidados positivos, medidos pela escala ORCE, um instrumento que focaliza o comportamento do cuidador em relação a uma criança específica *versus* a classificação geral de um grupo (como ECERS).

Idades no início do estudo e acompanhamento: Não aplicável. Dados coletados quando os bebês tinham 6 meses de idade.

Principais conclusões: Avaliações mais positivas dos cuidados e da frequência desses cuidados foram observadas em arranjos de assistência à criança com menos crianças e menor proporção de crianças para cada adulto, em ambientes mais seguros e fisicamente mais estimulantes, e em programas onde os cuidadores tinham mais educação formal e concepções menos autoritárias sobre a criação dos filhos. Na análise de regressão por passos (*stepwise background* *regression analysis*), verificou-se que o tamanho do grupo, a proporção crianças-adulto e as crenças não autoritárias sobre a criação dos filhos, tudo isso foi responsável por uma variação positiva significativa na frequência de cuidado e nas avaliações.

Referência: NICHD Early Child Care Research Network (1996).

56. Estudo NICHD sobre Cuidados na Primeira Infância – Estudo 2

Localização: Estados Unidos

Estudo: Ver Estudo 1. Os dados foram usados para explorar as associações entre os resultados da criança aos 4,5 anos de idade os vários tipos de arranjos de assistência à criança.

Delineamento: Modelos lineares hierárquicos de análise foram usados para descrever padrões longitudinais de mudança nos arranjos de assistência à criança e no ambiente de cuidados. Modelos de regressão multivariada testaram se o funcionamento da criança aos 4,5 anos variou em função da quantidade, qualidade e tipo de cuidado que recebeu.

Amostra: Ver Estudo 1, n = 1.083.

Variáveis-resposta: Habilidades pré-acadêmicas, memória de curto prazo, competência linguística, competência social, avaliação de problemas comportamentais pelos cuidadores e pelas mães.

Idades no início do estudo e acompanhamento: O estudo usou os dados até a idade de 4,5 anos.

Principais conclusões: Mesmo após controlar as múltiplas características da criança e da família, o desenvolvimento das crianças foi previsto pela experiência de cuidados precoces na primeira infância. Maior qualidade de assistência à criança, melhorias na qualidade da assistência infantil, e a experiência em centros de cuidados infantis indicaram melhores habilidades pré-acadêmicas e melhor desempenho em linguagem aos 4,5 anos. Mais horas de cuidados indicaram níveis mais elevados de problemas comportamentais dependendo dos cuidadores.

Referência: NICHD Early Child Care Research Network (2002).

57. Estudo NICHD sobre Cuidados na Primeira Infância – Estudo 3

Localização: Estados Unidos

Estudo: Ver Estudo 1. O objetivo desta análise foi identificar o efeito dos cuidados baseados em centros na adaptação socioemocional aos 4,5 anos.

Delineamento: Os dados do NICHD foram analisados por meio de uma série de modelos de regressão aninhada.

Amostra: Ver Estudo 1, n = 982.

Variáveis-resposta: Adaptação da criança aos 4,5 anos; competência social; problemas comportamentais avaliados pelas mães, professores do KG e cuidadores; relacionamento professor-aluno avaliado por professores e cuidadores; interação diádica criança-criança – análise qualitativa de vídeo; comportamento em creche avaliado por períodos de observação.

Idades no início do estudo e acompanhamento: O estudo usou os dados até a idade de 4,5 anos.

Principais conclusões: Quanto maior o tempo que as crianças passam em quaisquer dos vários tipos de arranjos de assistência à criança não maternos nos primeiros 4,5 anos de vida, mais problemas de externalização e de conflitos com os adultos elas manifestam aos 54 meses de idade e no KG, conforme relatado por mães, cuidadores e professores. Esses efeitos permaneceram, em sua maior parte, mesmo quando a qualidade, o tipo e a instabilidade dos cuidados à criança foram controlados, e quando a sensibilidade materna e outros fatores familiares foram levados em conta. Os efeitos da quantidade de cuidados foram modestos e menores que os da sensibilidade materna e os indicadores do nível socioeconômico familiar, embora, em geral, maiores do que os de outras características do cuidado infantil, depressão materna e temperamento infantil. Não houve patamar mínimo aparente para os efeitos quantitativos. Mais tempo destinado aos cuidados não só foram indicadores de problemas de comportamento medidos em uma escala padrão contínua dose-resposta, mas também indicaram risco (embora não clínico) de problemas comportamentais e de assertividade, além de desobediência e agressão.

Referência: NICHD Early Child Care Research Network (2003).

58. Estudo NICHD sobre Cuidados na Primeira Infância – Estudo 4

Localização: Estados Unidos

Estudo: Ver Estudo 1. Este estudo explorou a relação entre a duração da pobreza e o momento de sua ocorrência na vida para o desenvolvimento das crianças desde o nascimento até aos 9 anos.

Delineamento: O impacto do momento de ocorrência da pobreza foi avaliado usando modelos hierárquicos lineares, comparando crianças de famílias que nunca foram pobres, aquelas que foram pobres apenas durante a infância da criança (0 a 3 anos), as que foram pobres só após a infância (4 a 9 anos), e as cronicamente pobres.

Amostra: Ver Estudo 1. Dados faltantes (300 famílias) foram estimados por imputação múltipla.

Variáveis-resposta: Desenvolvimento cognitivo e social da criança, dificuldade de externalização dos problemas aos 24, 36 e 54 meses e na 1.ª e 3.ª séries.

Idades no início do estudo e acompanhamento: Este estudo utilizou os dados até a 3.ª série.

Principais conclusões: As famílias cronicamente pobres proporcionaram ambientes de menor qualidade educativa, e as crianças dessas famílias apresentaram desempenho cognitivo inferior e mais problemas de comportamento do que as outras crianças. Qualquer experiência de pobreza foi associada a situações familiares e a resultados menos favoráveis do que nunca ter sido pobre. Ser pobre mais tarde costuma ser mais prejudicial do que a pobreza na tenra infância. Análises das variáveis mediadoras indicam que a pobreza estava ligada aos resultados da criança em parte porque ela recebia menos cuidados parentais.

Referência: NICHD Early Child Care Research Network (2005).

59. Estudo NICHD sobre Cuidados na Primeira Infância – Estudo 5

Localização: Estados Unidos

Estudo: Ver Estudo 1. Este estudo se concentrou em investigar os determinantes do sucesso escolar e do desenvolvimento cognitivo na 1.ª série.

Delineamento: Os dados do NICHD foram analisados usando análise de regressão hierárquica.

Amostra: Estudo 1, n = 832 crianças.

Variáveis-resposta: Mudança relativa na capacidade cognitiva dos 54 meses até a 1.ª série.

Idades no início do estudo e acompanhamento: O estudo usou os dados até a idade de 4,5 anos.

Principais conclusões: O sexo e a raça, a razão entre renda e necessidades familiares, a educação e sensibilidade maternas, e o ambiente doméstico de aprendizagem foram preditores significativos de resultados na aprendizagem das crianças de 54 meses até a 1.ª série. A eficácia da pré-escola tradicional no funcionamento cognitivo atuou como um mediador significativo entre as características da criança, fatores familiares precoces, qualidade de assistência à criança e resultados da criança na 1.ª série. O preditor mais importante da eficácia da 1.ª série era a criança ter habilidades cognitivas desenvolvidas aos 54 meses. A prontidão escolar parece já estar bem estabelecida na criança nos últimos anos pré-escolares. A competência social desempenhou papel secundário mas significativo na determinação de mudança relativa dentro dos domínios acadêmico e cognitivo desde a pré-escola até a transição para a 1.ª série.

No início do estudo, a sensibilidade materna, juntamente com o ambiente de aprendizagem doméstico estiveram consistentemente entre os mais fortes preditores de desempenho acadêmico e cognitivo na 1.ª série. A escolaridade da mãe foi um preditor significativo e robusto de bons resultados acadêmicos e cognitivos. As horas passadas em creche desde o nascimento até os 54 meses e sua qualidade não estavam relacionadas à eficácia cognitiva e acadêmica da 1.ª série, ao passo que a qualidade da creche só foi um preditor significativo de habilidades de memória de curto prazo. Em termos de experiência das crianças na escola, a quantidade de conteúdo específico instrutivo contribui significativamente para a mudança relativa em leitura, fonemas, e na capacidade de recuperação de longo prazo, mas não em matemática ou outras habilidades cognitivas.

Referência: Downer e Pianta (2006).

60. Parceria Enfermeira-Família (PEF) de Denver – Estudo 1

Localização: Estados Unidos

Avaliação de Impacto: O grupo de tratamento recebeu visitas domiciliares tanto de profissionais (enfermeiros) quanto de paraprofissionais desde a gravidez até os primeiros 2 anos de vida da criança, com os objetivos gerais de melhorar a saúde materna e fetal, e a saúde e o desenvolvimento das crianças por meio da melhoria na qualidade dos cuidados prestados por pais/cuidadores e de suas condições de vida (educação, emprego, planejamento familiar). Os enfermeiros eram formados e tinham experiência em cuidados à comunidade ou materno-infantis. Os paraprofissionais tinham o *College*, mas foram excluídos se tivessem feito *College* na área de saúde ou se tivessem bacharelado em qualquer área. Em média, as mulheres visitadas pelos paraprofissionais receberam 6,3 visitas domiciliares durante a gravidez e 16 visitas após o nascimento do bebê. Os enfermeiros fizeram em média 6,5 visitas durante a gravidez e 21 visitas após o nascimento do bebê. O grupo controle passou por triagem de desenvolvimento e serviços de referência para as crianças aos 6, 12, 15, 21 e 24 meses de idade.

Delineamento: Ensaio aleatório controlado de programa de visitas domiciliares por profissionais e paraprofissionais.

Amostra: Amostragem aleatória estratificada. Controle, n = 255; visitas dos paraprofissionais, n = 245; visitas dos enfermeiros, n = 235.

Resultado medidos: O consumo de substâncias pelas mulheres, o uso de serviços preventivos e de emergência durante a gravidez; condições de vida materna (sucesso escolar, emprego e uso de programas assistenciais); interação mãe-bebê avaliada por meio de fitas de vídeo; ambiente doméstico do bebê; desenvolvimento emocional da criança (reações emocionais, vulnerabilidade e vitalidade avaliadas em laboratório aos 6, 21 e 24 meses de idade), desenvolvimento da linguagem na criança aos 21 meses de idade e desenvolvimento mental da criança aos 24 meses.

Idades no início do estudo e acompanhamento: Desde a gravidez até os 24 meses de idade.

Principais conclusões: Os pares mãe-filho visitados por paraprofissionais cuja mãe tinha baixo recursos psicológicos interagiram uns com os outros responsivamente mais do que seus homólogos do grupo controle (99,45 vs. 97,54 em escala padronizada). Não houve outros efeitos estatisticamente significativos dos paraprofissionais. Em contraste com os seus homólogos do grupo controle, nos fumantes que receberam visitas dos enfermeiros foi constatada maior redução dos níveis de cotinina desde o início até o final da gravidez (259,0 vs.12,32 ng/mL); no estudo feito no 2.º aniversário da criança, houve menos gestações subsequentes (29% vs. 41%) e nascimentos (12% vs.19%) entre as mulheres visitadas pelos enfermeiros; e elas adiaram as gestações subsequentes por maiores intervalos de tempo; e no 2.º ano após o nascimento do primeiro filho, elas trabalharam mais do que as mulheres do grupo controle (6,83 vs. 5,65 meses). Os pares mãe-filho visitados por enfermeiros interagiam uns com os outros mais responsivamente do que os do grupo controle (100,31 vs. 98,99 em escala padronizada).

Aos 6 meses de idade, as crianças que receberam visitas dos enfermeiros, em contraste com suas contrapartes do grupo controle, foram menos propensas a apresentar vulnerabilidade emocional em resposta a estímulos de medo (16% vs. 25%), e as nascidas de mulheres com baixos recursos psicológicos crianças que receberam visitas dos enfermeiros tinham menos propensão a apresentar baixa vitalidade emocional em resposta a estímulos de alegria e raiva (24% vs. 40% e 13% vs. 33%). Aos 21 meses, as crianças nascidas de mulheres com baixos recursos psicológicos que receberam visitas dos enfermeiros tinham menos propensão a apresentar atrasos de linguagem (7% vs. 18%), e aos 24 meses, elas mostraram desenvolvimento mental superior (90,18 vs. 86,20 de pontuação no Índice de Desenvolvimento Mental) ao de suas homólogas do grupo controle. As visitas dos enfermeiros não tiveram efeitos estatisticamente significativos sobre o uso dos serviços auxiliares de pré-natal pelas mulheres, sobre a realização educacional, sobre o uso de programas assistenciais ou sobre problemas temperamento ou de comportamento dos filhos. Na maioria dos resultados em que qualquer visitante produziu efeitos significativos, os paraprofissionais tipicamente tiveram efeitos cerca de 50% inferiores aos dos enfermeiros.

Referência: Olds et al. (2002).

Nota: 3.2.

61. PEF de Denver – Estudo 2

Localização: Estados Unidos

Avaliação de Impacto: Acompanhamento do Estudo PEF de Denver depois de dois anos.

Delineamento: Ver Estudo 1.

Amostra: Ver Estudo 1.

Variáveis-resposta: Condições de vida materna (gestações subsequentes, educação, emprego, uso de programas assistenciais), problemas comportamentais das crianças relatados pelas mães; sensibilidade e responsividade na interação mãe-filho; ambiente doméstico; linguagem infantil; habilidades cognitivas, motoras grosseiras e motoras finas; funcionamento executivo das crianças e adaptação comportamental avaliados pelos examinadores.

Idades no início do estudo e acompanhamento: Da gravidez até os 48 meses de idade da criança.

Principais conclusões: Dois anos após o programa terminar, as mulheres que foram visitadas por paraprofissionais, comparadas às do grupo controle, tinham menos propensão a se casar (32,2% vs. 44,0%) e de viver com o pai biológico da criança (32,7% vs. 43,1%), mas trabalhavam mais (15,13 meses vs. 13,38 meses) e relataram maior senso de domínio e melhor saúde mental. As mulheres visitadas por paraprofissionais tiveram menos abortos subsequentes (6,6% vs. 12,3%) e menos filhos com baixo peso ao nascer (2,8% vs. 7,7%). As mães e crianças visitadas por paraprofissionais, em comparação com os indivíduos controle, apresentaram maior sensibilidade e responsividade uma em relação às outras e, nos casos em que as mães tinham baixos níveis de recursos psicológicos no momento da inscrição, tinham ambientes domésticos mais favoráveis à aprendizagem precoce das crianças.

As mulheres visitadas por enfermeiros relataram intervalos maiores entre o nascimentos do primeiro e do segundo filho (24,51 meses vs. 20,39 meses) e menos violência doméstica (6,9% vs.13,6%), e inscreveram seus filhos com menos frequência na pré-escola, no Head Start, ou em creches lincenciadas do que as do grupo controle. As crianças visitadas por enfermeiros e cujas mães tinham baixos níveis de recursos psicológicos no momento da inscrição, demonstraram, em comparação com suas homólogas do grupo controle, ambientes domésticos mais favoráveis à aprendizagem precoce das crianças, linguagem mais avançada, funcionamento executivo superior (pontuação de 100,16 vs. 95,48) e melhor adaptação de comportamento durante o teste. Não houve efeitos estatisticamente significativos de qualquer visita de enfermeiro ou paraprofissional sobre o número de gestações subsequentes, a realização educacional das mulheres, o consumo de substâncias, o uso de programas assistenciais, ou a externalização de problemas de comportamento pelas crianças.

Referência: Olds et al. (2004).

Nota: 3.2.

62. Projeto Vida em Família

Localização: Estados Unidos

Estudo: O Projeto Vida em Família foi criado para estudar famílias de duas regiões geográficas com as maiores taxa de pobreza infantil (cerca de 50%): leste da Carolina do Norte e região central da Pensilvânia. A amostra incluiu 1.292 crianças recrutadas após o nascimento. O estudo acompanhou as crianças até os 36 meses. Este artigo analisou a contribuição do pai para o desenvolvimento da linguagem.

Delineamento: O estudo examinou a relação entre as características do pai e o desenvolvimento da linguagem na criança, após controlar as principais características demográficas, infantis e maternas usando dados exclusivos de transcrição da linguagem (em vídeo) tanto das interações da mãe quanto do pai com seus filhos durante a leitura de livros ilustrados no ambiente doméstico aos 6 meses de idade.

Amostra: A amostra foi de 555 (dados de base); 514 (aos 15 meses); 500 (observação da atividade de leitura mãe-filho aos 6 meses); 477 (observação da atividade de leitura pai-filho aos 6 meses); e 486 (aos 36 meses).

Variáveis-resposta: Competências linguísticas: habilidades de comunicação aos 15 meses e escala de linguagem pré-escolar aos 36 meses.

Idades no início do estudo e acompanhamento: As crianças foram recrutadas quando recém-nascidas, a interação entre os pais e a criança foi observada aos 6 meses, e as habilidades de linguagem infantil foram avaliadas aos 15 e aos 36 meses de idade.

Principais conclusões: A escolaridade do pai estava positivamente associada ao desenvolvimento da linguagem expressiva da criança aos 36 meses. O vocabulário do pai (uso de vocabulário diversificado com a criança) aos 6 meses indicou de forma independente o desenvolvimento de linguagem da criança aos 36 meses, e as habilidades de comunicação aos 15 meses, após controlar as variáveis de escolarização materna e vocabulário.

Referência: Pancsofar, Vernon-Feagans e Family Life Project Investigators (no prelo).

Nota: 3.2.

63. Estudo de Custo, Qualidade e Resultados (CQR)

Localização: Estados Unidos (Califórnia, Connecticut, Colorado e Carolina do Norte)

Estudo: Estudo de centros de assistência infantil comunitários e resultados da criança no tempo em quatro estados ao longo de 5 anos.

Delineamento: Estudo de coorte longitudinal. Análise descritiva e análise inferencial por meio da análise longitudinal hierárquica.

Amostra: Subamostra de 183 pré-escolas de 401 centros de assistência infantil selecionados aleatoriamente nos 4 estados, n = 826 no ano 1, n = 345 na 2.ª série.

Variáveis-resposta: Resultados da criança: vocabulário (PPVT-R), habilidades pré-escolares (WJ-R), habilidades em leitura e matemática; avaliação do professor das habilidades sociais e cognitivas; e avaliação do professor do relacionamento com a criança. Outros dados incluíram informações sobre centros de assistência infantil, como a qualidade do ambiente em sala de aula (ECERS), a sensibilidade do professor (CIS), o estilo de ensino (FOPI), a responsividade do professor às crianças (AIS), informações sobre a escola no KG e 2.ª série, como a qualidade do ambiente em sala de aula e ambiente instrucional; características demográficos e das unidades domésticas das crianças.

Idades durante a pesquisa: 4 a 8 anos; 1 ano antes do KG até a 2.ª série; pesquisa realizada todos os anos.

Principais conclusões: A qualidade da assistência à criança tem um efeito modesto a longo prazo sobre os padrões de desenvolvimento cognitivo e socioemocional, pelo menos no KG, e em alguns casos até a 2.ª série. As práticas observadas em sala de aula foram relacionadas à linguagem e à habilidades acadêmicas da criança, enquanto a proximidade na relação professor-criança foi relacionada tanto às habilidades cognitivas e sociais quanto aos efeitos mais fortes no último. Influências moderadoras das características familiares foram observadas em alguns resultados, indicando efeitos muito positivos da qualidade da assistência sobre as crianças em maior situação de risco.

Referência: Peisner-Feinberg et al. (2001).

Nota: 3.1.

64. Artigo: "Within and Beyond the Classroom Door: Assessing Quality in Child Care Centers" (projeto sem título)

Localização: Estados Unidos

Estudo: Os objetivos do estudo foram identificar (1) as associações entre a qualidade de assistência à criança definida por características estruturais, indicadores de processo e conformidade com os regulamentos do Estado; (2) a variação na qualidade baseada no rigor e no cumprimento da lei estadual sobre centros de assistência infantil; e (3) os indicadores de qualidade específicos que têm relação especialmente forte com as experiências das crianças nos centros de assistência infantil.

Delineamento: Análise dos dados coletados por meio de entrevistas e observações em sala de aula.

Amostra: Amostragem aleatória dos centros licenciados e turmas (98 turmas de recém-nascidos, 112 turmas para bebês e 106 turmas pré-escolares) em 4 estados com diferentes políticas regulatórias.

Variáveis-resposta: Qualidade do ambientes em sala de aula (ITERS, ECERS) e perfil de avaliação de programas para a primeira infância.

Idades no início do estudo e acompanhamento: Não aplicável.

Principais conclusões: Os resultados confirmaram evidências anteriores sobre a importância das relações, do treinamento dos educadores e do tamanho do grupo para processos de alta qualidade em sala de aula; mas demonstrou a contribuição mais significativa dos salários dos educadores e das taxas pagas pelos pais. As medidas estruturais e as de qualidade do processo variaram segundo a localização do centro em um estado com mais ou menos leis rigorosas sobre assistência à criança. Houve uma contribuição significativa dos salários dos educadores e das taxas pagas pelos pais na qualidade dos processos em sala de aula. Em todas as faixas etárias, a qualidade em sala de aula esteve mais fortemente associada com o salário dos educadores. Os salários, por sua vez, estavam mais fortemente relacionados às taxas pagas pelos pais e à formação do educador nas salas de recém-nascidos e pré-escolares.

Houve indícios de que a importância dos cuidados infantis de qualidade no contexto regulatório de assistência à criança depende da contribuição local e, em menor medida, da conformidade com a lei nacional, para a qualidade dos processos em sala de aula. Houve associação positiva entre o cuidado observado e a localização dos centros nos estados com leis mais rigorosas. A formação do educador, os salários de educadores e as taxas pagas pelos pais, bem como a proporção adulto-crianças (para recém-nascidos) e o tamanho do grupo (para crianças de 1 a 2 anos), foram preditores significativos da qualidade das interações em sala de aula nos grupos etários mais jovens. Nas turmas pré-escolares, apenas a proporção adulto-crianças e os salários indicaram qualidade em sala de aula.

Referência: Phillips et al. (2000).

Nota: 3.1.

65. Artigo: "The Prediction of Process Quality from Structural Features Child Care" (projeto sem título)

Localização: Estados Unidos (Califórnia, Colorado, Connecticut e Carolina do Norte)

Estudo: O estudo teve como objetivo identificar as características estruturais dos centros de assistência à criança que estão relacionadas à qualidade observada em centros de um grande projeto multiestadual.

Delineamento: Análise dos dados coletados nos centros utilizando modelos de regressão hierárquica.

Amostra: Amostragem aleatória estratificada de 100 creches em cada estado; (n = 400); 224 turmas com recém-nascidos/bebês e 509 turmas de pré-escola foram observadas.

Variáveis-resposta: A qualidade do processo foi medida usando a Escala de Avaliação do Ambiente de Educação Infantil (ECERS), a Escala de Avaliação do Ambiente de Creche (ITERS), a Escala de Avaliação do Envolvimento dos

Pais (CIS) e a Escala de Envolvimento do Professor (TIS). Dados sobre as características estruturais relativas aos cuidadores, às salas de aula, aos salários, aos centros, aos administradores e econômicas também foram coletados.

Idades no início do estudo e acompanhamento: Não aplicável.

Principais conclusões: No âmbito de assistência ao recém-nascido/bebê, a proporção adulto-crianças, os salários dos professores, a proporção de recém-nascidos e bebês, e as taxas pagas pelos pais foram preditores significativos da pontuação na ITERS em sua versão final, enquanto a proporção adulto-crianças, os salários dos professores, e a proporção de recém-nascidos e bebês estavam significativamente relacionadas à CIS. Na pré-escola, as pontuações ECERS estavam relacionadas à melhor proporção adulto-crianças, salários mais altos e proporcionalmente menos recém-nascidos e bebês no centro, a custos mais elevados nos centros de assistência à criança e à maior interação dos setores dos diferentes estados. As características do educador incluídas como variáveis na estimativa da pontuação total CIS foram o grau de bacharel ou alguns anos de faculdade e experiência, bem como a proporção adulto-crianças. A previsão da qualidade do processo a partir de medidas estruturais varia um pouco segundo a faixa etária. As medidas estruturais incluídas nos modelos de regressão hierárquica indicaram maior qualidade do processo na pré-escola do que nas turmas de recém-nascidos e bebês. Nas turmas de recém-nascidos e bebês, a qualidade do processo foi maior com pessoal moderadamente experiente, melhor salário dos professores e diretores mais experientes.

Nas turmas da pré-escola, a qualidade do processo foi maior nas salas de aula com professores com melhor formação, moderadamente experientes e com salários mais elevados. Uma melhor proporção adulto-crianças, menor número de crianças matriculadas no centro e menor proporção de recém-nascidos e bebês e crianças que recebiam subsídios também indicaram maior qualidade do processo para as turmas pré-escolares. O salário dos professores estava fortemente relacionado com a qualidade do processo tanto nas turmas de recém-nascidos/bebês quanto nas da pré-escola. Qualidade superior foi constatada nos estados com leis mais rigorosas e em centros sem fins lucrativos. No entanto, as diferenças entre os setores variou entre os estados. Em geral, as diferenças entre os setores foram mais fortes nos estados menos regulamentados. O estudo constatou que a qualidade global do processo nas salas onde recém-nascidos e bebês foram atendidos foi substancialmente inferior do que em salas onde as crianças maiores foram atendidas. Os níveis de qualidade global do processo necessários para melhorar o desenvolvimento das crianças não foram adquados na maioria dos centros de assistência à criança da amostra.

Referência: Phillipsen et al. (1997).

Nota: 3.1.

66. Observação do Comportamento Materno-Infantil em uma Situação de Resolução de Problemas ao Ingressar na Escola (projeto sem título)

Localização: Estados Unidos

Estudo: O estudo examinou a relação entre avaliações de interações materno-infantis em uma situação de resolução de problemas ao ingressar na escola e o rendimento escolar da criança na 2.ª, 3.ª e 4.ª séries.

Delineamento: Os dados coletados no momento do ingresso na escola (ver abaixo) e o desempenho acadêmico nas 2.ª, 3.ª e 4.ª séries foram analisados usando análise fatorial e modelos de regressão. As interações entre as diferentes medidas coletadas ao ingressar na escola também foram examinadas.

Amostra: A amostra original incluiu 342 pares criança-mãe, a amostra foi a população inteira de ingressantes no KG de um distrito escolar de uma pequena cidade, com exceção de 7 crianças, que foram acompanhadas pelos pais. E 181 crianças foram acompanhadas até a 4.ª série.

Variáveis-resposta: O desempenho acadêmico (Iowa Test of Basic Skills) nas 2.ª, 3.ª e 4.ª séries. As medidas utilizadas ao ingressar na escola incluem: capacidade cognitiva da criança (subteste de vocabulário e análise padrão da Escala de Inteligência Stanford-Binet), habilidades motoras grosseiras e finas, dados demográficos da família, e interação materno-infantil durante duas tarefas semiestruturadas de resolução de problemas.

Idades no início do estudo e acompanhamento: Ao ingressar no KG (5 anos de idade em média), acompanhamentos nas 2.ª, 3.ª e 4.ª séries.

Principais conclusões: Houve relação moderada entre a classificação na interação materno-infantil e o desempenho acadêmico nas 2.ª, 3.ª e 4.ª séries que explicou 17-24% da variância nos escores acadêmicos. No entanto, quando as habilidades e os dados demográficos foram incluídos no modelo, a interação materno-infantil representou apenas 1%. Apesar de a classificação da interação materno-infantil ter sido um preditor significativo de desempenho acadêmico da 2.ª à 4.ª série, os resultados indicam que as medidas de realização escolar e de capacidade infantil, os dados demográficos da família e a classificação da interação mãe-filho, todas partilham uma quantidade considerável de sobreposição na variância.

Referência: Pianta e Harbers (1996).

Nota: 3.2.

67. Validade Preditiva da Triagem Escolar Precoce

Localização: Estados Unidos

Estudo: O estudo avaliou a validade preditiva de um procedimento de triagem escolar precoce. O procedimento de triagem incluiu a Escala de Inteligência Stanford-Binet, competências linguísticas, habilidades perceptivo-motoras, a escala de comportamento escolar precoce e orientação para a tarefa.

Delineamento: Dois grupos de participantes foram acompanhados durante os primeiros 3 anos de escola.

Amostra: Todas as crianças de um distrito escolar que ingressaram no KG em dois anos consecutivos (coorte 1, n = 424; coorte 2, n = 351).

Variáveis-resposta: Retenção, o pertencimento a um grupo de educação especial, as observações do professor sobre problemas de comportamento e emocionais e o desempenho em testes de desempenho padrão.

Idades no início do estudo e acompanhamento: Ingresso no KG e 2.ª série.

Principais conclusões: Algumas medidas (por exemplo, coordenação motora fina, habilidades cognitivas e escolaridade materna) foram preditores consistentes de muitas formas de dificuldade escolar. O procedimento de triagem indicou corretamente 80% de casos em todo o conjunto de resultados, embora fosse mais preciso na previsão de crianças que não apresentaram qualquer tipo de problema escolar.

Referência: Pianta e McCoy (1997).

Nota: 1.3.

68. Relacionamento Mãe-criança, Professor-Criança e Resultados Escolares na Pré-Escola e *Kindergarten* (projeto sem título)

Localização: Estados Unidos

Estudo: O estudo examina a relação entre os relacionamentos mãe-criança e criança-professor e os resultados escolares na tenra infância.

Delineamento: Análise de dados sobre a adaptação da criança à escola e seu relacionamento com a mãe e educadores por meio de análises de regressão hierárquica.

Amostra: 55 crianças de pré-escolas (4 anos de idade) de um distrito escolar de pequeno porte que tinham pelo menos um fator de risco.

Variáveis-resposta: Adaptação ao KG avaliada pelos seus educadores. Habilidades pré-escolares (Teste de Conceitos Básicos de Boehm, linguagem e conceitos) também foram avaliadas.

Idades no início do estudo e acompanhamento: Os relacionamentos mãe-criança e professor-criança e as habilidades pré-escolares foram avaliados durante 4 anos, e a adaptação à escola foi avaliada após o ingresso no KG.

Principais conclusões: A qualidade global da interação mãe-criança indicou o nível de adaptação ao KG observado pelo educadores, e qualidade das interações mãe-criança e criança-professor foram indicadoras o nível de desempenho das crianças em desenvolvimento conceitual. O relacionamento mãe-filho tem mais influência nos resultados da criança do que o relacionamento professor-criança.

Referência: Pianta, Nimetz e Bennett (1997).

Nota: 3.2.

69. Revisão por Meta-Análise de Programas de Visitas Domiciliares para Famílias com Crianças Pequenas

Localização: Estados Unidos

Estudo: Revisão por Meta-Análise de programas de visitas domiciliares.

Delineamento: Meta-análise de 60 serviços de visitas domiciliares. A eficácia do programa foi medida pelo efeito padronizado na média ponderada calculado para cada grupo de resultados, e a relação entre o programa e o impacto foi explorada dentro de cada grupo de resultados.

Fonte de dados: 60 estudos.

Variáveis-resposta: O estudo agrupou os resultados da seguinte forma: (1) resultados da criança (cognitivo, socioemocional, prevenção do abuso infantil); (2) práticas educativas avançadas (comportamento e atitude dos pais); e (3) condições de vida materna (educação, emprego, beneficiária de assistência pública).

Idades no início do estudo e acompanhamento: Não aplicável.

Principais conclusões: Em geral, as crianças de famílias que participaram de programas de visitas domiciliares se saíram melhor do que crianças do grupo controle. Dentro do conjunto de resultados da criança, o tamanho do efeito médio sobre três das cinco variáveis-resposta foi significativamente maior que zero, embora modesto (cognitivo, socioemocional, risco de abuso). Dentro do conjunto de resultados dos pais, em três dos cinco o tamanho do efeito médio foi significativamente maior que zero. Dois destes incluíram medidas mais diretas da mediação dos pais no aprimoramento da criança: o comportamento e atitudes dos pais. O efeito da quantidade de visitas domiciliares é fraco na melhor das hipóteses. Os resultados da análise das características delineadas no programa foram inconclusivos. Nenhuma característica especial do programa teve influência significativa no tamanho do efeito de quaisquer das variáveis-resposta.

Referência: Sweet e Appelbaum (2004).

Nota: 3.2.

70. Programa do Centro Materno-Infantil (CMI) de Chicago / Estudo Longitudinal de Chicago (banco de dados)

Localização: Estados Unidos

Avaliação de Impacto: O Programa do Centro Materno-Infantil de Chicago (CMI) (n = 989 crianças) oferece serviços globais de educação, de saúde e familiares; ele consiste de pré-escola em meio período dos 3 a 4 anos; KG integral ou em meio período; e serviços em idade escolar vinculados a escolas de ensino fundamental dos 6 aos 9 anos de idade. O grupo de comparação (n = 550) consistiu de crianças que participaram de programas alternativos de DPI (KG integral): 374 crianças no grupo de comparação pré-escolar (vindas de cinco escolas selecionadas aleatoriamente, mais 2 outras que ofereciam KG em tempo integral e recursos educacionais adicionais), e 176 que frequentavam o KG em tempo integral em 6 CMIs sem participação da pré-escola.

Delineamento: O estudo analisou dados longitudinais dos 15 anos seguintes de um grande grupo de coorte combinado aleatoriamente para determinar a eficácia a longo prazo de um programa de intervenção federal baseado em centros, pré-escolas e escolas para crianças de áreas urbanas de baixa renda.

Amostra: Tamanho da amostra: tratamento, n = 989; controle, n = 550. A atribuição de tratamento não foi aleatória, e toda a coorte de participantes do programa foi incluída no estudo. O grupo controle foi selecionado aleatoriamente entre 7 KG e 6 centros materno-infantis (sem exposição à pré-escola). O grupo de tratamento foi combinado por idade de ingresso no KG, elegibilidade para programas financiados pelo governo, bairro e nível de pobreza da família.

Variáveis-resposta: Taxas de conclusão do ensino médio e evasão escolar aos 20 anos de idade; detenção de menores por delitos violentos e não violentos, e repetência e pertencimento a um grupo de educação especial aos 18 anos.

Idades no início do estudo e acompanhamento: Dados de base: 3 e 4 anos de idade; acompanhamento: 18 e 20 anos de idade.

Principais conclusões: Em relação ao grupo de comparação pré-escolar e controlando diversas covariáveis, as crianças que participaram da intervenção pré-escolar por 1 ou 2 anos tiveram uma taxa de conclusão do ensino médio maior (49,7% vs. 38,5%, p = 0,01); concluíram mais anos de escolaridade (10,6 vs. 10,2, p = 0,03); e tiveram taxas mais baixas de detenção juvenil (16,9% vs. 25,1%, p = 0,003), detenções por violência (9,0% vs. 15,3%, p = 0,002) e evasão escolar (46,7% vs. 55,0%, p = 0,047). A participação tanto na pré-escola como em idade escolar esteve significativamente associada a menores taxas de repetência e utilização dos serviços de educação especial. Os efeitos da participação da pré-escola sobre o nível de escolaridade foram maiores entre os meninos do que entre as meninas, especialmente na redução das taxas de evasão escolar (p = 0,03).

Relativamente à participação de menor extensão, as crianças que participaram do programa desde a pré-escola até a 2.ª ou 3.ª séries também experimentaram taxas mais baixas de repetência (21,9% vs. 32,3%, p = 0,001) e educação especial (13,5% vs. 20,7%, p = 0,004).

Referência: Reynolds et al. (2001).

Notas: 1.3, 4.1.

71. Programa High/Scope Perry Preschool – Estudo 1

Localização: Estados Unidos

Avaliação de Impacto: Programa de educação pré-escolar de 2 anos para crianças de 3 e 4 anos de idade de famílias de baixa renda. Os educadores tinham bacharelado e formação em educação, e cada um atendeu 5 a 6 crianças. Eles usaram o modelo educacional High/Scope diariamente por 2,5 horas e visitaram as famílias semanalmente. Nesse modelo, os educadores estabeleceram horários para a programação diária em sala de aula para apoiar as atividades de aprendizagem centradas na criança, desenvolveram atividades em pequenos e grandes grupos, e ajudaram as crianças a se envolver em experiências-chaves para o desenvolvimento infantil. Os educadores estudaram e receberam treinamento regular de apoio na utilização desse modelo educacional.

Delineamento: Ensaio controlado aleatório em um ambiente urbano pobre, acompanhando 123 crianças dos 3 aos 40 anos de idade.

Amostra: Uma amostra de 123 crianças afro-americanas de baixa renda foi considerada com alto risco de fracasso escolar; 58 delas foram designadas aleatoriamente ao grupo de tratamento, que recebeu um programa pré-escolar de alta qualidade aos 3 e 4 anos de idade, e 65 ao grupo de comparação, que não recebeu nenhum programa pré-escolar.

Variáveis-resposta: Efeitos sobre a educação a curto e longo prazos, o desempenho econômico, a prevenção da criminalidade, as relações familiares e a saúde.

Idades no início do estudo e acompanhamento: Dos 3 aos 11 anos, e novamente aos 14, 15, 19, 27 e 40 anos de idade.

Principais conclusões: Programas pré-escolares de alta qualidade para crianças que vivem em situação de pobreza contribuem para o desenvolvimento intelectual e social na infância, o sucesso escolar, o desempenho econômico e a redução de crimes na idade adulta. O grupo que participou do programa teve maior rendimento médio anual do que o grupo que não participou aos 27 e 40 anos (US$ 12.000 vs. US$ 10.000 aos 27 anos e US$ 20.800 vs. US$ 15.300 aos 40 anos de idade). Houve significativamente menos casos de prisão durante a vida no grupo que participou do programa do que no grupo que não participou.

As diferenças entre os grupos do programa e controle incluem mais alto nível de escolaridade concluído (65% vs. 45% terminaram o colegial regular); testes intelectuais e de linguagem desde a pré-escola até os 7 anos de idade; testes escolares realizados aos 9, 10 e 14 anos de idade; e testes de instrução aos 19 e 27 anos. Aos 15 e 19 anos, o grupo do programa tinha atitudes significativamente melhores em relação à escola do que o grupo que não participou. Um número significativamente mais alto de indivíduos do programa estava empregado aos 40 anos (76% vs. 62%) e aos 27 anos (69% vs. 56%).

Aos 40 anos, a maior parte dos homens do grupo do programa já tinha filhos crescidos. O retorno sobre o investimento do programa Perry Preschool foi de US$ 244.812 por participante sobre um investimento de US$ 15.166 por participante – US$ 16,14 por dólar investido. Desse retorno, US$ 195.621 vieram do público em geral – US$ 12,90 para cada dólar investido e US$ 49.190 para cada participante – US$ 3,24 por dólar investido. Do retorno público, 88% vieram da economia com gastos em segurança, 4% vieram da redução dos gastos em educação, 7% vieram do aumento de impostos devido aos rendimentos mais elevados, e 1% (US$ 2.768) vieram da economia com gastos de assistência social.

Referência: Schweinhart et al. (2005).

Notas: 1.1, 1.3, 3.1, 4.1.

72. Programa High/Scope Perry Preschool – Estudo 2

Localização: Estados Unidos

Estudo: Os detalhes do programa estão descritos acima.

Delineamento: O estudo estimou a taxa de retorno e a relação custo-benefício do programa Perry Preschool, contabilizando os custos de determinado local, os dados faltantes, os custos irrecuperáveis dos impostos, e o valor não mercadológico dos custos e benefícios. Além disso, aperfeiçoa as estimativas anteriores pela contabilidade da corrupção no protocolo de aleatorização, por meio do desenvolvimento de erros padrão para essas estimativas, e explorando a robustez das estimativas em relação às premissas sobre os dados faltantes e ao valor dos benefícios não mercadológicos.

Amostra: Consulte a descrição do Estudo 1.

Variáveis-resposta: Ver a descrição do Estudo 1.

Idades no início do estudo e acompanhamento: Veja a descrição de Estudo 1.

Principais conclusões: A estimativa da taxa de retorno social em geral caiu entre 7 e 10%, com a maioria das estimativas substancialmente inferior ao previamente descrito na literatura. No entanto, os retornos foram geralmente significativamente diferentes estatisticamente de zero para ambos os sexos e estavam acima das taxas históricas de retorno. A relação custo-benefício após o ajuste para a aleatorização estruturada variou de 5,4 a 9,8.

Referência: Heckman et al. (2009).

73. Programa Parents as Teachers (PAT) – Estudo 1 (Este comentário foi incluído para contextualizar o Estudo 2).

Localização: Estados Unidos

Avaliação de Impacto: A IA do PAT implementou dois programas com uma abordagem diferenciada: (1) O programa Salinas Valley para famílias latinas e (2) um programa especificamente dirigido a pais de adolescentes. O programa Salinas Valley oferecia visitas domiciliares mensais durante o tempo em que as famílias optassem por permanecer no programa, até a criança completar 3 anos. As visitas domiciliares realizadas por um pai educador treinado abrangiam as lições do currículo PAT nacional. Os participantes do programa receberam em média 20 visitas (28-50 min/sessão) durante 3 anos. Foram realizadas reuniões em grupo voluntárias em inglês e espanhol, mas menos de 15% das famílias foram atendidas. O grupo controle recebeu brinquedos adequados às suas idades, e atrasos significativos no desenvolvimento ou outros problemas foram encaminhados. No programa para adolescentes, o serviço PAT foi oferecido em visitas domiciliares mensais e reuniões em grupo até o segundo aniversário das crianças. Nas reuniões em casa distribuiu-se o currículo nacional do PAT. Em média, 10 visitas foram realizadas durante o período de 2 anos (duração por sessão não declarada). A participação nas reuniões em grupo foi baixa, com uma média de 2-3 reuniões durante 2 anos. Um outro grupo do programa recebeu um serviço de gestão de casos abrangente, com contatos face-a-face sempre que solicitado ou, pelo menos, trimestralmente. Os gestores de casos fizeram os encaminhamentos necessários ou adaptações para serviços específicos. Finalmente, um terceiro grupo recebeu ambos os serviços.

Delineamento: Ensaio aleatório controlado do programa PAT destinado a vários grupos de beneficiários.

Amostra: Famílias aleatoriamente designadas para o programa (n = 298) e o grupo controle (n = 199) no programa Salinas Valley; apenas programa PAT (n = 177), apenas gestão de caso (n = 174), intervenções combinadas (n = 175) e grupo controle (n = 175) no programa para adolescentes.

Variáveis-resposta: O conhecimento dos pais sobre o desenvolvimento infantil; atitudes e comportamentos dos pais; desenvolvimento infantil (cognitivo, comunicação, desenvolvimento social, autossuficiência e desenvolvimento físico); saúde infantil e cuidados de saúde (vacinação, uso de serviços de assistência à saúde).

Idades no início do estudo e acompanhamento: Início com menos de 6 meses. As avaliações do desenvolvimento da criança foram realizadas quando elas tinham 1, 2 e 3 anos de idade.

Principais conclusões: O estudo constatou efeitos positivos pequenos e inconsistentes sobre o conhecimento dos pais, suas atitudes e comportamento, e não houve ganhos no desenvolvimento da criança ou nos resultados de saúde do grupo de tratamento em comparação com o grupo controle. Entre os subgrupos, as crianças latinas que falavam espanhol em casa se beneficiaram mais, e tiveram ganhos significativos em desenvolvimento cognitivo, comunicação social e autossuficiência. A demonstração do PAT para adolescentes indicou que aqueles que receberam PAT junto com o serviço de gestão de casos abrangente se beneficiaram mais. Em Salinas Valley, as pessoas que receberam serviços mais intensivos foram mais beneficiadas pelo programa.

Referência: Wagner e Clayton (1999).

Nota: 3.2.

74. Programa Parents as Teachers (PAT) – Estudo 2

Localização: Estados Unidos

Estudo qualitativo: O estudo analisou um programa que não produziu os resultados esperados sobre as crianças – embora tenha tido efeitos pequenos e inconsistentes sobre o conhecimento dos pais, suas atitudes e comportamento (Wagner e Clayton 1999) –, e realizou uma investigação qualitativa sobre por que o programa não funcionou.

Delineamento: O estudo coletou três anos de estudos de caso longitudinais de 21 famílias, entrevistou os pais e visitantes domiciliares e analisou vídeos de visitas domiciliares. Outros 60 mães participaram de discussões em grupo dirigidas.

Amostra: 21 estudos de casos de famílias, 60 mães para discussões em grupo dirigidas. (O estudo não explica como essas famílias/mães foram selecionadas.)

Variáveis-resposta: Não aplicável.

Idades no início do estudo e acompanhamento: Desde o nascimento ou logo após o nascimento até os 3 anos de idade.

Principais conclusões: Os gargalos da pesquisa foram:

- Incompatibilidade de percepção de como os visitantes domiciliares encaravam o seu papel e o papel que era esperado (visitantes domiciliares encararam a prestação de apoio social como sua responsabilidade primária, embora o foco do programa fosse a educação dos pais). A ênfase foi dada em ajudar as mães a se sentirem bem consigo mesmas e não foi dada ênfase suficiente aos objetivos esperados nas interações entre os pais e as crianças.
- Não houve articulação suficiente das implicações comportamentais ao dar informação aos pais.
- A demonstração dos visitantes domiciliares não foi reconhecida como modelo pelos pais e teve pouca influência.
- Os visitantes domiciliares não se sentiam bem em serem considerados especialistas, embora as famílias os considerassem especialistas e quisessem aprender com eles. A intervenção necessitava aceitar e apoiar os pais, ao mesmo tempo ajudando-os ativamente a adotar comportamentos importantes para estimular desenvolvimento saudável.
- Os visitantes domiciliares não tinham capacidade de detectar possíveis problemas de desenvolvimento. Isto pode ser devido ao treinamento insuficiente ou ao fato de o vínculo forte dos visitantes com as mães terem cegado os visitantes em relação aos problemas das crianças.

Recomendações:

- As metas precisam ser suficientemente precisas para que os visitantes domiciliares e os pais possam realmente refletir sobre a sua realização.
- O currículo do PAT proporcionou uma riqueza de informações sobre desenvolvimento, mas o programa necessitava ser mais claro sobre o que pretendia.
- A equipe precisava ser adequadamente treinada para reconhecer indicadores de desenvolvimento atípico.
- Os programas de visitas domiciliares necessitam incorporar a realidade de que alguns pais não podem ou não querem seguir com o que o programa oferece, e são necessárias estratégias adicionais para garantir o bom desenvolvimento da criança.

Referência: Hebbeler e Gerlach-Downie (2002).

75. Projeto CARE

Localização: Estados Unidos

Avaliação de Impacto: O centro de desenvolvimento infantil (baseado em centro) incluía assistência à criança por meio período (obrigatório) ou em tempo integral; a proporção professor-criança era de 1:3 nas turmas de recém-nascidos, 1:4 aos 2 anos de idade, e 1:6 aos 3-5 anos de idade. Os professores receberam treinamento intensivo para o programa. O programa enfatizou tanto o desenvolvimento cognitivo quanto socioemocional. Destaque especial foi dado à linguagem. O programa de educação familiar ofereceu visitas domiciliares semanais durante os primeiros 3 anos. (A média de visitas domiciliares foi de 2,5 por mês para o grupo que recebeu apenas visitas domiciliares e de 2,7 por mês para o grupo que recebeu visitas domiciliares e assistência baseada em centro.) Foram feitas visitas semanais ou quinzenais para as crianças com 4 e 5 anos de idade, com uma média de 1,4 por mês para o grupo que recebeu apenas visitas domiciliares e de 1,1 por mês para o grupo que recebeu visitas domiciliares e assistência baseada em centro. Os visitantes domiciliares procuraram ajudar as famílias a lidar com as preocupações por meio da estratégia de resolução de problemas; eles demonstraram e descreveram atividades adequadas ao desenvolvimento das crianças. Os visitantes domiciliares foram treinados utilizando os mesmos materiais que os professores de creches. Reuniões mensais de pais também foram realizadas como fonte de informação e para dar suporte ao grupo.

Delineamento: Um ensaio aleatório controlado de diferentes tratamentos (creche e educação familiar; apenas educação familiar; controle).

Amostra: Famílias de alto risco foram selecionadas aleatoriamente em três grupos (creches educacionais mais educação familiar, n = 15; (2) apenas educação familiar, n = 24; (3) grupo controle, n = 23, no início do estudo).

Variáveis-resposta: As habilidades cognitivas das crianças (Escalas Bayley, Stanford-Binet e McCarthy); ambiente familiar (HOME), a atitude da mãe em relação à criação dos filhos.

Idades no início do estudo e acompanhamento: Inícios aos 6 meses até 54 meses.

Principais conclusões: Em cada teste após a avaliação aos 6 meses, o resultado das crianças que frequentavam creches educativas e recebiam apoio familiar foi superior ao daquelas dos outros dois grupos. Nenhum efeito cognitivo da intervenção foi constatado no grupo que recebeu apenas educação familiar. Os efeitos de grupo não foram constatados em quaisquer medidas de qualidade do ambiente doméstico ou de atenção dos pais. Visitas domiciliares por si sós foram insuficientes para afetar qualquer resultado ou comportamento das crianças e dos pais. As crianças do grupo controle que não frequentavam creches educativas marcaram cerca de 1 DP abaixo do grupo que frequentava creches educativas nas habilidades cognitivas em 54 meses.

Referência: Wasik et al. (1990).

Nota: 3.2.

76. Programa de Nutrição e Desenvolvimento da Primeira Infância – Estudo 1

Localização: Uganda

Avaliação de Impacto: Um pacote integrado de assistência à criança que mobilizou grupos de pais e cuidadores da comunidade foi avaliado. Feiras da criança facilitadas por "animadores" (trabalhadores locais) foram realizadas a cada 6 meses e serviram como uma prestação de serviços importantes e um canal de comunicação por meio do qual as comunidades poderiam acessar os serviços integrados de saúde e nutrição à criança. Os subsídios em dinheiro fornecidos pela comunidade e o capital para a inovação proporcionarem assistência financeira a projetos de DPI, com a correspondente contribuição da comunidade em dinheiro ou em espécie. Um programa de apoio nacional para o desenvolvimento infantil tinha como objetivo apoiar as atividades em nível nacional, como o monitoramento e a avaliação participativa; programa de micronutrientes; desenvolvimento curricular de DPI; informação, educação e comunicação (IEC); e defender os direitos das crianças. Além disso, campanhas de comunicação foram conduzidas em vários meios de comunicação (rádio, eventos comunitários, trabalhadores locais, e assim por diante).

Delineamento: Comparação experimental da diferença na variação entre o grupo do programa e as comunidades controle. O estudo mediu a "intenção de tratar" o efeito sobre a nutrição infantil.

Amostra: Seleção aleatória (usando amostragem estratificada) de 2.250 unidade domésticas em 50 paróquias selecionadas aleatoriamente (subdistritos). As unidade domésticas foram divididas em 3 grupos de 750 cada: grupo A, que recebeu todos os serviços de DPI, bem como a entrega experimental de albendazol nos dias dedicados à saúde infantil; grupo B, que recebeu todos os serviços essenciais de ECD; e o grupo controle.

Variáveis-resposta: Peso da criança (a altura também foi medida, mas a análise focou-se no peso), conhecimento, atitudes e práticas da família, que abrangem cuidados com a saúde e a busca por esses cuidados.

Idades no início do estudo e acompanhamento: Não aplicável. Dados de base: janeiro-março de 2000; acompanhamento: janeiro-março 2003.

Principais conclusões: Houve melhora significativa entre as crianças mais novas (com menos de 12 meses de idade) nas comunidades participantes do projeto e uma pequena melhora nessa faixa etária no grupo controle. Em contraste, o estado nutricional de crianças aparentemente deteriorou-se em relação ao período basal em alguns grupos etários, por razões que não são claras. Esse declínio ocorreu no grupo de tratamento, bem como no grupo controle. Em termos de práticas de cuidados infantis, as localidades do projeto seguiram mais rigorosamente as orientações sobre aleitamento materno exclusivo do que o grupo controle, e tiveram alimentação complementar mais rica, de acordo com relatos dos pais.

Referência: Alderman (2007).

Notas: 3.2, 3.3.

77. Programa de Nutrição e Desenvolvimento da Primeira Infância – Estudo 2

Localização: Uganda

Avaliação de Impacto: Ver Estudo 1. O estudo incidiu sobre estimulação precoce e práticas parentais.

Delineamento: Ver Estudo 1.

Amostra: Ver Estudo 1.

Variáveis-resposta: (1) As atitudes e comportamentos em relação aos cuidados: comportamentos que apoiam a aprendizagem e o desenvolvimento, rotinas diárias e cuidados, e experiências diárias incluindo brincadeiras, (2) envolvimento do pai (comportamento e atitudes) nos cuidados à criança, e (3) as atitudes em relação ao papel dos pais na aprendizagem e desenvolvimento da criança. A avaliação dos comportamentos que apoiam a aprendizagem e o desenvolvimento foi baseada em aspectos da prestação de cuidados, em parte adaptada do inventário HOME.

Idades no início do estudo e acompanhamento: As mesmas do Estudo 1.

Principais conclusões: Em comparação com os dados de base, as mães tinham mais probabilidade do que as do grupo controle de envolver seus filhos em suas próprias rotinas diárias, tais como trabalhos domésticos e agricultura. As mães que participaram do programa também relataram maior envolvimento em atividades de aprendizagem (contar, nomear e desenhar) na avaliação final em comparação com os parâmetros iniciais. Além disso, as mães do programa relataram maior aceitação do seu papel na promoção da prontidão escolar das crianças. Os resultados fornecem algum suporte para o objetivo de mudar as atitudes paternas no que diz rspeito a sua participação no desenvolvimento das crianças. Houve uma melhora nas atitudes paternas em relação ao seu papel, para além dos aspectos tradicionais, na prestação de cuidados físicos à criança. No entanto, as mudanças de comportamentos reais foram limitadas.

Referência: Britto, Engle e Alderman (2007).

78. Pesquisa Domiciliar do Uruguai

Estudo: A pesquisa domiciliar do Uruguai consultou cerca de 18 mil famílias por ano nas áreas urbanas. Os itens da pesquisa incluem características sociodemográficas das famílias, frequência escolar, e o mais alto nível de escolaridade completado pelos indivíduos. Desde 2001, o projeto coletou informações retrospectivas sobre atendimento pré-escolar no contexto de uma rápida expansão das turmas de pré-primário.

Delineamento: Análise retrospectiva de pesquisas domiciliares. A análise comparou a progressão escolar de irmãos com exposição a diferentes tipos de pré-escolas, já que a maior parte da heterogeneidade da exposição pré-escolar e o nível de escolaridade são fruto das características das unidades domésticas.

Amostra: 23.042 crianças durante 5 anos.

Variáveis-resposta: Frequência escolar e anos de escolaridade entre crianças de 7 a 15 anos.

Idades no início do estudo e acompanhamento: Não longitudinal. Crianças de 7 a 15 anos.

Principais conclusões: Aos 15 anos, as crianças com idade pré-escolar tinham 0,79 mais anos de escolaridade em comparação com seus irmãos que não frequentaram a pré-escola. As crianças em idade pré-escolar tinham 27% mais probabilidade de estarem na escola aos 15 anos do que aquelas sem a exposição à pré-escola. As crianças cujas mães tinham baixa escolaridade parecem ter sido mais beneficiadas pela pré-escola.

Referência: Berlinski, Galiani e Manacorda (2008).

Nota: 3.1.

79. Estudo de Alimentação Responsiva (projeto sem título)

Localização: Vietnã

Estudo: Estudo observacional no Vietnã rural, como parte de um ensaio aleatório prospectivo de intervenção na comunidade de um projeto de nutrição dirigido pela ONG Save the Children.

Delineamento: Estudo observacional, e não uma avaliação de impacto, que estudou as relações entre o comportamento do cuidador durante a alimentação e a aceitação pelas crianças de alimentos. A observação e a codificação foram feitas utilizando gravação de vídeo.

Amostra: O estudo original incluiu 240 crianças de 5-25 meses de idade. Para este estudo, as crianças foram selecionadas aleatoriamente para participar a cada 12 ou 17 meses (n = 91).

Variáveis-resposta: Aceitação pelas crianças de alimentos aos 11 ou 17 meses. O comportamento do cuidador foi avaliado por meio de três variáveis: alimentação da pessoa, verbalização do cuidador e ações físicas do cuidador.

Idades no início do estudo e acompanhamento: Não aplicável; as crianças foram observadas aos 11 ou 17 meses.

Principais conclusões: A verbalização positiva e mecânica/direta pelo cuidador estava significativamente associada às probabilidades de a criança aceitar as porções oferecidas. Quando os comentários verbais eram positivos, as crianças eram 2,4 vezes mais propensas a aceitar as porções do que quando não havia comentários verbais. Quando os comentários verbais eram mecânicos/diretos, as crianças tinham menos propensão a aceitar a porção. Ações físicas do cuidador foram relacionadas à aceitação das porções, embora de forma inversa. A alimentação forçada também esteve positivamente associada com a aceitação. Crianças que se alimentavam sozinhas estavam mais propensas a aceitar as porções do que as crianças que eram alimentadas por um cuidador que não fosse a mãe.

Referência: Dearden et al. (2009).

Nota: 3.2.

80. Nutrição e Intervenção Pré-Escolar (projeto sem título)

Localização: Vietnã

Avaliação de Impacto: A intervenção utilizou a Investigação de Variância Positiva por 2 anos (1999-2000), e foi financiado pela ONG Save the Children. O projeto implementado em cinco municípios, que tinha como público-alvo crianças de 0 a 36 meses de idade, identificou as práticas bem-sucedidas das famílias carentes que têm crianças bem nutridas. O componente nutricional incluía a monitorização do crescimento e um programa de reabilitação nutricional mensal de educação realizado por agentes de saúde voluntários da localidade, que tinha como público-alvo crianças gravemente desnutridas. As crianças de 4 a 5 anos de duas comunidades foram acompanhadas por um projeto de DPI por 2 anos (2002-03). O componente de DPI reforçou os serviços existentes por meio do apoio material e da formação de educadores em modelos de ensino centrados na criança, bem como fornecendo às mães e aos pais sessões separadas de informação, além de estabelecer uma pequena biblioteca local para os pais.

Delineamento: AI quasi-experimental, mas sem grupo controle e sem qualquer intervenção e nenhum dado de base para o desenvolvimento cognitivo. Dados de base disponíveis apenas para a altura: compara apenas nutrição vs. nutrição e intervenções em DPI. Modelos lineares generalizados (MLG) foram utilizados para estimar os efeitos, e equações de estimação generalizada (GEE) foram utilizados para avaliar os efeitos sobre as proporções.

Amostra: A seleção da comunidade não foi aleatória no início. Comunidades de DPI foram selecionadas com base na falta de acesso ao serviço. Amostra de crianças para a AI só foram selecionados em dois municípios com condições socioeconômicas semelhantes, nutrição + DPI = 141; apenas nutrição = 172.

Variáveis-resposta: Altura das crianças e resultados em testes cognitivos utilizando o Teste das Matrizes Progressivas de Raven.

Idades no início do estudo e acompanhamento: Sem dados de base; dados somente após a coleta de dados final aos 6,5-8,5 anos de idade.

Principais conclusões: Intervenções de DPI tiveram pontuações significativamente mais altas no teste de habilidades cognitivas do que a nutrição apenas; os efeitos não foram particularmente grandes nas crianças desnutridas ao final do projeto. Não houve efeitos adicionais do programa de DPI sobre o estado nutricional.

Referência: Watanabe et al. (2005).

Notas: 1.2, 3.1.

Fonte: Pesquisa dos autores.

Notas do Apêndice

AI = avaliação de impacto; DP = desvio-padrão; DPI = desenvolvimento da primeira infância; EI = educação infantil; KG = *kindergarten* (nos estudos realizados nos Estados Unidos, normalmente se refere à educação pré-escolar fornecida durante um ano antes da entrada da escola primária); NSE = nível socioeconômico; TCR = transferência condicionada de renda.

Entre os instrumentos utilizados na AI e nos estudos, temos os seguintes:

AIS = Adult Involvement Scale (Escala de Envolvimento Adulto)

CIS = Arnett Caregiver Interaction Scale (Escala de Avaliação do Envolvimento dos Pais)

ECERS-R = Early Childhood Environment Rating Scale Revised (Escala de Avaliação do Ambiente de Educação Infantil – versão revisada)

Escala Bayley de Desenvolvimento Infantil

Escala McCarthy de Habilidades infantis

Escalas de Inteligência de Stanford-Binet

FDCRS = Family Day-Care Rating Scale (Escala de Avaliação dos Cuidados em Ambiente Familiar)

FOPI = Formulário de Observação na Primeira Infância da UCLA

HOME Inventory = Home Observation for Measurement of the Environment (HOME) Inventory Scale (Inventário HOME – escala que mede a estimulação do ambiente familiar)

IDM = índice de desenvolvimento mental da Escala Bayley de Desenvolvimento Infantil

ITERS = Infant/Toddler Environment Rating Scale (Escala de Avaliação do Ambiente de Creche)

PPVT-III = Peabody Picture Vocabulary Test–III (Teste de Vocabulário por Imagens Peabody III)

PPVT-R = Peabody Picture Vocabulary Test–Revised (Teste de Vocabulário por Imagens Peabody)

TIS = Teacher Involvement Scale (Escala de Envolvimento do Professor)

TVIP = Test de Vocabulario en Imagenes Peabody (versão espanhola do PPVT)

WAIS = Wechsler Adult Intelligence Scale (Escala Wechsler de Inteligência para Adultos)

WISC-R = Wechsler Intelligence Scale for Children Revised (Escala Wechsler de Inteligência para Crianças – versão revista)

WJ = Bateria de Habilidades Cognitivas Woodcock-Johnson

WJ III = Bateria de Habilidades Cognitivas Woodcock-Johnson-III; Woodcock--Muñoz = Bateria de Habilidades Cognitivas III

WJ-R = Bateria de Habilidades Cognitivas Woodcock-Johnson – versão revista

WPPSI = Wechsler Preschool and Primary Scale of Intelligence (Escala Wechsler de Inteligência Pré-escolar)

Referências do Apêndice

Aboud, F. E. 2006. "Evaluation of an Early Childhood Preschool Program in Rural Bangladesh." *Early Childhood Research Quarterly* 21 (1): 46–60.

Aboud, F. E., S. Shafique e S. Akhter. 2009. "A Responsive Feeding Intervention Increases Children's Self-Feeding and Maternal Responsiveness but Not Weight Gain." *Journal of Nutrition* 139 (9): 1738–43.

Alderman, H. 2007. "Improving Nutrition through Community Growth Promotion: Longitudinal Study of the Nutrition and Early Child Development Program in Uganda." *World Development* 35 (8): 1376–89.

Armecin, G., J. R. Behrman, P. Duazo, S. Ghuman, S. Gultiano, E. M. King e N. Lee. 2006. *Early Childhood Development through an Integrated Program: Evidence from the Philippines*. Policy Research Working Paper 3922. Washington, DC: World Bank.

Barker, D. J., J. G. Eriksson, T. Forsén e C. Osmond. 2002. "Fetal Origins of Adult Disease: Strength of Effects and Biological Basis." *International Journal of Epidemiology* 31 (6): 1235–39.

Behrman, J., Y. Cheng e P. Todd. 2004. "Evaluating Pre-school Programs When Length of Exposure to the Program Varies: A Nonparametric Approach." *Review of Economics and Statistics* 86 (1): 108–32.

Berlinski, S. e S. Galiani. 2007. "The Effect of a Large Expansion of Pre-primary School Facilities on Preschool Attendance and Maternal Employment." *Labour Economics* 14 (3): 665–80.

Berlinski, S., S. Galiani e P. Gertler. 2009. "The Effect of Pre-primary Education on Primary School Performance." *Journal of Public Economics* 93 (1–2): 219–34.

Berlinski, S., S. Galiani e M. Manacorda. 2008. "Giving Children a Better Start: Preschool Attendance and School-Age Profiles." *Journal of Public Economics* 92 (5–6): 1416–40.

Bradley, R. H., R. F. Corwyn, M. Burchinal, H. P. McAdoo e C. G. Coll. 2001. "The Home Environments of Children in the United States Part II: Relations with Behavioral Development through Age Thirteen." *Child Development* 72 (6): 1868–86.

Britto, P. R., P. Engle e H. Alderman. 2007. "Early Intervention and Caregiving: Evidence from Uganda Nutrition and Early Childhood Development Program." *Child Health and Development* 1 (2): 112–33.

Burchinal, M., C. Howes e S. Kontos. 2002. "Structural Predictors of Child Care Quality in Child Care Homes." *Early Childhood Research Quarterly* 17 (1): 87–105.

Campbell, F. A., C. T. Ramey, E. P. Pungello, S. Miller-Johnson e J. J. Sparling. 2002. "Early Childhood Education: Young Adult Outcomes from the Abecedarian Project." *Applied Developmental Science* 6 (1): 42–57.

Currie, J. e D. Thomas. 1999. *Early Test Scores, Socioeconomic Status and Future Outcomes*. NBER Working Paper 6943. Cambridge, MA: National Bureau of Economic Research.

Dearden, K. A., S. Hilton, M. E. Bentley, L. E. Caulfield, C. Wilde, P. B. Ha e D. Marsh. 2009. "Caregiver Verbal Encouragement Increases Food Acceptance among Vietnamese Toddlers." *Journal of Nutrition* 139 (7): 1387–92.

Doherty, G., B. Forer, D. Lero, H. Goelman e A. LaGrange. 2006. "Predictors of Quality in Family Child Care." *Early Childhood Research Quarterly* 21 (3): 296–312.

Downer, J. T. e R. C. Pianta. 2006. "Academic and Cognitive Functioning in First Grade: Associations with Earlier Home and Child Care Predictors and With Concurrent Home and Classroom Experiences." *School Psychology Review* 35 (1): 11–30.

Feinstein, L. 2003. "Inequality in the Early Cognitive Development of Children in the 1970 Cohort." *Economica* 70 (fev.): 73–97.

Fernald, L. C., P. J. Gertler e L. M. Neufeld. 2006. "Role of Cash in Conditional Cash Transfer Programmes For Child Health, Growth, And Development: An Analysis of Mexico's Oportunidades." *The Lancet* 371 (9615): 828–37.

Flouri, E. e A. Buchanan. 2004. "Early Father's and Mother's Involvement and Child's Later Educational Outcomes." *British Journal of Educational Psychology* 74 (jun.): 141–53.

Glewwe, P., H. G. Jacoby e E. M. King. 2001. "Early Childhood Nutrition and Academic Achievement: A Longitudinal Study." *Journal of Public Economics* 81 (3): 345–68.

Glewwe, P. e E. M. King. 2001. "The Impact of Early Childhood Nutritional Status on Cognitive Development. Does the Timing of Malnutrition Matter?" *World Bank Economic Review* 5 (1): 81–113.

Goelman, H., B. Forer, P. Kershaw, G. Doherty, D. Lero e A. LaGrange. 2006. "Towards a Predictive Model of Child Care Quality in Canada." *Early Childhood Research Quarterly* 21 (3): 280–95.

Goodson, B. D., J. I. Layzer, R. G. St. Pierre, L. S. Bernstein e M. Lopez. 2000. "Effectiveness of a Comprehensive, Five-Year Family Support Program for Low-Income Children and Their Families: Findings from the Comprehensive Child Development Program." *Early Childhood Research Quarterly* 15 (1): 5–39.

Grantham-McGregor, S. M., C. A. Powell, S. P. Walker e J. H. Himes. 1991. "Nutritional Supplementation, Psychosocial Stimulation, and Mental Development of Stunted Children: The Jamaican Study." *The Lancet* 338 (8758): 1–5.

Grantham-McGregor, S. M., S. P. Walker, S. M. Chang e C. A. Powell. 1997. "Effects of Early Childhood Supplementation with and without Stimulation on Later Development in Stunted Jamaican Children." *American Journal of Clinical Nutrition* 66 (2): 247–53.

Guldan, G. S., H. C. Fan, X. Ma, Z. Z. Ni, X. Xiang e M. Z. Tang. 2000. "Culturally Appropriate Nutrition Education Improves Infant Feeding and Growth in Rural Sichuan, China." *Journal of Nutrition* 130 (5): 1204–11.

Haas, J. D., E. J. Martinez, S. Murdoch, E. Conlisk, J. A. Revera e R. Martorell. 1995. "Nutritional Supplementation during the Preschool Years and Physical Work Capacity in Adolescent and Young Adult Guatemalans." *Journal of Nutrition* 125 (4): 1068–77.

Hair, E., T. Halle, E. Terry-Humen, B. Lavelle e J. Calkins. 2006. "Children's School Readiness in the ECLS-K: Predictions to Academic, Health, and Social Outcomes in First Grade." *Early Childhood Research Quarterly* 21 (4): 431–54.

Hebbeler, K. M. e S. G. Gerlach-Downie. 2002. "Inside the Black Box of Home Visiting: A Qualitative Analysis of Why Intended Outcomes Were Not Achieved." *Early Childhood Research Quarterly* 17 (1): 28–51.

Heckman, J. J., S. H. Moon, R. Pinto, P. A. Savalyev e A. Yavitz. 2009. *The Rate of Return to the High/Scope Perry Preschool Program*. Manuscrito não publicado. University of Chicago: Department of Economics.

Hoddinott, J., J. A. Maluccio, J. R. Behrman, R. Flores e R. Martorell. 2008. "Effect of a Nutrition Intervention During Early Childhood on Economic Productivity in Guatemalan Adults." *The Lancet* 371 (9610): 411–16.

Huffman, L. R e P. W. Speer. 2000. "Academic Performance among At-Risk Children: The Role of Developmentally Appropriate Practices." *Early Childhood Research Quarterly* 15 (2): 167–84.

Jaramillo, A. e K. Tietjen. 2001. *Early Childhood Development in Africa: Can We Do More and Better for Less? A Look at the Impact and Implications of Preschools in Cape Verde and Guinea.* World Bank Africa Region Human Development Series. Washington, DC: World Bank.

Kagitçibasi, C., D. Sunar e S. Bekman. 2001. "Long-term Effects of Early Intervention: Turkish Low-Income Mothers and Children." *Journal of Applied Development Psychology* 22 (4): 333–61.

Kagitçibasi, C., D. Sunar, S. Bekman, N. Baydar e Z. Cemalcilar. 2009. "Continuing Effects of Early Enrichment in Adult Life: The Turkish Early Enrichment Project 22 Years Later." *Journal of Applied Developmental Psychology* 30 (6): 764–79.

Loeb, S., M. Bridges, D. Bassok, B. Fuller e R. W. Rumberger. 2007. "How Much Is Too Much? The Influence of Preschool Centres on Children's Social and Cognitive Development." *Economics of Education Review* 26 (1): 52–66.

Love, J., E. E. Kisker, C. Ross, H. Raikes, J. Constantine, K. Boller, J. Brooks-Gunn, R. Chazan-Cohen, L. B. Tarullo, C. Brady-Smith, A. S. Fuligni, P. Z. Schochet, D. Paulsell e C. Vogel. 2005. "The Effectiveness of Early Head Start for 3-Year-Old Children and Their Parents." *Developmental Psychology* 41 (6): 885–901.

Love, J. M., E. E. Kisker, C. M. Ross, P. Z. Schochet, J. Brooks-Gunn, D. Paulsell, K. Boller, J. Constantine, C. Vogel, A. S. Fuligni e C. Brady-Smith. 2002. *Making a Difference in the Lives of Infants and Toddlers and Their Families: The Impacts of Early Head Star – Executive Summary.* Washington, DC: U.S. Department of Health and Human Services.

Macours, K., N. Schady e R. Vakis. 2008. *Cash Transfers, Behavioral Changes, and Cognitive Development in Early Childhood: Evidence from a Randomized Experiment.* World Bank Policy Research Working Paper 4759. Washington, DC: World Bank.

Malmberg, L. E., P. Mwaura e K. Sylva. No prelo. "Effects of a Preschool Intervention on Cognitive Development among East-African Preschool Children: A Flexibly Time-Coded Growth Model." *Early Childhood Research Quarterly*.

Manandhar, D. S., D. Osrin, B. P. Shrestha, N. Mesko, J. Morrison, K. M. Tumbahangphe, S. Tamang, S. Thapa, D. Shrestha, B. Thapa, J. R. Shrestha, A. Wade, J. Borghi, H. Standing, M. Manandhar, A. M. del Costello e membros da equipe de teste MIRA Makwanpur. 2004. "Effect of a Participatory Intervention with Women's Groups on Birth Outcomes in Nepal: Cluster-Randomised Controlled Trial." *The Lancet* 364 (9438): 970–79.

Marcon, R. 2002. "Moving Up the Grades: Relationship between Preschool Model and Later School Success." *Early Childhood Research and Practice* 4 (1).

Martin, A., R. M. Ryan e J. Brooks-Gunn. 2007. "The Joint Influence of Mother and Father Parenting on Child Cognitive Outcomes at Age 5." *Early Childhood Research Quarterly* 22 (4): 423–39.

McKay, H., L. Sinisterra, A. McKay, H. Gomez e P. Lloreda. 1978. "Improving Cognitive Ability in Chronically Deprived Children." *Science* 200 (4339): 270–78.

Meeks-Gardner, J., S. P. Walker, C. A. Powell e S. Grantham-McGregor. 2003. "A Randomized Controlled Trial of a Home-Visiting Intervention on Cognition and Behavior in Term Low Birth Weight Infants." *Journal of Pediatrics* 143 (5): 634–39.

Mistry, R. S., A. D. Benner, J. Biesanz, S. Clark, C. Howes. No prelo. "Family and Social Risk, and Parental Investments during the Early Childhood Years as Predictors of Low-Income Children's School Readiness Outcomes." *Early Childhood Research Quarterly*.

Montie, J. E., Z. Xiang e L. J. Schweinhart. 2006. "Preschool Experience in 10 Countries: Cognitive and Language Performance at Age 7." *Early Childhood Research Quarterly* 21 (3): 313–31.

Mwaura, P. e B. T. Mohamed. 2008. "Madrasa Early Childhood Development Program: Making a Difference." In: Garcia, M., A. Pence e J. Evans (ed.). *Africa's Future, Africa's Challenge: Early Childhood Care and Development in Sub-Saharan Africa*. Washington, DC: World Bank.

NICHD Early Child Care Research Network. 1996. "Characteristics of Infant Child Care: Factors Contributing to Positive Caregiving." *Early Childhood Research Quarterly* 11 (3): 269–306.

______. 2002. "Early Child Care and Children's Development prior to School Entry: Results from the NICHD Study of Early Child Care." *American Educational Research Journal* 39 (1): 133–64.

______. 2003. "Does Amount of Time Spent in Child Care Predict Socioemotional Adjustment during the Transition to Kindergarten?" *Child Development* 74 (4): 976–1005.

______. 2005. "Duration and Developmental Timing of Poverty and Children's Cognitive and Social Development from Birth through Third Grade." *Child Development* 76 (4): 795–810.

Olds, D., H. Kitzman, R. Cole, J. Robinson, K. Sidora, D. W. Luckey, C. R. Henderson, Jr., C. Hanks, J. Bondy e J. Holmberg. 2004. "Effects of Nurse Home-Visiting on Maternal Life Course and Child Development: Age 6 Follow-Up Results of a Randomized Trial." *Pediatrics* 114 (6): 1550–59.

Olds, D. L., J. Robinson, R. O'Brien, D. W. Luckey, L. M. Pettitt, C. R. Henderson, Jr., R. K. Ng, K. L. Sheff, J. Korfmacher, S. Hiatt e A. Talmi. 2002. "Home Visiting by Paraprofessionals and by Nurses: A Randomized, Controlled Trial." *Pediatrics* 110 (3): 486–96.

O'Rourke, K., L. Howard-Grabman e G. Seoane. 1998. "Impact of Community Organization of Women on Perinatal Outcomes in Rural Bolivia." *Pan American Journal of Public Health* 3 (1): 9–14.

Pancsofar, N., L. Vernon-Feagans e Family Life Project Investigators. No prelo. "Fathers' Early Contributions to Children's Language Development in Families from Low-Income Rural Communities." *Early Childhood Research Quarterly.*

Paxson, C. e N. Schady. 2007. "Cognitive Development among Young Children in Ecuador: The Roles of Wealth, Health, and Parenting." *Journal of Human Resources* 42 (1): 49–84.

______. 2010. "Does Money Matter? The Effects of Cash Transfers on Child Health and Development in Rural Ecuador." *EDCC* (2010), 59 (1): 187–229.

Peisner-Feinberg, E. S., M. R. Burchinal, R. M. Clifford, M. L. Culkin, C. Howes, S. L. Kagan e N. Yazegian. 2001. "The Relation of Preschool Child-Care Quality to Children's Cognitive and Social Development Trajectories through Second Grade." *Child Development* 72 (5): 1534–53.

Penny, M. E., H. M. Creed-Kanashiro, R. C. Robert, M. R. Narro, L. E. Caulfield e R. E. Black. 2005. "Effectiveness of an Educational Intervention Delivered through the Health Services to Improve Nutrition in Young Children: A Cluster-Randomised Controlled Trial." *The Lancet* 365 (9474): 1863–72.

Phillips, D., D. Mekos, S. Scarr, K. McCartney e M. Abbott-Shim. 2000. "Within and Beyond the Classroom Door: Assessing Quality in Child Care Centers." *Early Childhood Research Quarterly* 15 (4): 475–96.

Phillipsen, L. C., M. R. Burchinal, C. Howes e D. Cryer, 1997. "The Prediction of Process Quality from Structural Features of Child Care." *Early Childhood Research Quarterly* 12 (3): 281–303.

Pianta, R. C. e K. L. Harbers. 1996. "Observing Mother and Child Behavior in a Problem-Solving Situation at School Entry: Relations with Academic Achievement." *Journal of School Psychology* 34 (3): 307–22.

Pianta, R. C. e S. J. McCoy. 1997. "The First Day of School: The Predictive Validity of Early School Screening." *Journal of Applied Developmental Psychology* 18 (1): 1–22.

Pianta, R. C., S. L. Nimetz e E. Bennett.1997. "Mother-Child Relationships, Teacher-Child Relationships, and School Outcomes in Preschool and Kindergarten." *Early Childhood Research Quarterly* 12 (3): 263–80.

Power, G. 2005. *Preliminary Findings from Cambodia MCH Campaign.* Apresentação em um Encontro do Communication Initiative Partners. Disponível em: http://www.comminit.com/pdf/Thursday_BBC_MCH Final.pdf. Acesso em: 9 dez. 2008.

Raikes, H., B. Green, J. Atwater, E. Kisker, J. Constantine e R. Chazan-Cohen. 2006. "Involvement in Early Head Start Home Visiting Services: Demographic Predictors and Relations to Child and Parent Outcomes." *Early Childhood Research Quarterly* 21 (1): 2–24.

Reynolds, A. J., J. A. Temple, D. L. Robertson e E. A. Mann. 2001. "Long- Term Effects of an Early Childhood Intervention on Educational Achievement and Juvenile Arrest – A 15-Year Follow-Up of Low-Income Children in Public Schools." *Journal of the American Medical Association* 285 (18): 2339–46.

RTI International. s.d. *The National Institute of Child Health and Human Development (NICHD) Study of Early Child Care and Youth Development.* Disponível em: https://secc.rti.org/. Acesso em: 1.º jun. 2010.

Sammons, P., K. Sylva, E. Melhuish, I. Siraj-Blatchford, B. Taggart e S. Hunt. 2008. *The Effective Pre-School and Primary Education 3–11 Project: Influences on Children's Attainment and Progress in Key Stage 2: Cognitive Outcomes in Year 6.* University of London: DCSF/Institute of Education.

Schweinhart, L. J., J. Montie, Z. Xiang, W. S. Barnett, C. R. Belfield e M. Nores. 2005. *Lifetime Effects: The High/Scope Perry Preschool Study through Age 40.* Ypsilanti, MI: High/Scope Educational Research Foundation.

Siraj-Blatchford, I., K. Sylva, B. Taggart, P. Sammons, E Melhuish e K. Elliot. 2003. *The Effective Provision of Pre-School Education (EPPE) Project: Intensive Case Studies of Practice across the Foundation Stage*. Technical Paper 10. University of London: DfEE/Institute of Education.

St. Clair, D., M. Xu, P. Wang, Y. Yu, Y. Fang, F. Zhang, X. Zheng, N. Gu, G. Feng, P. Sham e L. He. 2005. "Rates of Adult Schizophrenia Following Prenatal Exposure to the Chinese Famine of 1959–61." *Journal of the American Medical Association* 294 (5): 557–62.

Sweet, M. A. e M. I. Appelbaum. 2004. "Is Home Visiting an Effective Strategy? A Meta-Analytic Review of Home Visiting Programs for Families with Young Children." *Child Development* 75 (5): 1435–56.

Sylva, K., E. Melhuish, P. Sammons, I. Siraj-Blatchford e B. Taggart. 2008. *Effective Pre-school and Primary Education 3–11 Project: Final Report from the Primary Phase: Pre-school, School and Family Influence on Children's Development during Key Stage 2 (Age 7–11)*. Research Report DCSFRR061. London: Department for Children, Schools and Families.

Sylva, K., E. C. Melhuish, P. Sammons, I. Siraj-Blatchford e B. Taggart. 2003. *The Effective Provision of Pre-School Education (EPPE) Project: Findings from the Pre-School Period: Summary of Findings*. London: Department for Children, Schools and Families. Disponível em: http://k1.ioe.ac.uk/cdl/eppe/pdfs/eppe_brief2503.pdf. Acesso em: 18 nov. 2009.

Wagner, M. M. e S. L. Clayton. 1999. "The Parents as Teachers Program: Results from Two Demonstrations." *The Future of Children* 9 (1): 91–115.

Walker, S. P., S. M. Chang, C. A. Powell e S. M. Grantham-McGregor. 2005. "Effects of Early Childhood Psychosocial Stimulation and Nutritional Supplementation on Cognition and Education in Growth-Stunted Jamaican Children: Prospective Cohort Study." *The Lancet* 366 (9499): 1804–07.

Wasik, B. H., C. T. Ramey, D. M. Bryant e J. J. Sparling.1990. "A Longitudinal Study of Two Early Intervention Strategies: Project CARE." *Child Development* 61 (6): 1682–96.

Watanabe, K., R. Flores, J. Fujiwara e L. T. H. Tran. 2005. "Early Childhood Development Interventions and Cognitive Development of Young Children in Rural Vietnam." *Journal of Nutrition* 135 (8): 1918–25.

Índice Remissivo

Figuras, notas, quadros e tabelas estão indicados por *f*, *n*, *q* e *t* após o número da página.

A

B

F

G

J

N

O

P

Q

U

V

W

Y

Z

Impressão e Acabamento

Prol Editora Gráfica